现在，我们接管世界

FACEBOOK IS
TAKING OVER THE WORLD

马克·扎克伯格传

Mark Elliot Zuckerberg

姜得祺 张鸥 著

江苏人民出版社

图书在版编目(CIP)数据

现在，我们接管世界：马克·扎克伯格传／姜得祺，
张鸥著. —南京：江苏人民出版社，2012.5
ISBN 978-7-214-08108-7

Ⅰ. ①现… Ⅱ. ①姜… ②张… Ⅲ.①扎克伯格，
M.E.－传记 Ⅳ.①K837.125.38

中国版本图书馆CIP数据核字（2012）第076690号

书　　　名	现在，我们接管世界：马克·扎克伯格传
著　　　者	姜得祺　张　鸥
责 任 编 辑	刘　焱
特 约 编 辑	李　玫　黄　媛
文 字 校 对	郭慧红
装 帧 设 计	门乃婷工作室
出 版 发 行	凤凰出版传媒集团
	凤凰出版传媒股份有限公司
	江苏人民出版社
集 团 地 址	南京湖南路1号A楼　邮编：210009
集 团 网 址	http://www.ppm.cn
出版社地址	南京湖南路1号A楼　邮编：210009
出版社网址	http://www.book-wind.com
经　　　销	凤凰出版传媒股份有限公司
印　　　刷	三河市杨庄双菱印刷厂
开　　　本	700毫米×1000毫米　1/16
印　　　张	17
字　　　数	244千字
版　　　次	2012年6月第1版　2012年6月第1次印刷
标 准 书 号	ISBN 978-7-214-08108-7
定　　　价	35.00元

（江苏人民出版社图书凡印装错误可向本社调换）

目 录 ◀ Contents

社交网络改变人类

　　史蒂夫·乔布斯是个完美主义者，渴望掌控一切，并且很享受艺术家这种不妥协、不让步的性情；他和苹果公司将硬件、软件和内容无缝整合，铸成一体，这种数字化战略堪称典范；比尔·盖茨则是商业和技术领域里精明务实、深谋远虑的分析师，他愿意将微软的操作系统和软件授权给各种不同的制造商使用；而马克·扎克伯格却在他们的基础上创造着另一个奇迹……

　　"每过一百年，人类社会的媒体形态都会迎来巨大的变化。"这是在2007年11月召开的"Facebook社交广告营销大会"上马克·扎克伯格演讲的开场白。结尾的时候，马克·扎克伯格这样总结："未来一百年的广告业将与现在根本不同，它将会从今天开始。"

　　当时很多人都认为这个80后毛头小子在吹牛，越来越多的目光开始关注着他，看他到底如何实现自己的承诺，虽然怀疑的目光很多，但是马克·扎克伯格好似一副无所谓的态度，反而是越来越自信，依然脚踏实地地去做每一件事情，以惊人的事实来证明自己所说出的一切。

　　当然，马克·扎克伯格成功了。很多时候，他被人们誉为"比尔·盖茨第二"和"乔布斯的接班人"，他的个人故事被改编成电影《社交网络》，横扫欧美电影票房，引起一场轩然大波。

　　别看扎克伯格年龄小，可是这个"牛犊子"对"征服"世界充满了信心。尤其，为了让Facebook进入中国这个庞大、空缺且复杂的市场，他可没有少花费精力。他每天学习中文课程，花费大量的时间研究中国文化，希望了解中国人的价值观。正如扎克伯格所说："中国是一个极端复杂的国家，假如遗漏了这13亿人，还怎么能走向世界？"

也许，很多人觉得这个年轻人有些不知天高地厚，但转念想想马克·扎克伯格初创 Facebook 的目标就是：接管世界。也正是在这样清晰的目标的指引之下，互联网开始朝一个全新的世界发展。

马克·扎克伯格坚信人最感兴趣的事物是人，于是为了方便了解身边的世界，以及身边的人，他执著地从电脑编程专业转换成了心理学专业。

多年之后再回首，更多的人开始明白马克·扎克伯格当初的选择一点没有错。他正在用 Facebook 宣扬一种崭新的世界观与方法论。正是有心理学与编程的完美结合，他才具备了"征服"世界的动力。对于马克·扎克伯格来说这两者的结合相当于自己的一对强大的翅膀：一只翅膀有助于了解人们的心理需求，另外一只翅膀则不断制造人们的需求。

当初，马克·扎克伯格创建 Facebook 只是为了好玩，并不知道这是一座隐形的"金矿"，而让他发现自己的网站是个宝藏的契机是在 2005 年 3 月发生的一件事情。当时一家图片储存网站被雅虎收购，开辟出了一条图片储存业务的潮流。而恰好在那个时候，扎克伯格正在一门心思优化 Facebook 的用户体验，以求打造出一个更为真实、精致的社交圈子。雅虎收购图片网站，让扎克伯格眼前一亮，但是他却采取了一种前所未有的方式："社交标签"。就是在互联网上的图片标注出主题、时间、地点等作为标签，方便用户分门别类地进行搜索。甚至，扎克伯格还将用户以及关联的人的姓名作为标签，进而通过搜索看到这个人的照片。

马克·扎克伯格创造的这一功能迅速在互联网上传播开来，这个创新不仅提升了信息的传播速度，而且使得网站的活跃度得到再一次的飞跃，在一个月的时间内，85% 的 Facebook 用户在照片上"贴"了标签。

此时的扎克伯格才明白：普通的在线活动与社交关系叠加起来，可以释放出巨大的力量。正是这种力量使人类传播、交流的方式发生了翻天覆地的变化。

Google 为互联网引入了数学与逻辑学，Facebook 则为互联网引入了心理学与社会学；Google 拥有强大的数据库与计算能力，Facebook 则拥有迁移自现实社会关系的一系列节点与路径——"节点是个人，路径是朋友关系"；Google 利用搜索引擎沟通个人与海量的信息；Facebook 将个体重新编入曾经存在于现实世界中的社交网络；Google 致力于满足个体的信息需求，但却不知道这需求从何而生，因为人类的需求本不是数学与逻辑学所能解决的。Facebook 致力于在互联网上还原有血有肉的现实社交生活，因为扎克伯格坚信社交才是人类需求的源泉。

马克·扎克伯格虽然在互联网领域取得了巨大的成就，可是他并不满足。他希望 Facebook 能够用更巧妙的手段调整用户之间的关系，以求更准确、更细化地反映人们之间的联系，因为每个人都活在这个现实的社会中，而且如今的人际关系网络含有多种层次，而并非只是平面化的。另外，Facebook 也在积极拓展社交图表的内涵。扎克伯格明白这个世界不仅仅是人与人之间的关系，还有物与人的关系，"物"也可能成为人们交往的纽带，比如：一本书，一部电影，甚至一个车站台……

无论从"节点"到"路径"还是从"社交图表"到"社交信息流"，马克·扎克伯格创建的因人性而生的 Facebook，将以传统的交流方式把人们带到一个快速的交流"时光隧道"，并且创造了一个可以改变世界的伟大企业。

这个只有 28 岁的马克·扎克伯格，满怀信心，无所畏惧，正在为"接管世界"而前进……

第一章

Facebook

Mark Elliot Zuckerberg

社交网络帝国崛起

- 我们没有一次是为了收购一家公司而进行收购，我们收购这些公司是为了获得优秀的人才。

- 如果你不需要资本，那么你肩上的压力就会完全不一样了，上市的目的也会不一样。

- 中国是一个极端复杂的国家，假如遗漏了这13亿人，还怎么能走向世界？

- 我觉得那些最成功的科技公司的领导者们最关注的永远是产品。在我们公司，技术所占的比重最大。

上市：不是终点而是起点

2012 年 2 月 2 日，互联网发生了一场巨大的"地震"，而这场"地震"就是：全球社交网站 Facebook（脸谱）正式向美国证券交易委员会提交了上市申请，而按照相关规定，Facebook 将融资高达 50 亿美元。

这一融资数字在互联网领域实属罕见，震撼力不亚于一次地震！当时这一消息立刻占据了各大网站、报纸、杂志的头条。虽然 Facebook 还没有正式登陆中国，中国网民也没有深切体会到它所带来的快感，但是对于很多年轻人来说，他们对 Facebook 的创始人马克·扎克伯格其实早就有所耳闻，因为他有着不菲的身价。

2012 年 3 月的胡润全球富豪榜，马克·扎克伯格以 260 亿美元位列第八名，并且成为了世界上最年轻的富人。而在中国，马克·扎克伯格无疑也成为了很多人可望而不可即的偶像，也是互联网创业者们心中最伟大的神。

2011 年，Facebook 营业收入达到了 37.1 亿美元，净利润也高达 10 亿美元；同时马克·扎克伯格在 2011 年这一年的个人收入也达到了 150 万美元，更何况马克·扎克伯格还占据了 Facebook 28.2% 的股值。而美国证券交易委员会曾经对 Facebook 当前的发展势态进行了评估，估值 1000 亿美元。

Facebook 的上市让马克·扎克伯格名利双收，更成就了将近 1000 位百万富翁。上市之后，不仅马克·扎克伯格的投资者、合伙人、股东等获得了数亿的财富，就连 Facebook 的员工也得到了不少利益。

马克·扎克伯格承诺为自己的每一位员工提供还没有上市的股票，而一旦公司上市，对于这些员工来说就能够得到一笔相当可观的收入。不仅限于此，就连大洋彼岸的李嘉诚也不例外。

在 2011 年度的业绩发布会上，李嘉诚透露，他已经累计向 Facebook 投资了 4.5 亿美元。那么，我们以 Facebook 上市之后约 1000 亿美元的市值估算，李嘉诚所持有的 3% 股权价值就相当于是 30 亿美元，投资回报率高达 560%。

Facebook 上市的同时，也给中国的一些社交网站带来了春风。据统计，新浪股值上涨 20%，人人网股值暴涨 60%。而这些好的趋势都让还在互联网上面苦苦挣扎的人们看到了新的希望和信心，并且坚信这样的势头能够一直持续下去。

Facebook 的成功可以说是马克·扎克伯格的成功，而马克·扎克伯格的成功自然离不开他拥有的不断创新的思维，也离不开他专注的创业精神和开放的工作态度，更离不开他胸怀世界的梦想……也正是马克·扎克伯格身上所具备的这些成功"因素"，让他成为了继乔布斯之后，硅谷创新精神的最好的接班人。

Facebook 的上市也给全球互联网带来了一片光明，更给马克·扎克伯格带来了巨大的财富，当然，在带来成就的同时也给马克·扎克伯格带来了更多的困难与挑战。俗话说："谁笑到最后谁才是最大的赢家。"马克·扎克伯格能否从容地面对这一切，也将决定他是否可以成为一个真正的赢家。

当时，马克·扎克伯格占有 Facebook 28.2% 的股权，56.9% 的投票权，可以说是具有绝对的话语权，也正是这些权力让年轻气盛的马克·扎克伯格拥有了"我是老大我说了算"的行为。

但是幸好，马克·扎克伯格的决策获得了很大的收获，没有辜负股东们的期望，但是，他的"独裁"行为在股东当中也引起了很多人的不满，上市之后，如果马克·扎克伯格还这样，不能够让股东继续收获更多的利润，那么他就难免会面临鸡蛋走路——滚蛋的下场。

在 2007 年，自从 Facebook 进行了第一次收购之后，就一直不停地进行收购，在短短的 4 年时间里面就收购了 14 家公司，而在已知的收购金额的交易中，最高收购价为 5000 万美元。Facebook 收购的初创公司当中，大多数公司都是在被收购之后直接被关闭。那么，Facebook 花如此巨大的代价，收购了这么多的公司为什么要关闭呢？

Facebook 首席执行官马克·扎克伯格在 Stanford's 2010 Startup School 大会上曾经指出：“我们没有一次是为了收购一家公司而进行收购的，而我们收购这些公司则是为了获得优秀的人才。”

Facebook 收购这些并非是需要公司的技术，而是为了网罗人才。那么事实真的是这样吗？

原来，Facebook 收购这些公司确实是为了网罗一些工程师人才，并且 Facebook 还愿意为获得每一位工程师人才支付 50 万至 100 万美元的收购费用。换句话说，马克·扎克伯格为了收购每家公司都需要支付数百万美元的收购费用。由此可见，他确实是一个爱惜人才的人。

在 2011 年，Facebook 的收入仅仅占了 Google 收入的 1/10，当时有人预测，在未来 5 年时间里，Facebook 年收入将达到 400 亿美元。而真正到了那时，Facebook 想要超越 Google 已经不再是问题。当然，如果能够让 Facebook 尽快上市，那么超越 Google 可能就不需要 5 年时间，也许是 4 年，3 年……

Facebook 显然已经成为了互联网市场又一块重要的财富掘金地，虽然马克·扎克伯格并不迷恋金钱，但 Facebook 所带来的经济效益，可以说既在他的预料之中，又在他的意料之外。如果 Facebook 上市，必然会给互联网带来巨大的震撼，同时也将为马克·扎克伯格带来更大的收益。

一个基于分享的社交网络

互联网一步步走到今天，每一个人都清楚它的好处，互联网能够让我们足不出户就了解各种信息的变化，它能够让我们坐在家里就知道外面世界所发生的一切，也能够让我们不用去影院就可以观看到精彩的电影，甚至我们想要买东西时，也不用去商场，就可以买到自己想要的东西。

互联网越来越成为了人们的精神家园，在这里，人们不仅能够获得很多东西，还可以通过互联网与相距千里、万里之外的朋友进行交流、分享，展示自己……可是，马克·扎克伯格创建Facebook的最初目的，并不是为了以上的功能，他只是单纯地觉得好玩而已。

当马克·扎克伯格还在哈佛上学的时候，他是一个非常害羞，极其不善于与人交际的男生，可是这并不是他的本性，马克·扎克伯格的内心是非常渴望与其他同学交流的，但是不知道为什么，只要一到正式的场合，马克·扎克伯格就好像是霜打的茄子——蔫了。

特别是看到女同学，马克·扎克伯格更是满脸通红，紧张得说不出一句话来，而用我们现在流行的话来说就是他有些"闷骚"。

那么，如何才能够看到那些漂亮女生的照片呢？马克·扎克伯格做出了一个大胆的决定——黑客行动。他凭借着自己对于互联网知识的了解，轻而易举就破解了女生宿舍的网络密码，并且获得了大量的女生照片。而为了能够方便下一次继续查看这些女生的照片，马克·扎克伯格编写了Facemash网站，把获取的照片贴在了自己的小网站上。

虽然当时的网络上面到处都是美女，但是那些都是遥不可及的，而Facemash上面的美女则就在自己的身边。这一切都让同学们感到很新鲜和刺激，马克·扎克伯格自然也觉得是开心好玩，而为了能够吸引更多的人关注自己的网站，他经常贴出两张女生照片，让其他的同学通过投票的方式来进行评比，看哪个身材更加"火辣"等。结果吸引了成千上万的同学登录 Facemash 进行投票。

据说，有一个男生在网站上面看到自己女友的性感照片被马克贴出来供同学们分享，顿时恼羞成怒，醋意大发地找马克算账，最后吓得他躲在卫生间不敢出来……

由此可见，马克·扎克伯格当初建立 Facemash 网站，也就是 Facebook 的前身，并不是为了人类互联网的事业而鞠躬尽瘁死而后已，其实当初他创建 Facemash 的原因真的很简单，就是为了玩，为了能够得到大家的关注，为了能够与同学们一起分享，但是谁又能想到，仅仅就在几年之后，Facebook 发展得如此生猛，正所谓："有心栽花花不开，无心栽柳柳成阴。"

还有一次，有一名用户在 Facebook 上发起了一场打水仗游戏，结果很快就有数千人前来参加此活动；后来又有人在 Facebook 发帖组织枕头大战，结果也有超过 1000 人参加；接着又有人在 Facebook 发帖说"第二天不穿裤子搭乘地铁"，结果，在第二天，真的有数百人在搭乘地铁的时候脱了裤子……

Facebook 能够把人们快速聚集在一起的能量真是让人难以想象。仅仅就是依靠一条消息、一句话、一则新闻，就能够集结到一群志同道合的人。而这一效果，实现了马克对于 Facebook 的最初定位：一个分享的社交网站；也实现了马克的梦想，让越来越多的人通过它更紧密地联系在一起。

Facebook 还改变了人们交流和互动的方式，甚至在一定程度上改变了政府监管的方式。2008 年 1 月 4 日，在哥伦比亚等近百座城市爆发了反对 FARC（哥伦比亚革命武装力量）的示威游行。而这次活动的组织和策划者正是借助了 Facebook 的力量，在短短不到一个月的时间里，就聚集到了多达数万名反对 FARC 的人，到了后来，这场游行得到了其他国家和地区的响应与支持，有越来越多的人参与进来，最后演变成了一场全球性示威游行。其实，这场活动并没有固定的策划和指挥机构，人们完全是自发自愿的，如果我们非要说有组织机构的话，Facebook 则可以看成是他们的总部。

无论马克建立 Facebook 的最初目的是分享美女照片，还是后来组织更多的人参加各种活动，总之，Facebook 真正改变了人与人之间的交流方式，并且在当时已经超越了网站的简单功能。越来越多的人们通过 Facebook 迅速地将有着共同兴趣爱好、具有共同志向的人紧密地联合起来，而这样的联合绝对不是为了简简单单的聊天唠嗑，而是能够影响整个互联网、影响整个世界格局的强大工具。

孩子王 CEO 的野心

马克·扎克伯格的想法也在随着时间的推移而不断进行着调整。2004 年，当他还是哈佛大学学生的时候，就在宿舍创建了 Facebook，他当时将这些看成是同学们网上的交流工具。除了能够以交友的方式联系到其他人之外，用户之间还可以互相传递文字和图片，但是这些仅仅只是个开始。

现在，Facebook 已经研发出了一种工具，可以让每一位用户通过网站来分享自己具体的地理信息，并且还具有其他的一些附加功能，例如，可以让用户使用 Facebook 专有货币向网上店家付费等。

各种迹象都表明，马克·扎克伯格是具有野心的人，而他的野心一点也不输于任何一位科技巨头前辈。

苹果公司首席执行官史蒂夫·乔布斯早在 80 年代初就宣布了 Macintosh（俗称 MAC 机，是苹果电脑其中一系列的个人电脑）将给计算机行业带来革命，而 Google 创始人曾经也宣布过，他们的搜索引擎将"组织全世界的信息"。而与这些前辈们不同的是，马克·扎克伯格不需要大量的现金储备在各地兴建工厂、铺设全球分销的体系，甚至都不需要置备大规模的营销机器。马克·扎克伯格说："如果你做一件事情不需要资本，那么你肩膀上的压力就会完全不一样了，上市的目的也将是不同的。"

在 2009 年的时候，几乎所有硅谷和华尔街的人都相信，只要 Facebook 上市，那么马克·扎克伯格必然能够跻身进入全球最富有的 20 人之列，而他手下的员工也将会因此成为"创富天堂"中的富人。但是马克·扎克伯格迟迟不愿上市。

马克·扎克伯格说："我们最终肯定会上市，因为我们和投资者以及员工都签订了这样的合同；但是我们肯定是不会急于上市的。""今年 Facebook 基本上不可能上市。如果上市对我们有价值，我们一定会那样做。可能是在两年之后，或许是三年之后。"面对员工和外界的热切期盼，明确表示，自己会坚定自己的信念，不会受此影响。

而在 2009 年，当员工们开始要求能够得到更多回报的时候，马克·扎克伯格则想办法兑现了他们手中的部分 Facebook 股票。

其实，马克·扎克伯格的举动非常明确，他对于现状不满足，他还想让自己、让 Facebook 更加精彩一些。

事实上，马克·扎克伯格的野心比我们想得要大得多，他一直都想建立一个常青的企业。为此，他会定期和一些前辈见面，虚心向他们讨教怎么样能够更好地管理公司，如何才能建立一家伟大的世界级的企业。这些前辈包括 PC 巨头英特尔的首席执行官保罗·奥特里尼、甲骨文总裁查尔斯·菲利浦斯。除此之外，马克·扎克伯格还建立了双重投票机制，这样就让他自己在日后不会过多地受到普通股东的影响。

从 2008 年下半年开始，Facebook 管理层几乎进行了一次一锅端式的大换血。不仅残存的创业元老如首席技术官亚当·德安杰罗等人纷纷离职，就连为公司引入微软和李嘉诚巨额投资的 CFO 吉迪安也被扫地出门。

取而代之的则是"谷歌帮"的入驻：截止到 2009 年 10 月，Facebook 已经有 20% 的员工是 Google 之前的雇员，其中就包括 Google 的前副总裁谢丽尔·桑德伯格女士，而她现在担任 Facebook 首席运营官一职。

在商业界，通常会有空降兵和内部人这样的分类，特别是对于很多企业的 CEO 而言，他们更喜欢内部人，因为不管是在内部文化上，还是在人与人之间沟通等方面，显然内部人的优势要大于空降兵。但是马克·扎克伯格则是一个特例，他在公司里面大胆起用空降兵，而这些空降兵们，在 Facebook 的表现似乎都还不错。

提起谢丽尔，马克·扎克伯格说，他与谢丽尔相识是在 2007 年的圣诞聚会上，而且没有多长时间，马克·扎克伯格就立刻意识到"这就是我一直寻找的人选"。

2008 年 3 月，谢丽尔·桑德伯格从 Google 跳槽到了 Facebook。在随后的几个月时间里，她不仅为马克带来了 Google 的大批人才，而且也给马克的公司带来了轻松而友好的企业文化。在很短的时间内，Facebook 的员工们对于自己的老板就有了一个全新的认识和评价："这一年来，我们的 CEO 表现得越来越成熟了。"有一位员工在接受采访时说："现在，我第一次感觉到自己舍不得离开这家公司了。"

而除了带来企业文化方面的革新，谢丽尔·桑德伯格还是前哈佛校长、总统经济顾问拉里·萨默斯的得意门生。拉里·萨默斯在克林顿政府任财政部长的时候，谢丽尔·桑德伯格是财政部办公室主任。这样深厚的政界背景，更让 Facebook 获益匪浅。

但是，马克·扎克伯格显然在这些"谷歌帮"身上有更多的期待。从 2008 年开始，"Google"这个词就开始频繁地出现在马克·扎克伯格的演讲与访谈中。"任何真正重要的信息都储存在人们的头脑里，而不是在搜索引擎的索引上，难道不是吗？"马克·扎克伯格认为他的网站要比 Google 具有更加强大的获取信息的能力。"当决定要购买某一件物品的时候，你是更相信自己朋友的推荐，还是更相信 Google 算法给出的结论呢？"其实，这样的言论很明显就是在无形中拿社交网络和搜索引擎进行比较。

在两年前，人们很难把一个交友的网站和搜索引擎的巨鳄相互比较，但是现如今，风投行业的分析师们也已经在畅想 Facebook 挑战 Google 的激烈而精彩的情形了。

2009 年 Google 的年总收入为 236.5 亿美元，而 Facebook 还不到 7 亿美元，但是，巨大的差距也就意味着后者可能还将会有更大、更广阔的增值空间。一位在创业板市场买卖 Facebook 股票的经纪人这样说："很多人相信社交网站的广告收入增长潜力是巨大的，而且电子商务也将是很好的一个前景。"

当时，参照 Facebook 员工私下出售股票的价格，我们可以估算出整个公司的市值为 37.5 亿至 50 亿美元。而在 2010 年 10 月进行拆股之前，外界的某些投资者愿意出每股 76 美元的价格从 Facebook 员工手中收购股份，这样就使得整个公司的估价达到了 337 亿美元，而这也正是马克·扎克伯格个人资产飙升的原因。由此可见，"谷歌帮"入驻之后的 Facebook 已经在资本市场上获得了异常积极的反馈。

对于这位年轻的 CEO 来说，拥有数亿用户的 Facebook 又将是一个在文化领域发挥作用的高科技齿轮。马克·扎克伯格坚信公司所有的承诺，Facebook 将使人们能够拥有更大的能力，并且在任何时间和任何人关于任何事情展开交流，不管是通过网站、手机还是网游。

Facebook 的价值从何而来

马克·扎克伯格曾经说过："让网站有趣，这比赚钱更重要。"也正是在他的这种思想的影响下，Facebook 已经变得越来越有趣了，也正吸引着越来越多的人加入其中。

马克·扎克伯格他们打算用五年的时间，把 Facebook 打造成为全球第三大的网站，成为闻名世界的即将上市的公司。而就在 2011 年底，这一数据已经飙升到了 8.5 亿。Facebook 无疑已经成为了一个"建立在时间和疆域之上，没有界限的帝国"，而它所拥有的人口也仅次于中国和印度，成为了第三大"国家"，而且人口的数量还在不断增加。

除此以外，在现有已经注册了 Facebook 的人当中，有 5 亿的用户是每个月至少登录一次的，而这其中有一大半的人几乎每天都在登录。当然，这里面有 70% 的用户来自美国，剩下的 30% 则来自于中国之外的其他地方。

根据 Facebook 用户数量的年增长速度，人们进行了推测，到 2012 年某个时间段，Facebook 的用户数量将会达到 10 亿。

俗话说："有人的地方就有钱赚。"虽然马克·扎克伯格并不是以赚钱为目的的，但是毕竟建设网站也是需要投资的，养活员工也需要钱，这些现实原因让他不得不去赚钱。虽然维持网站的费用让赚钱的事情迫在眉梢，他却从来没有想过要卖掉 Facebook。

当他们面对互联网巨头之一的微软公司的数次收购意向时，喜欢独立、不希望受到别人约束的马克·扎克伯格却拒绝了。虽然当时的 Facebook 的市值在 150 亿美元，这远远还不及微软的市值，但是微软没有成功收购 Facebook。最后，无奈的微软只好以 2.4 亿美元得到了 Facebook 1.6% 的股权。

2010 年，Facebook 的市值已经被高盛估价为 500 亿美元。高盛也开始着手对 Facebook 的股票进行私募发行。当人们得到这一消息之后，开始疯狂抢购 Facebook 的股票。

如此狂热的程度不得不让人们怀疑 Facebook 的价值已经开始出现了泡沫，但是不管泡沫是否存在，在 Facebook 还没有正式公开上市之前，它早已经是遍地黄金了。Facebook 显然已经成为了投资者们的摇钱树，一个个的投资者就好像房地产开发商一样，拿着大把的钱去跑马圈地，希望能够在这一社交网络高级社区当中分享到一块黄金地段。

根据预测，2012 年底，Facebook 的市值将有望达到 1000 亿美元。

其实，Facebook 上最具有价值的一块就是广告平台。随着用户数量的不断增加，这些用户浏览网页的时间也就会越来越长，那么这些用户对于广告商的诱惑显然是越来越大的。但是，并不是以金钱为目的的马克·扎克伯格在刚开始的时候对广告并不感兴趣，结果只能让很多广告商干瞪眼白生气。可是后来，随着 Facebook 用户数量的不断增多、业务范围的逐渐扩大、基础设施的不断扩建，这些都需要有大量的投资才可以维持平衡，在 Facebook 上投放广告已经是势在必行了。

那什么样的广告，用户既感兴趣又可以接受呢？在 Facebook 上，广告商们可以先邀请网友进行广告产品的试用，参加广告商组织的互动。让用户参与进来，并且能够充分感受到乐趣，那么这样用户自然也就接受了广告，甚至有的用户还有可能成为最主要的消费群体。

比如，有一家蛋糕店对于一种新款蛋糕的口味进行调查，鼓励网友们在调查上献计献策，如果策略好，不仅可以免费品尝到蛋糕，甚至还有机会获得大笔的奖金。结果就在短短一个月的时间内，这家蛋糕店的粉丝就暴增了50 万。这样的行为不仅调动了用户的热情，而且更将宣传发挥到了极致。现如今，福特、麦当劳、星巴克等大企业都已经成为了 Facebook 的广告大客户。

曾经有人预测：在未来的五年，广告商在 Facebook 上的广告投放额就可以达到 100 亿美元。

Facebook 除了广告业务之外，还依靠庞大的用户资源，吸引了更多的游戏开发商、软件开发商利用这一平台进行产品的开发，之后再共享营收利润，而辛加公司就是一个典型的例子。

辛加公司在 Facebook 上开发了一款名叫"德州扑克"的游戏，游戏在上线之后就立即得到了广大用户的认可和喜爱。在此之后，他们又相继开发了"开心农场"、"黑手党战争"等游戏。也正是凭借着这些拥有百万甚至千万用户的游戏，辛加公司才成为了 Facebook 上最大的游戏开发商，年收入将近 2 亿美元。

辛加公司的成功案例，让越来越多的游戏生产商前来加盟，与此同时，也吸引了大批的游戏玩家前来体验，这些游戏玩家的上线时间越长，其潜在的广告价值就越大。

另一方面，Facebook 还会按照营收额向其平台上的电子商务企业征收 30% 的服务费用。凭借这一举措，Facebook 每年就至少有 30 亿美元进账。

不仅如此，Facebook 在电子商务领域也是颇有作为。它以优惠条件吸引到了诸多中小企业来开设店面、出售商品。同时，Facebook 还结合实际推出了一款"与朋友一起购物"的新功能软件，用户们可以通过这一功能与朋友共享购物信息，这瞬间就让 Facebook 成为炙手可热的网络购物平台。

而且，Facebook 还推出了虚拟货币，用户可以购买这些虚拟货币用于 Facebook 上的购物，而这些则可以为 Facebook 带来 120 亿美元的营业收入。还有就是在团购及邮箱服务方面，Facebook 的收入也是让很多人羡慕的。

财富背后的隐私"陷阱"

Facebook 上市之后，将会让整个世界变得更加融合，形成一个密集的网络系统。由于 Facebook 用户采用的全部是实名制，所以这也让马克·扎克伯格掌握了很多的用户资料。

那么如何让用户与现实社会更好地进行互动？如此巨大的用户资料群如何才能够得到安全的管理？如果把这些资料放到商业网站，网站出现风险，资料发生泄露怎么办？用户的信息网站是否能够按照用户的意愿进行处理？假如有一天，Facebook 出于自己的商业利益考虑，将用户的这些资料出售给广告商，导致用户源源不断地收到垃圾广告怎么办？由谁来控制用户的电子身份？等等。总之，随着 Facebook 地不断扩展，如何保证用户信息资料的安全已经成为了现如今人们最为关注的问题。

虽然，越来越多的用户对于资料的隐私权呼声不断，但是马克·扎克伯格却不以为然，因为他觉得，保护隐私是 Facebook 提供的某种服务，如果等到用户都信息透明化了，那么就不需要所谓的隐私保护权了，到了那个时候，大家的隐私就可以完全取消了。

但是，信息过度透明也将会对亲密关系造成一定的影响。试想，如果在一张照片当中，你发现你的男友和另一个女孩在一起（这其实也没有什么），你的心里难免会不舒服。而且更加糟糕的是，当某人通过看到对方 Facebook 个人主页的改变而知道他们不再是恋人关系的时候，甚至有可能导致悲剧。据说，在英国有一名男子杀了刚刚与他分居的妻子，而原因就在于他在 Facebook 上看到妻子的婚姻状态填写是"单身"。

其实，在 Facebook 创立之初，马克·扎克伯格并没有过多地考虑隐私概念。因为所有的用户都是被默认归属到一个人际网络的，属于一所大学、一所高中或者一个地理位置。你可以很轻易地查到和看到你人际网中其他人的信息，而他们也可以很轻易地查看你的新动态，除非你调整了隐私设置来阻止别人这样做。但是人际网之外的任何人都是没有办法看到你的信息，除非你调整了隐私设置，明确地给予他们授权。Facebook 在一次重大的改版之后，区域之间的人际网络消失了，这样就急剧减少了能够看到大部分用户数据的人的数目。如果他们不成为对方"朋友"的话，是无法看到对方的数据的。

虽然在理论上是这样的，但是将如此庞大的资料整合在一起，人们还是可以从当中了解他们的居住地点、朋友是谁、兴趣爱好是什么、每天上线干什么，等等，而这其实也是那么可怕的一件事，就好像是在你的身边安排了一个隐形人，无时无刻不在监控着自己。看来，Facebook 绝对不是一个简单的网站，它将会彻底改变一些人，甚至是一些城市和国家的命运。

不管是北非的"社会化政治"运动，还是奥巴马的选举上台，这些都是与 Facebook 类似的互联网的宣传密不可分的，因为它可以随时发布、传播、整合信息，并且还没有任何费用，而这些都无疑为参与者提供了一个更大、更自由、更具有诱惑力的传播工具。

如果 Facebook 用户想要成立一个国家，那么他们将会拥有全球 1/10 的人口，而这仅次于中国和印度。在每一天，全球数亿用户使用着 70 多种不同的语言在 Facebook 上浏览、评价、分享，全球用户每个月耗费在 Facebook 上的时间就高达几千亿分钟，而这无异于是一场规模空前庞大的"时间战争"。

有人说："未来的'战争'就在 Facebook 中。"马克·扎克伯格当初创建 Facebook 时，可能他怎么也不会想到，他创建的 Facebook 有一天也会成为战斗的工具。在北非动荡的那段时间里，不管是在埃及，还是在利比亚，大多数的抗议者都是通过 Facebook 等社交网站召集联络起来的，也正是有了这些社交网站，才让越来越来的人参与进来。

不管是个人的成功，还是整个政局的改变，其中最为重要的就是 Facebook 可以准确地搜索到身边人的详细资料，之后再利用这些搜集到的资料找出别人的"弱点",然后"对症下药",可如果这样,资料一旦被不法分子掌握,会出现什么样的恐怖结果呢?

Facebook是给我们大家的交往带来了一个新的天地,但是如果不能够很好地保护用户的个人隐私,可能会给我们每一个人带来巨大的灾难。所以,到后来,有人还是忍痛割爱地选择了离开Facebook,表面上看有很多复杂的原因,其实根本的原因很简单。

纽约州伊萨卡岛44岁的律师鲁斯·麦尼斯说,在他的脑袋里面,每天想的都是Facebook上面的朋友们在干什么,他们晚上吃什么,哪些朋友又被老板训斥了,这周末朋友们有什么安排,等等,而麦尼斯也相信别人对于自己的活动也是非常关注的。到了后来,麦尼斯感到自己的压力越来越大,并且还变得越来越焦虑,结果最后只得选择离开Facebook。

他说:"Facebook并没有更好地改善我的生活质量,反而还将我引向了更加糟糕的方向,给我的生活带来了很多压力和焦虑。没有Facebook,可能我将活得更快乐,生活也将更加轻松。"

阿什莉·赫伯特是美国马萨诸塞州贝德福德市的一名居民,当她与男友分手之后,她后悔了,她想与他重归于好,于是就经常到Facebook上看前男友的主页。

可是直到现在,前男友的主页上都是他与新女友如胶似漆的照片,这让阿什莉更是伤心不已。从此之后她再也不上前男友的Facebook,但是她身边的朋友还会继续关注。所以最后,阿什莉说:"为了能够让自己保持清醒,我只能够选择从Facebook离开。"

Facebook确实给人们带来了快乐,但也同时带来了痛苦。如果个人的隐私不被暴露,可能也就不会存在如此多的痛苦,而想要让隐私不被他人知道,唯一的办法就是不使用实名制,但是实名制是Facebook的价值所在,如果放弃实名制,那么Facebook还是原来的Facebook吗?

不管人们对于 Facebook 是爱还是恨，可有一点是我们不能够否认的，Facebook 已经为人类商业世界的发展做出了极其巨大的贡献。

现在，Facebook 准备上市，估值将会持续上涨，虽然有的人选择离开，但是还会有更多的人加入进来，想从当中分得一杯羹，而这也是社会发展的必经阶段，是任何人无法阻挡的。

而我们想要在这种无法阻挡的社会浪潮当中生存下去，就一定要学会保护自己的隐私，不仅仅如此，Facebook 也需要懂得去保护用户的隐私。聪明的马克·扎克伯格看到了这一点，因为他知道，只有这样，他所创建的 Facebook 才能越走越远……

一次理想并完美的收购

Facebook 在 4 年的时间里总共收购了 14 家公司，Facebook 还会收购其他的公司吗？人们已经开始对 Facebook 收购的第十五家公司充满了猜想。

2012 年 4 月 10 日，Facebook 宣布将以 10 亿美元收购在线照片共享服务商 Instagram，而这也就意味着在 Facebook 上市之前，它正在利用市场财富进行自我增长。

Instagram 是一款支持 iOS、Android 平台的移动应用，允许用户在任何环境下抓拍下自己的生活记忆，并且选择图片的滤镜样式，一键就可以分享到各大社交网站。

Instagram 还融入了很多的社会化元素，其中包括好友关系、回复、分享和收藏等，而这些也都是 Instagram 作为服务而并非应用存在的最大价值。

Instagram 一登录 App store 就拥有了自己的首批用户，人数 2.5 万。

Instagram 的研发和发布只是短短的 8 周时间，但是在这之前的准备工作几乎用了一年。到了 2012 年，它的累计用户也已经超过了 3000 万。

针对收购 Instagram 这件事情，马克·扎克伯格与 Instagram 的 CEO 凯文·西斯特罗姆分别发表了自己的声明。下面我们就一起来分享一下：

Facebook CEO 扎克伯格声明：

我们非常高兴能够与大家一起分享这一令人兴奋的消息，我们同意收购 Instagram，而它的人才团队也将会加盟 Facebook。

这么多年来，我们一直专注于建立自己的最佳图片分享体验，能够让越来越多的用户更好地与朋友、家人分享。今天，我们可以更密切地与 Instagram 团队合作，这也将让用户可以和自己喜欢的人分享移动照片，为用户们提供最好的体验。

我相信，我们两者之间是存在着可以互补的优势的。为了能够做得更好，我们需要留心并巩固 Instagram 的优势和功能，而不能够只是简单地将它的一切与 Facebook 整合。

所以，在此我们正式承诺，我们将保持 Instagram 独立，继续巩固，并且保持它的快速增长。在全世界，有数万人喜爱 Instagram 应用，喜欢与此品牌相关的元素，而我们的目标就是帮助程序和品牌拓展，让越来越多的人更加钟爱它。

我们还认同一个事实，那就是让 Instagram 与其他非 Facebook 服务相连，这是体验的重要部分。为此我们计划保留一些功能，例如让用户在其他社交网站发表内容，如果用户不想在 Facebook 上分享 Instagram 上的内容，那么也可以自由选择停用，用户还可以只在 Facebook 上成为别人的粉丝，并且也可以让别人成为你的粉丝。

大家都知道，这些功能以及其他的功能是 Instagram 体验的重要部分。我们将会从 Instagram 体验中进行不断的学习，在 Facebook 其他产品之中建立相似的服务。与此同时，我们还会帮助 Instagram 继续增长，而方式主要是通过使用 Facebook 优秀的工程团队、基础设施来协助。

今天，对于 Facebook 来说，这是一个重要的里程碑，而这也是我们首次收购一家拥有众多用户的企业，收购一款拥有众多用户的产品。我们 Facebook 没有打算收购太多类似的企业，甚至以后不会再收购。但是，人们之所以爱 Facebook，有一个非常重要的原因就是为了照片分享体验，所以，我知道，让我们两家企业合并是值得的。

我们也将继续与 Instagram 团队合作，一起开发新的体验。

Instagram CEO 凯文·西斯特罗姆声明：

大概是在 2 年之前，麦克和我创立了 Instagram，创立的目的是改变、改进世界通信和分享的方式。我们曾经度过了难忘的时光，一步步看着 Instagram 发展成为了全球用户喜欢的、有活力的社区。而今天，我们更是高兴地宣布一件事，Instagram 同意出售给 Facebook。

在过去的每一天当中，我们看到了越来越多的体验是通过 Instagram 方式分享进行的，而这些几乎出乎我们的意料。我们是因为有了专注而富有才华的团队，才能够走到今天。而我们相信，有了 Facebook 的支持，及其创意、人才的支持，Instagram 和 Facebook 势必能够开创一个激动人心的未来。

在这里有一点需要澄清，Instagram 并没有离开。我们会与 Facebook 合作推动 Instagram 发展，共同建设网络。除此之外，我们还会不断向产品增加各种新的功能，寻找新的方式创造出更好的移动照片体验。

    Instagram 的程序还会和过去一样。大家所关注的人并没有变，而大家所关注的粉丝也没有变。大家依旧可以在其他网络上互相分享。大家同样也可以拥有曾经拥有的其他一切功能，而我们的合并只会让程序更有趣，更独特。

上市的意义并非很大？

    当人们对于 Facebook 上市这些消息感到异常兴奋的时候，也有的人对此充满了忧虑和担心。那么这到底是为什么呢？

    因为 Facebook 的价值有可能被极大地高估了。就以现有的市场销售率来计算，Facebook 为 19.7 倍，这要比苹果的 3.3 倍还要高出 497%，而比 Google 的 5 倍高出 294%。如果我们假设 Facebook 和 Google 的净利润率是相同的，为 26%，那么 Facebook 的市盈率则为 80 倍，这也要远远高于 Google 的 19 倍和苹果的 12.7 倍。而这些也都将意味着，Facebook 股票可能会在上市的第一天上涨，但是之后却后继无力，而这也是 2011 年大多数科技公司 IPO（Initial Public Offerings，首次公开募股）的命运。

    IPO 是不会释放企业资本开支的。1995 年，网景（Netscape）上市就曾经引发了一波企业资本开支热潮。当时因为这家网页浏览器公司让用户浏览互联网变得比以前更加简单便利了，但是之后，相关支持性行业，比如网站顾问、网站基础设施搭建者等，纷纷染指企业互联网投资，希望能够获得一杯羹。

    显然，Facebook 是不会这么做的，因为其营业收入仅仅只为全球所有企业 5070 亿美元广告开支的 1% 而已，而且，其 IPO 也不会对企业开支的大方向造成重大影响。

也许对于 Facebook 内部人士来说，公司的上市并不能够改变什么。Facebook 的投资者和员工可以在二级市场 SharesPost（非上市股权交易网站）上售出股票，套取现金，而这样的行为直到上周交易的时候才被停止。

在 2012 年初，Facebook 在 SharesPost 的估值为 734 亿美元，这一估值是略少于人们对于其上市所能够筹集资金的估计的。当然，由于股东数量超过 500 位而被迫实施的 IPO 将增加 Facebook 作为一家上市公司的运营成本。但是除此之外，相信大部分的现状是不会有太大的改变的。

Facebook 上市不会提振风投市场。假如 Facebook 上市将会造成对科技初创企业的投资热潮，那么这就有可能会对风险投资行业有益。反之，如果 Facebook 上市对于这家公司的投资者来说并不会产生多么大的改变，那么就不会刺激相关行业的增长，更不会释放企业投资，甚至有可能不会对 IPO 市场有所助益，因此，Facebook 上市的不良影响是相当有效的，至少是在可控范围内。

对于 Facebook 的上市，媒体非常热衷于将其和 Google 相提并论，Google 从 2004 年 IPO 以来，股价已经从 84 美元稳步攀升到了 580 美元，而复合年增长率达到了 30%，可以说是相当不错，但是 Google 现在的股价和当初 2007 年高峰时期的 715 美元相比，还是低了 19%。

为了公平起见，对于那些希望 Facebook 股价在上市后继续上涨的人来说，还是有乐观的消息的。我们看一看 Google 在 2004 年的招股说明书就会发现，其 IPO 发行价格为 84 美元，市盈率为 80 倍，而这也是 Facebook 的预计市盈率（Google 在 2004 年 8 月上市时，共有 2.71 亿股股票，2004 年的预计净利润为 2.86 亿美元）。

这也是 Facebook 的上市会为风投和科技创业家带来希望的唯一原因。但是 Facebook 并没有办法改变企业经营业务的方式，它只是在经济大背景下的一个特殊情况。

Facebook 接管世界

马克·扎克伯格，一个 80 后的小伙子，其貌不扬，满脸长满了雀斑，穿着一套几乎永恒不变的装束：深蓝色 T 恤、牛仔裤、阿迪达斯拖鞋，看起来还有几分邋遢。但是，正是他发誓要接管世界，也正是他让整个世界在悄无声息地发生着变化，而他的传奇甚至被改编成为了电影《社交网络》，横扫欧美电影票房，并且引起了轩然大波。

别看马克·扎克伯格的年龄不大，但是他倔强的性格让他对于征服世界充满了信心。特别是当他面对中国这个庞大而又复杂的市场时，他的那股韧劲真是让我们佩服。

马克·扎克伯格每天学习中文课程，花费大量的时间来研究中国文化，他希望能够清楚地了解中国的价值观。正像马克·扎克伯格所说的："中国是一个极端复杂和重要的国家，如果我们遗漏了这 13 亿人，那么怎么还能够走向世界？"

Facebook 的目标是：接管这个世界。可能在很多人的眼中，这个年轻人有些不知天高地厚，但是，马克·扎克伯格也正是在自己这一目标的指引下，让互联网朝着一个全新的世界发展。

马克·扎克伯格始终认为，人最感兴趣的事物其实还是人。为了能够让自己更加了解身边的世界和周围的人，执著的马克·扎克伯格从电脑编程专业转到了心理学专业。

在很多年之后，当我们回过头来看，才发现马克·扎克伯格当初的选择并没有错，他所宣扬的是一种崭新的世界观与方法论。也正是心理学与编程的相互结合，才给了他征服世界的动力。而对于马克·扎克伯格来说，这两者相当于是自己的一对强大的翅膀：一只翅膀有助于了解人们的心理需求，而另一只翅膀则是不断制造人们的需求。

其实，马克·扎克伯格当初创建 Facebook 仅仅只是为了好玩，但是当 Facebook 成为了人类生活必需品，成为了改变人类之间交流方式的工具之后，马克·扎克伯格也渐渐放下了好玩的心态，而将其视作一种责任。正是肩负的这种责任，再加上他对于心理学的了解，才能够让他不断创新。

而马克·扎克伯格坚持实名制的原则，也让 Facebook 的用户充满了"神秘的激动"，正是这种"神秘的激动"为 Facebook 领军社交网络奠定了坚实的基础。

不仅如此，马克·扎克伯格还凭借自己敏锐的眼光，洞察到了未来世界的发展动向，这种眼光也正是一个成功者所必须具备的。说到底，Facebook 的发展所依靠的就是这种独特的眼光和思维。

一个从简陋宿舍成长起来的社交网络，一步步走向了成熟，最后成为了网络帝国，Facebook 的成功也鼓励了成千上万的创业者，人们把马克·扎克伯格看成是继比尔·盖茨之后的传奇创业天才，因此，他被誉为"比尔·盖茨第二"。

天时地利人和的 Facebook 正在以迅猛的速度发展着，而这也让其他网络看到了可观的"油水"，于是纷纷伸出了橄榄枝。但是都被马克·扎克伯格拒绝了。

因为在他的内心，更加注重的是如何能够把网站建设得更加完美，而并不是利益。用他的话说就是："我觉得那些最成功的科技公司的领导者们最为关注的永远都是产品，因为也只有这样，我才能够保证其他工作可以顺利进行。

我们都希望能够让这个世界更美好，而我们所能够做到的就是制作出合适的产品。在我们公司，技术所占的比重最大。"

马克·扎克伯格把这种自信和执著与自己的想法和人格巧妙地融入到了 Facebook 之中，从而让用户体会到什么才是真正有价值、有意义的社交网站，也正是这种精神才成就了 Facebook，让其吸引了更多的用户加入。

不仅如此，Facebook 吸引用户的原因也是多方面的，比如它与其他的网站有着很大的区别，这样的区别将会让人与人之间的沟通变得更加纯洁、简单、真诚。

Facebook 与 Google 相比，它具有的优势也是非常明显的。Google 为互联网引入了数学与逻辑学，而 Facebook 为互联网引入了心理学与社会学；Google 拥有的是强大的数据库与计算能力，Facebook 拥有的却是迁移自现实社会关系的一系列节点与路径；Google 利用搜索引擎来进行人与海量的信息的沟通，Facebook 则将个体重新编织，并且存在于现实世界中的社交网络；Google 致力于满足个体信息需求，而 Facebook 则是致力于还原现实生活。

除此之外，Facebook 与其他网站的不同还体现在，它的一切服务都是围绕着用户展开的。它是一个已经超越了自我的展示平台，每一个用户都会有自己的主页，在这里可以聊天、可以发邮件、可以游戏，等等，这也就意味着每一个用户都将有一个属于自己的天地，在这里用户可以真实地、无忧无虑地生活。

Facebook 还将全球的人不分年龄大小、不分种族、不分地域……紧密地联系在了一起，虽然 Facebook 在刚开始的时候仅仅只是一个孩子所创建的网站，但是现在在任何一个领域里都发挥着超强的影响力。

现如今，Facebook 的影响越来越大，而马克·扎克伯格所取得的成绩也是越来越突出，但是他并没有满足。

在刚开始的时候，马克·扎克伯格拒绝在 Facebook 界面插入广告，因为当时他觉得 Facebook 页面要给用户率真、破坏欲、革命性、信息流、保守、动手制作、心无杂念的感觉。虽然马克·扎克伯格属于非常保守的人，可是在 Facebook 建设方面他却一直在进行着不断的创新和开拓。

他希望 Facebook 能够更加巧妙地调整用户之间的关系，从而可以更加准确、更加细化地反映人们之间的关联。因为每一个人都是生活在现实的社会当中，而且人际关系网络也包含着多种层次，绝对不是简单的平面化。

马克·扎克伯格非常明白，这个世界不仅仅是人与人之间的关系，还有事物与人之间的关系，而这些"物"也有可能成为人们交往的纽带，比如一本书、一部电影，等等。

马克·扎克伯格以自己的创造性思维改变了世界，并且把人们的交流方式带到了一个快速的交流"时光隧道"，而且还创造了一个可以改变世界的伟大企业，并且还坚定不移地以接管世界为重要目标，不断披荆斩棘、奋勇前行……

第二章

Facebook
Mark Elliot Zuckerberg

天才的成长道路

马克 · 扎克伯格语录

- 未来的世界是人类的世界，只有知道了别人的内心在想什么才能很好的沟通交流。

- 我只是坚信，人们最感兴趣的事物其实是人。我相信人们喜欢做那些使自己开心的事情。为了使自己开心，他们需要了解他们身边的世界，了解他们身边的人。

- Google和类似的搜索引擎是将网上的所有信息做成索引，供人们查询，而Facebook在于帮助人们相互了解各自心中在想什么。

- 赚钱不是我的目的。

Facebook

自由、开放的家教环境

马克·扎克伯格于 1984 年出生在美国纽约州白原市的一个犹太人家庭，父亲爱德华·扎克伯格是一名牙医，他的母亲则是一名心理医生。犹太人一直以来都被公认为是世界上最聪明的民族，可是马克·扎克伯格以后能否就像犹太人的前辈马克思、爱因斯坦、卡夫卡等人那么样著名，能不能为人类作出巨大的贡献，这在当时是马克·扎克伯格的父母曾考虑过的问题。

马克·扎克伯格的家庭条件非常不错，这为他的健康成长创造了优越的条件。

爱德华非常崇尚科技的力量，他相信科技可以改变人类的生活，科技也将服务于人，他的办公室一直以来也都是以科学技术为导向，总是装备着最新的高科技工具。1990 年，与电脑相接的 X 光机刚问世不久，马克·扎克伯格的父亲在诊所就装上了，而他也成为了最早使用 X 光机的人之一。

在马克·扎克伯格出生的那一年，爱德华还购买了他的第一台电脑，虽然他的硬盘容量只有现在普通计算机的 25%，他成为世界上第一批拥有个人电脑的人。也正因此，马克·扎克伯格在很早的时候就接触到了电脑。对于这种高新科技产品，年幼的马克·扎克伯格产生了浓厚的兴趣，他的这种兴趣恰好被父亲重视了起来。

后来，爱德华为了能够更准确地把握好儿子的发展动向，就非常细心地观察着马克生活中的一举一动，结果他很快发现儿子有极其好的观察能力。爱德华还发现儿子看待问题非常有远见，并且能够看透事情的本质，而且随着儿子年纪的增长，他对于科学的探究欲望愈加强烈。

马克·扎克伯格小时候听家里的音响在唱歌，就产生了兴趣，总是想弄清楚唱歌的人是怎么"钻进"音响的，结果他就趁着父母不在，将音响拆开了，爱德华知道之后并没有像我们大多数父母那样暴跳如雷，反而还鼓励他说做得好。爱德华非常尊重孩子，他认为兴趣才是学习的动力。

其实，"天才"并不是刚一出生就产生了，而是靠父母的成功教育方式引导而来的。按照爱德华的说法：只不过是马克·扎克伯格在小时候就具有洞察力，并且还具有编程的天赋。家庭教育几乎是所有人接受启蒙教育时最为重要的环节，马克·扎克伯格也毫不例外。

他从小就受到了良好的教育，虽然他后来并没有沿袭父母亲的职业，但是他形成了自己良好的学习和生活方式。在父母亲身边，马克·扎克伯格学会了如何进行独立思考，学会了要自主选择，从而发现了自己对于计算机的钟爱。由此可见，马克·扎克伯格之所以能够成就梦想，这与他小时候良好的学习与生活环境是分不开的。

爱德华非常反对极端形式的家庭教育，认为孩子们需要的是全面发展，需要工作和学习的时间，他甚至认为，孩子更需要玩的时间。

对孩子进行惩罚，这在教育孩子上是不一定有作用的，父母其实只需要当场指出哪些行为是不能够容忍的就可以了。在马克·扎克伯格的整个成长过程中，最初的家庭教育扮演了非常重要的角色。美国式的家庭教育不同于中国式的教育，中国孩子通常以成绩定好坏，但是美国家庭更多的是给孩子提供自由发挥的空间。马克·扎克伯格正是在这样的自由空间中，兴趣和潜质都得到了充分的开发，并且取得了后来的巨大成就。

"扎克网"诞生

马克·扎克伯格从小就对电脑产生了浓厚的兴趣，这让他的父亲非常高兴，因为在爱德华的眼中，电脑必将成为人们生活的必需品，而懂得使用电脑就将懂得最佳的生活方式。所以，他决定让马克从电脑编程学起。

虽然父亲很想教儿子编程，可是爱德华的水平很有限，而且他在大学学习的并不是计算机专业，而是生物专业，自己所使用的电脑也是早期的 Atari 800 个人电脑系统，键盘与打字机非常相似，在使用的时候感觉就好像是在操作一台巨型的庞大笨拙的电子打字机，所以在教马克的过程中他感觉有些吃力了。

后来，一次偶然的机会，马克得到了一本编程方面的书，在别人眼中这本书全部都是代码，无疑就是一部天书，可是在马克的眼中这简直就是一本精彩的科幻小说，他在很短的时间之内就把这本书上面的知识全部学懂了。

在马克 10 岁的时候，爱德华奖励给他了一台电脑，这让马克爱不释手，于是他把大部分时间都花在了电脑上，爱德华看见儿子如此痴迷，非常开心。为了能够让儿子的编程取得更快的进步，爱德华还特地为儿子请来了一位计算机工程师。

计算机工程师刚来到马克家中时，根本就没把教导马克当一回事，在当时，一个 10 岁的孩子，可能刚刚只会开关机，或者是其他的一些简单的操作。但是当这位老师走进马克房间时，他看见这名金发碧眼的少年正坐在电脑面前，聚精会神地练习编程，他简直惊呆了。编程其实是一项反复枯燥的工作，而此时的马克仅仅是一个孩子，他怎么能克制住好动贪玩的天性，而整天坐在这里练习编程？这确实让人感到很意外。

就这样，电脑工程师基本上把自己所知道的全部知识都传授给了他，而马克学以致用的速度更是惊人。不久，他就已经能够独立完成较为复杂的编程，甚至还可以自编工具软件了。

马克独自完成的第一个编程程序叫"扎克网"。这个软件程序可以将家里的电脑与诊所里面的几台电脑相互连接，这样家里人就可以和诊所里面的工作人员通过网络彼此发出信息。当时爱德华在家，如果诊所来了病人，只需要接待员发一个讯息，爱德华就知道了。

当然，一整套程序的编写，往往需要花费马克几天甚至是一星期的时间来完成，长时间的枯坐、思考、反复调试，这些对于年仅 12 岁的孩子来说，无疑是巨大的挑战，可是马克却有着一股超过同龄人的毅力，有一种不达目的誓不罢休的精神。他总是能够把事情做出来，不仅是给自己看，也给别人看。马克在编写"扎克网"时所表现出来的耐性，让他发现了自己在编程方面的天赋，所以他更愿意为此投入，专注于自己感兴趣的事情。

到了后来，爱德华又让马克接受了更加正规、专业的教育，他把马克送到仁爱学院，让他学习计算机。在爱德华第一次送儿子去的时候，老师还以为是爱德华自己上课，于是很严肃地说："不允许小孩子进课堂！"但是爱德华微笑着说："不是我上课，我是送我的儿子来上课的。"老师看了看站在爱德华身边瘦小的马克，吃惊地说："啊？这么小的孩子能够学得懂吗？"爱德华笑而不答。

不过开始上课之后，老师发现这个十几岁的小孩绝对不简单，马克从一开始就没有被一些课堂上东西所吸引，他只是关注自己感兴趣的知识，他能很清楚地记住每一条代码，他会追问老师他不理解的问题，而且他经常出人意料地解决一些成人都无法辨认的错误。这一切都让这位教师认清了马克，不禁赞叹他是一个天才少年。

其实，从幼年开始，马克就是一个"怪胎型"的天才。他不仅精力旺盛，而且执拗，如果谁想要说服他，可能别的孩子只需要一个斩钉截铁的"No"，但是马克需要人们列举出一大堆详尽的事实、理由，甚至有的时候别人根本说服不了他，在当时，很多人都认为马克以后能够成为一名百战百胜的律师。

而马克在编程上的天赋、热情、执著、严谨，也注定了他将来能够在这条道路上越走越远⋯⋯

天才童年的"鬼事"

现如今的马克·扎克伯格早已经功成名就，但是他的穿着风格依旧：奇特的 T 恤、破烂陈旧的牛仔裤、阿迪达斯拖鞋，甚至讲起话来还是那么腼腆。

也正是这样一个如此不讲究的人，成了互联网最年轻、最有作为的人。其实在他小的时候，也曾经做出了很多"鬼事"，这也让人们对于他的未来多了一些猜测。

父亲爱德华在马克 10 岁的时候给他买了一台电脑，这个决定是在发现了马克的编程天赋之后做出的。童年的马克·扎克伯格并不像其他孩子那样喜欢玩耍，他经常是一个人呆坐静默。后来，爱德华这样形容小时候的马克——"意志坚强、冷酷无情"。

但是对于那台电脑，爱德华的妻子曾经反对过。马克的母亲是一位心理医生，同样，她也发现了儿子的异常。从她的专业角度来说，马克需要的是能够和其他寻常的孩子一样，所以他们需要给他建立正常的社交氛围，并且让他能够尽快适应。她担心儿子会陷入电脑游戏无法自拔，这样对于他的成长是非常不利的。

但是，不久之后，爱德华夫人就发现了儿子身上惊人的转变。

马克并没有像母亲担心的那样产生心理疾病，反而在他有了电脑之后，超人天赋得到完整地展现。从此，扎克伯格夫妇也就不再过问儿子在电脑上做些什么，事实上，他们也无从插手。

当时在爱德华的诊所，经常会有很多牙病患者，因为他们惧怕冷冰冰的牙科工具，所以他们只是问诊，却不敢就医。于是爱德华便打出了"让我们为胆小鬼服务"的口号。

有的时候，患者刚刚进入，如果患者脸上稍微流露出对治疗的恐惧，那么爱德华就会指着牌子说："看见了吗？我们就是为胆小鬼服务的。"这些病人听完了这句话，就会乖乖地躺在椅子上，安安静静地接受爱德华的治疗。

事实上，爱德华一直以来都是以"无痛牙医"著称的，只需要几分钟的时间，病人就能够从椅子上站起来，毫无疼痛感地就摆脱了牙病。

这样一个招牌，在马克心里引起了不小的波澜。只是简短的一句话，居然就能够让病人顺从地听从了父亲的建议，所以他对这个招牌更是充满了疑惑。

有一天晚上，在饭桌上，马克问了父亲关于这个招牌的事情，爱德华哈哈一笑，母亲顺口接过儿子的话，顺势给他上了一堂课——关于心理学的实际应用，马克听得入迷，觉得深不可测。

在此之后的一天，爱德华忽然发现找儿子的电话突然多了起来，而马克在电话里面总是会神采飞扬地向其他的小朋友夸夸其谈，而且，每次会交谈很长时间，这跟他平时的冷漠生硬形成了巨大的反差。爱德华观察了很久，始终都不知道这是为什么。结果，就在那天晚上的家庭聚会上，母亲巧妙地向儿子询问起了事情的原委。

原来有一天，马克在学校里听见几个朋友聊起电脑游戏的事情，而刚好伙伴们说的游戏他之前也曾经接触过，但是这个游戏他仅仅玩了一遍，就没有再碰。因为游戏模式太简单，根本不具有难度，没有一点挑战性。于是马克就对朋友们说："我帮你们把游戏改进一下吧，这样会更加有意思。"

可能我们大家都不敢相信，就在第二天，马克如约去了一个好朋友的家里，打开电脑，就在朋友们惊讶的眼光中，片刻之间就完成了游戏的修改。然后朋友们打开马克修改过的游戏，玩得入了迷，再也不想离开电脑。

可是，对于小小年纪的马克来说，他是如何修改电脑游戏的呢？原来当天晚上，他听完了母亲关于心理学的讲述后，受到了极大的震撼，朋友们对电脑游戏的狂热，也在忽然之间激发了他强烈的兴趣。于是，在修改游戏程序之前，他详细地绘制了一张草图，在草图里面，他根据心理学原理重新设计了游戏的关卡，游戏的趣味性一下子就得到了提高。

从此之后，马克就不断地对游戏进行翻新升级，甚至最后他的母亲也参与到了游戏的设计中，而让母亲感到惊讶的是，马克居然能够极准确地把握小朋友们玩游戏时的心理。

就这样，名声一出，朋友们都来找马克给自己修改游戏，这也让他忙得不亦乐乎，而他也从来没有让朋友失望过。

马克的高中离家很远，是美国最著名的私立寄宿制中学之一的菲利普爱斯特学校，并且这所学校也是世界上最富有的中学之一，拥有全球最大的图书馆和先进的计算机设备。

马克在进入精英云集的菲利普爱斯特高中之后，选修了拉丁文，迷恋上了击剑，同时还和朋友一起研发了一款名为"Synapse"的 MP3 播放插件，这款软件能够分析使用者的爱好，并且能够自动生成播放列表。

Synapse 在当时来说绝对算得上是一款功能超强大的智能插件。而且，如此超前的软件，马克在当时并没有用它来赚钱，而是传到了网上供人免费下载。结果很快他和自己的朋友就被美国在线（AOL）和微软相中了，他们直截了当地告诉马克·扎克伯格："你可以来我的公司上班，你在这里继续做你自己喜欢的事情，我们非常喜欢你做的东西。我们可以为你提供 100 万美元的年薪！"

结果，正当朋友被这天上掉馅饼的事儿砸得头昏脑晕的时候，马克却说："No！"

其实，马克·扎克伯格从很早开始就为自己的人生做好了规划，他放弃了金钱，选择继续上学深造，巩固基础知识，而不是为了单纯地赚钱。而用他自己的话说就是："赚钱不是我的目的。"

他拒绝了 100 万美元的年薪，选择去哈佛大学实现自己的人生理想。

难道 100 万美元还不够多吗？不是这样的，对于年纪还不到 20 岁的马克·扎克伯格来说，这已经是一个天文数字了。

在当时，100 万美元相当于 800 万的人民币。扎克伯格拒绝了，就等于是放弃了 800 多万人民币的巨额年薪，这不仅仅需要坚定的决心，还需要能够有容取舍的心态，由此可见，扎克伯格确实是非比寻常的。

可能出生在富裕家庭的马克·扎克伯格压根就没有把 100 万美元放在眼里；也许他对自己充满了信心，他相信自己通过一年的努力，创造出来的价值将远远大于微软提供的 100 万美元；也许是扎克伯格觉得自己还年轻，自己还应该去多学习更多的知识，而不应该这么早给别人……总之，马克·扎克伯格并没有被金钱所征服，他很好地掌控着自己的人生轨迹。

虽然扎克伯格一直潜心研究的是计算机，但是当他进入哈佛大学之后，他却出乎意料地选择了心理学。扎克伯格为什么会突然换了专业？原因可以说是复杂的，也可以说是简单的。

虽然扎克伯格并不善于交流，但是他却很渴望与别人交流。扎克伯格认为，只有知道了别人的内心在想些什么，才能够很好地沟通交流，于是他就选择了心理学。虽然选择了心理学，但是他并没有放弃对于计算机的钻研。

等到了哈佛之后，扎克伯格想要做的就是将学校的花名册搬到网上，建立一个哈佛大学学生之间的交流网站。但是到了后来，让他没有想到的是，Facebook 不仅仅是哈佛大学生们的网上交流平台，而且成为了世界上大多数人都可以注册的互动工具。

菲利普爱斯特学校对于马克·扎克伯格的影响还远远不止这些。后来扎克伯格在回顾他创办 Facebook 的想法时，特别强调了他自己关心的重点与 Google 的差异。

而在《纽约客》杂志上，扎克伯格说，Google 和类似的搜索引擎是将网上的所有信息做成索引，方便人们查询，而 Facebook 在于帮助人们相互了解各自心中在想什么。

扎克伯格认为，这是比信息搜寻更加深入的做法。Facebook 可以把全世界的人更加紧密地联结在一起。换句话说，跟网上现成的信息相比，现在的人将更加关心周围的人内心深处的想法和信息。

其实在高中的时候，扎克伯格就已经体验到了这种鼓励人互动的做法。在菲利普爱斯特学校的大部分课堂，都是采用研讨班的样式。学生并不是坐成排听前面的老师讲课，而是大家围成一圈，这样方便老师和同学一起分享。

除此之外，一个班里面也只有 8 到 12 名学生。很大程度上，每个学生跟老师一样都需要备课，而不仅仅只是被动地听老师讲。

对于世界上的大多数人来说，恐怕很少有人在中学时代就经历过这样的课堂，即使是在大学也不多见。而现如今，这样的做法已经不仅仅是菲利普爱斯特学校一家独有，很多美国的中学和大学都已经采用这种开放式教育了。

扎克伯格的成功绝对不仅仅是靠一个人准备 10 年就能做到的，这其实是好几代人共同努力的结果。

现如今，扎克伯格创业成功了。机会一旦错过就永远不会回来了，如果没有一个清楚的自我认识，不具备对自己的把握能力，扎克伯格也不会轻而易举地拒绝之前面对的诸多诱惑。

马克·扎克伯格的经历无疑在告诉我们：人生要懂得舍得，有舍才有得，还要经得住诱惑，经得住挫折，只有这样的人生才是成功的人生。但是，能够真正做到的人并不多，可是，扎克伯格做到了。

试想，如果扎克伯格接受了微软提供的 100 万美元年薪，没有从小扎实的基础，没有哈佛大学的磨炼，那么还会有今天的 Facebook 吗？ 2010 年度《时代》周刊"风云人物"还会是他吗？

由此可见，一个人的成功与抵抗诱惑的能力是成正比的。也正是因为扎克伯格曾经抵抗住了 100 万美元的诱惑，才让他再次证明自己的选择没有错，并且增加了自己的自信，不然的话，扎克伯格现在可能还在为别人打工，永远无法成就自己。

"课程搭配"火了一把

在哈佛大学上学时，马克·扎克伯格常会拖着一块两米长的白板走来走去，这种白板是电脑高手用来激发灵感的工具，虽然它既不小巧也不灵便，画在上面的图表也只是展示了一些大而化之却不易实现的想法。

在扎克伯格住的寝室中，这块板子占去了很大的空间，当他端着它开始构思时，整个板子都横在了屋子中，如果有人想从这里经过，就要将它抬起来。就这样，扎克伯格开始了在白板上写写画画的日子。没多久，这块板子上就被写满了扎克伯格的各种构思——代码、方程式、各种符号，以及带着各种颜色延伸到白板各处的线条。扎克伯格经常会抱起这块板子在寝室内若有所思地来回徘徊。

扎克伯格当时的室友、后来和他共同创始 Facebook 的达斯汀·莫斯科维茨说过："马克真的很喜欢那块白板。即使未必会让自己的想法更清楚明了，他也总想在板上把这些想法表达出来。"

在这块神奇的板子上，扎克伯格的诸多构想都与互联网的新型服务有关。他从早到晚废寝忘食地去编写这些软件，其间他遇到了很多无法计算的问题，但他并不计较这些。当然，就算他不对着那块白板去演算，他也会坐在那里，沉浸在电脑屏幕上飞速闪过的计算数据之中。他的身后堆积如山的饮料瓶和食物包装成了他此时最大的背景。

就这样过了一星期，扎克伯格把他称为"课程搭配"的作品拼凑成形，形成了一个十分稚嫩的网络项目，他这么做在当时看来纯属是好玩而已。他开发的这个项目可以帮助学生们根据别人的选课来确定自己的课程表，只要轻轻在网页上单击某一门课程，就会显示出全校都有哪些人报选了此门课程，再或者点击一名女同学的名字，就能看见她选了哪些课程。如果男生想要在上课时能有一名漂亮可爱的女生坐在身边，那么他最好的选择就是"课程搭配"。很快，就有近百名学生开始使用他的"课程搭配"。这种以人定课的选课方式相当独特，对于看重身份的哈佛学生来说，扎克伯格编写的这项程序正是他们想要的。

当时的扎克伯格就居住在柯克兰宿舍 H33 套间的公共房间里，常春藤联盟在校生的优越感和网虫的高超技术在这里得到了完美的结合。也许现在看来当时发生的一切非常了不起，但在当时却极为寻常。因为在哈佛大学寝室里为事业奋力拼搏的创业家有很多，扎克伯格并不是唯一一个，所以说这并不是多么值得一提的事情。在那里，才华横溢又享有优越感的天才随处可见。

在哈佛大学，学生们被看做是天之骄子、未来世界的主宰者，而当时在别人看来，扎克伯格还有莫斯科维茨以及休斯这三个人只不过是三个喜欢纸上谈兵的家伙。但也就是这几个家伙在狭窄的寝室里却萌发出了一种力量以及足以改变世界的观念。"课程搭配"的意外成功激励了扎克伯格，他决定去尝试更多的想法。

这段意外的插曲向其他人也发出了一个清晰的信号：扎克伯格能创造出让用户非常喜爱的产品。这完全出乎周围同学的意料。他们都知道，此前微软和其他公司与扎克伯格就购买他与人合作的程序进行过一系列的商谈，那个程序是扎克伯格在中学时做过的一个项目的升级版，叫做 Synapse。此款软件可以根据用户喜好的音乐类型推荐其他同类歌曲。扎克伯格的朋友们将其称做"头脑"，并且听说，如果此项交易成功他将会得到一笔丰厚的酬劳，他们希望扎克伯格能买一台超大的平板电视摆在宿舍内。

同年10月，扎克伯格推出了Facemash网站。这个网站让那些哈佛人第一次见识到了扎克伯格另类的一面，这个网站旨在评选出校园内最炙手可热的人物。

这期间，扎克伯格还创建了很多在网上运行的小程序。这其中有一个可以帮助他快速记忆"奥古斯都时代的艺术"的考试内容，在第一学期里他的这门功课以失败而告终。扎克伯格用这款小程序将课程有关的图像拼成一系列的图片，然后邀请其他班上的同学登录局域网观看这些图片，用这种方式促进他们研究探讨，并且在每幅图片旁边添加各种评语。然后，扎克伯格用整个晚上的时间来细读所有评价，从中得到了很多的启示，最后他顺利地通过了期末考试。

扎克伯格还编写了一个叫"哈瑞·刘易斯的人际六度空间"的程序，目的就是向计算机学教授哈瑞·刘易斯致敬。这款程序利用《哈佛深红报》上刊载的文章辨析相关人物间的关系，并基于这些与刘易斯有关的文章链接描绘出一个异想天开的相关人际网。只要输入任何一位哈佛学生的名字，该软件就能把这个学生与刘易斯教授有什么样的联系展示出来。

扎克伯格也经常替其他网络项目操刀。"我只不过喜欢编些小项目，"扎克伯格这样说，"那一年我做了12个项目。当然，哪个项目都不是我全权负责。"他说，这些项目大多数都是关于"发现人们如何通过相互参照建立联系的"。

当马克遇上爱德华多

俗话说："一个篱笆三个桩，一个好汉三个帮。"扎克伯格在创业初期，他的哈佛校友爱德华多·萨瓦林起了非常重要的作用。这对扎克伯格的一生都有着深刻的影响。

从小就生活在商业世家的爱德华多家境非常好，他在巴西和迈阿密的中上阶层度过了他并不快乐的童年。这里虽然有旧式富人的阁楼洋房以及生活方式，但爱德华多一点都不喜欢这里，甚至有些讨厌这里，因为这里再好的生活条件也给不了他想要的安全感。后来他顺利考入哈佛大学，到了这里他才感觉自己的人生重见天日，好像又得到了重生。他对人生又充满了信心，当其他同学准备享受美好的大学生活的时候，或者沉迷于石榴裙下的时候，爱德华多开始思索自己的人生方向，他在想："如果明天毕业了，我要去哪里？我究竟在这里要做些什么？我如何才能让大学生活变得更精彩呢？"

受家庭环境的熏陶，爱德华多很小的时候就有着优秀的商业头脑。那还是在上高中的时候，他就通过石油交易赚了30万美元。当他刚上哈佛大学的时候，一些消息灵通的人士早已经将这个消息向同学们发布开了，这在学校里引起不小的沸腾。但爱德华多的眼光并未仅仅局限于此，他在思索着更长远的目标……

没多久，爱德华多加入了一家名叫"胖奇"的聚会组织，这是一家以交友为目的的聚会组织，后来他还加入了凤凰俱乐部……爱德华多加入到这些组织有他自己的目的，因为他清楚地看到了，尽早加入到这些组织中来，对他在未来两年大学中的地位，以及他的未来都极有帮助，不管他选择什么样的未来。

这些俱乐部或者社团隐藏在各个大学里面，它们似乎有着一种神秘的诱惑力。这些俱乐部更让人惊讶的是，这里培育出了众多的世界级领导人物、金融巨头和政治家。其中，哈佛大学最古老的俱乐部名为坡斯廉俱乐部，其中的会员就包括罗斯福和洛克菲勒等众多名人；还有飞行俱乐部，产生过两位总统以及数十位亿万富翁。这里的每个俱乐部都有自己独特的和即刻确定的权力。爱德华多之所以选择进入并不是很有名的凤凰俱乐部，是因为凤凰俱乐部在社交方面非常有优势。

有一天，爱德华多去参加"胖奇"的一次派对。席间他喝得有点多，但他还保持着清醒的头脑。他看到那些金发碧眼的美女，坦露酥胸，在耀眼的霓虹灯下尽情地扭动着纤细的腰肢。尽管这里春风荡漾，但爱德华多却没有因为这种气氛而变得快乐，他突然觉得这些人好像是在浪费自己的生命，他并不想融入这里。

爱德华多觉得自己虽然过去很辉煌，但是在这个偌大的哈佛大学里，自己是非常的孤单。他很想找几个志同道合的人坐在一起聊聊天，可是这里的每个人都将自己的心包裹得严严实实。好不容易，爱德华多找到了一个可以聊天的人。可是又不知从何说起，于是他借着酒劲吹嘘自己过去的辉煌，但那个人对此并不感兴趣，转身离开了。

爱德华多很是郁闷，正当他无所事事的时候，他发现了另外一个男生。这个男生穿着一件宽短裤，一双轻快的凉鞋。但最让爱德华多感兴趣的是，这个男生有一个特别引人注目的鼻子，一头棕色的蓬乱的卷发和一双浅蓝色的眼睛，尤其那双眼睛里面含着很有趣的东西。这个男生斜躺在座位上，在那些活跃的身影中，显得那么格格不入。这个人就是马克·扎克伯格。

这是爱德华多首次与扎克伯格见面的情景。虽然他们彼此并不认识对方，但爱德华多对这个男生也是早有耳闻。爱德华多或多或少知道一些关于扎克伯格的事。扎克伯格的父亲是当地的一名牙医，母亲则是一位心理医生。爱德华多也知道，扎克伯格在上初中的时候就是一个很著名的黑客了，他进入别人的电脑就好像回自己的家一样简单，因此他的名字还上了美国联邦调查局的黑名单。爱德华多还知道，扎克伯格曾做了一个叫 Synapse 的 MP3 播放插件程序，并拒绝了微软年薪百万的邀请。他在上大学之后还设计了"课程搭配"系统。他还为大家做了很多有意义的公益事业,这充分显示了他在电脑方面的才华。

爱德华多从侧面也看出了扎克伯格的与众不同,这种与众不同中包含了很多的孤单和寂寞。也许正是扎克伯格的聪明才使他显得如此寂寞吧。这也正合爱德华多的口味,他隐隐地觉得这个男生与自己有很多共性的东西。

爱德华多认为他一定要结识这个人。于是他端着朗姆酒来到了扎克伯格的身旁。扎克伯格看到爱德华多在盯着自己看,冲他不好意思地一笑,说了一句:"真有趣啊!"

"是啊!"爱德华多回应。

就这样,爱德华多与马克彼此相识了。两人通过交谈,爱德华多更坚定了自己的想法,他一定要和这个马克交个朋友,因为这个男生身上的某种神秘感,让他有些着迷,他想深入地去了解他。

当这个派对快结束时,爱德华多给马克又提了一个建议:"如果你有兴趣的话,可以去我那层楼,那里也有一个很好的派对正在进行,我们不妨去看看,相信并不会比这里差。"马克耸耸肩说:"好啊!"显然,他对这个爱德华多也有很多好感。

当他们来到这个派对时,却让爱德华多有些尴尬。他们没待多长时间,就挤了出去,因为狭小的空间里面挤了数十个人,让人有一种快要窒息的感觉。后来他们一起来到了校园的小河边。

此时的天气有些凉了,爱德华多建议两人一起跑步。就这样,两人在幽静的校园里跑了起来。在此期间,爱德华多建议马克早点加入凤凰俱乐部,这样对自己的未来大有好处,但马克似乎对这方面并没有太大的兴趣。

这是爱德华多第一次与马克见面,两人并没有深入探讨一些专业性的问题,但就是这次见面让两人有一种英雄相见恨晚的感觉……

寻找一个会编程的人才

哈佛联谊会是由泰勒·温科吾斯和卡梅隆·温科吾斯这对双胞胎兄弟共同创造的，在当时是一个名气不大的社交网站。可是扎克伯格创业期间却与这家网站官司不断。

当时，泰勒·温科吾斯和卡梅隆·温科吾斯两兄弟都是哈佛大四的学生，同时也是奥运赛舰队的主力，是哈佛尖子生中的尖子生。哈佛里的尖子生不一定是学习成绩好，更主要的是他们为哈佛大学赢得过诸多的荣誉。这两兄弟带领的奥运赛舰队就曾为哈佛大学带来了无数的荣誉。

这里还要提到一个人物，就是蒂维雅·纳伦德拉。他与泰勒、卡梅隆关系非常好。蒂维雅本身并不是运动员，但他深知温科吾斯兄弟的热情和职业道德，他对这两兄弟的工作给予了极大的支持。温科吾斯兄弟认为，蒂维雅是他们遇到的最聪明的孩子，这三个人曾经在一起从事了一个稍微神秘的工作。虽然这个项目只是一个副业，但后来这个事情开始变得有意思起来，也使得他们每天的生活变得忙碌起来。

天刚蒙蒙亮的时候，哈佛校园还是静悄悄的。此时的蒂维雅已经提前为泰勒、卡梅隆买好了早餐。等到两兄弟结束舰队的练习回来时一同吃早餐，他顺便将最近的工作进度汇报给他们。

泰勒、卡梅隆每天的练习非常刻苦。他们每天早晨四点就已经起床了，然后到河边开始进行锻炼，再回来上课、写作业，然后再回到河边进行更多的锻炼，如举重、跑步等。在哈佛，闲人永远是闲着的，而忙的人永远也在忙碌着。显然泰勒、卡梅隆属于后一种人。作为大学运动员，他们的训练艰苦而又单调，他们做的事情好像永远只有划船、吃饭，只有偶尔的时间偷偷懒，去找一个地方睡一觉。

温科吾斯兄弟知道蒂维雅已经为他们准备好了早餐，于是直接走到食堂。

当他们赤裸着黑黝黝的上身出现在食堂时，总会引起无数的女生疯狂的尖叫。有时，泰勒还会故意举起臂弯，隆起大块大块的肌肉，女生们更是情不自禁。泰勒得意地笑一笑，他非常乐意享受这种快感。卡梅隆则拿起围在脖子上的毛巾擦去脸上的汗水，坐在椅子上狼吞虎咽地享受着早餐。

蒂维雅这时早已吃完了早餐，他在旁边拿起一张报纸读了起来。正在吃饭的泰勒显然不满意。"哎，伙计，你在读报纸吗？这破报纸有什么用啊？你根本是浪费时间嘛！"泰勒把蒂维雅手中的报纸抢了过来，并扔到了边上。

泰勒的这一举动，让蒂维雅有些不满。于是他抓起报纸继续看，嘴里唠叨着："我想知道我们的校友都在忙些什么，等我们将来成立了公司，这些都是很好的资源。"

卡梅隆并不像泰勒那样鲁莽，他觉得蒂维雅说的不无道理。虽然他们有时会在一起吵吵闹闹，但是他们合作了快两年了，彼此沟通得很好，偶尔开个玩笑，谁都不会记在心里。

"对了，我们的维克托走了，我们的网站怎么办？"蒂维雅征求两兄弟的意见。

"很简单，我们应该找个人来代替他做这个工作！"卡梅隆边吃饭边说。

"唉，说得容易，但是找一个优秀的程序员并不容易。"蒂维雅的叹息让这两兄弟不得不停住嘴。作为计算机方面的人才，他们深知找到一个像维克托这样优秀的人才确实是件难事。

也许很多人想知道这三个学生究竟在搞什么呢，其实他们秘密从事的工作就是建立哈佛联谊会。哈佛联谊会究竟是做什么的呢？简单地说，就是把哈佛的社交生活搬到网络上去。在哈佛校园中发生的事情，比如生活、学习、运动，甚至谈恋爱等，都可以通过哈佛联谊会在网络上来完成。哈佛联谊会最大的好处，就是它不仅可以密切联系圈子内部的人，还可以通过此网站联系到圈子以外的人，特别适合于现代那些不爱走出去的宅男宅女，极大地扩展了他们的交际圈。

　　温科吾斯兄弟很早就预见到了这个网站的商业价值，如果能够建立成功，并且发展到其他学校，将会对未来产生很大的影响。可惜，以泰勒、卡梅隆和蒂维雅三人的力量来说，目前还是远远达不到的。何况他们的得力助手、电脑天才维克托的离开，无疑把哈佛联谊会推入了一个困境。因此，想要把哈佛联谊会的网站维持下去，现在最要紧的就是找一个会编程的优秀人才。

　　"维克托临走时已经答应帮我们找人了，他们班级有几个同学编程编得不错！"蒂维雅还在看着他的报纸。

　　这时，卡梅隆看着蒂维雅手中正在翻动的报纸，忽然有了一个好主意："我们可以在《哈佛深红报》里挖掘到我们所需要的程序员。"

　　蒂维雅这时也恍然大悟道："这的确是一个很不错的主意。我现在马上去联系他们的负责人！"蒂维雅马上从座位上跳起来，去实施他的计划了。

　　泰勒、卡梅隆看着蒂维雅那种匆忙的神情，不由一同笑道："这个孩子可真是一个急脾气。"

疯狂的"黑客"行动

　　马克最近很郁闷，用这样一句话形容他并不为过："一个人莫名其妙地郁闷，有时并非是不开心的事情，而恰恰是开心的事情，还照样郁闷。"

　　马克的郁闷不是因为爱德华多为了进入凤凰俱乐部，忙着处理各种关系而冷落了他，也不是他工作上遇到了什么伤心的事情。总之，他现在就是非常伤心。他觉得自己现在就是一头野兽，浑身充满了力量，却被关在一个牢固的笼子里，冲不出来。于是，他开始用酒精来麻醉自己。

　　到夜晚，马克自己一个人坐在电脑前，快速地敲击着键盘，他想将自己的郁闷发泄到博客上。酒精开始在他体内发作，他写了这么一句话："婊子，你是个彻头彻尾的婊子。我要做点什么事情来忘掉你，我现在真的特别需要一个很好的主意。"

原来马克心中的痛苦缘于一个拒绝了他的女孩子。可以说自从他见到她之后，他就一直暗恋她。但马克是一个胆小木讷、不善于交际的男生，他不知道自己该怎么向她表达自己内心的想法，他能做的是每天偷偷地多看她几眼。当有一天那个女生和别的男生单独走在一起的时候，他心里更难受，觉得自己受到了一种莫大的羞辱。可是弱小的马克又没有勇气与那个高大的男生为了爱情而决斗，只能一个人躲在宿舍里喝酒、生闷气、玩电脑，此时唯一能宣泄心中郁闷的仿佛只有电脑。

也许还会有更好的办法！马克觉得这样下去不行，他必须有一些行动。经过一段思索后，马克冷静下来，他觉得凭着自己的自信一定可以在偌大的哈佛里找到一位更好的女孩子。可是马克现在很纠结，那么多的女生自己如何才能选到满意的呢？何况不善于表达是自己目前最大的劣势。

就这样，马克一个人静静地坐在那里，他在思考着通过做点什么来改变自己目前的这种情形。可是做什么才能够自己掌控自己呢？

马克的大脑在思索着，手中的鼠标也跟着他的思维在动。这时他开始反复点击着存在自己电脑里面的一些照片，各式各样的学生都有，当然女生的比例要远远多于男生的。这些女生仅仅是马克在去教室的路上，或者在食堂就餐时遇到的，但对这些女生来说，她们并不认识马克。因为每次遇到这些女生马克都会有意地躲开她们，因为他不知该怎么与她们沟通。现在，电脑里面的这些女生照片还不足以替他疗伤，他需要更多的美女照片。可是去哪里找到更多的美女照片呢？这成了马克苦苦思索的问题。

终于，马克想出了一个绝妙的办法。作为一个计算机天才，进入哈佛计算机系统并不是一件很困难的事。于是他很快进入了那里并将系统里面的女生照片全部下载到自己的电脑里面。当他想到曾经让自己失恋的女生，他就会仔细地去欣赏电脑里面的这些美女照片，以让自己的内心获得平静。这些照片里的美女各式各样，有不同肤色的，有不同发色的，有漂亮的，有不漂亮的，有高的，有矮的，有胖的，有瘦的……她们的照片都在马克的手中，这让他感受到了从未有过的满足感。马克还根据资料给每个美女标上号码，写清姓名、身高、体重，有的还写上了详细的介绍语。

没多久，马克就产生了视觉疲劳，他觉得做这些也没什么意思了。后来他干脆挑选了几张美女照片贴在了网上，让网友们打分投票，投出他们心中的漂亮女生。没想到，这引起了不小的反响，越来越多的男生开始关注这些照片。"如果能够将这些照片统一放在一个网站上，让大家来 PK 一下，不是更有意思吗？"这时的马克又有了一个新的想法。

马克想到做到，他马上采取了行动。他制作了一个名为 Facemash 的网站，意为面罩。他将自己下载下来的照片上传到了 Facemash 的上面，并将网页链接发给周围的几个好朋友，没想到结果是一致的好评。这一切让马克每上传一张照片，每发出一条链接地址，都会有一丝丝成就感。

更疯狂的行动开始了，马克将自己的一切"黑客"行动都写在了自己的博客上，让博友们来一起观看。对一个失恋的人来说，这些做法可能是最刺激的，也是最解气的。

当他喝完宿舍里最后一瓶酒时，他的"任务"也终于接近了尾声。他从头到尾浏览了一遍自己的网页。他仿佛看到网页上的美女在不断地向自己招手，马克终于不再伤心了，他满意地笑着，并长舒了一口气，倒在床上安逸地睡去。

Facemash 疯传的背后

马克成了一名真正的"黑客",他开始迷恋上了越来越多的数据库,因为那里有数不尽的让他流连忘返的东西。白天他还有所顾忌,不敢轻易行动,到了夜深人静的时候,他开始了他新的探索。其实在马克内心清楚地知道自己在做什么,也知道这件事本身是违法的,甚至有点不道德,可是好奇心驱使他不断地去冒险。

夜深人静时,他一个人蜷缩在一个黑暗的角落里,将一根网络电缆插进笔记本,熟练地操作着,把想要的资料很快地输入到自己的电脑里。然后迅速地从插口拔出网络电缆,把笔记本塞进自己的背包里。然后轻轻地站起来环视周围有没有人,并快速地离开,接着去下一个目的地……这简直是电影里的场景,自己就是一个 FBI 高级特工,想想这是多么刺激的一件事情啊!

当然,马克并没有进入银行数据库,没有侵入国家安全局,没有干扰公司的电缆,也没有用某些资料威胁谁。他只是干着某些黑客看不上的活儿,他只是进入别人的网站、密码相册看看美女的照片罢了。但这毕竟也是有违道德、有违法律的事。

当马克清醒之后,他的心里开始有些害怕,但看着 Facemash 里的点击量,他稍稍放下心来,因为目前来看这里的点击量还很少,并没有引起大多数人的注意。第二天,他依旧像往常一样,背起书包去上课,找爱德华多去玩,穿着拖鞋去食堂吃饭。

闲暇时,马克又用几个小时将网页美化了一遍,然后将网页地址发给了周围的几个朋友,他想听听他们的意见。完成这些后,他就跑去参加了一个会议,本来需要一个小时的会议,结果却折腾了近 3 个小时。

马克回到宿舍,扔掉手上的书包,急不可待地去查看下载他的电子邮件,然后赶快去食堂。可是等他从食堂回来的时候,发现自己电脑的屏幕被冻结了。

马克回到寝室第一时间就意识到自己的手提电脑被冻结了，因为它是Facemash.com 的服务器。为什么会这样？除非——在参加会议之前，马克已经把 Facemash.com 的链接发给了一些朋友。很显然，他们中有些人已经把这个链接转给了各自的朋友。现在它已经被疯狂地传到了哈佛校园的各个角落里。它还被传到了《哈佛深红报》，同时也被连接到了某些宿舍的电子公告栏上。

这是一个比较两个本科生女孩的照片的网站，你可以投票选出谁更热辣一些，然后再观望着一些复杂的运算法则算出谁是校园里最热辣的妞儿。此时的Facemash 就像空气一般无处不在。在还不到两个小时的时间里，网站已经登记了 2.2 万份投票。在过去的 30 分钟时间里，有 400 个学生登录过这个网站。

这是一件很糟糕的事情，链接不应该是这样传出去的，马克原来的想法并不是这样的。他想得到周围朋友的一些看法，也许会稍微进行一些调整。他想弄清楚下载那些图片的合法性如何，但现在一切为时已晚。互联网的特点是，把某件东西放上去后就不容易擦掉它了，因为这毕竟不是用铅笔在纸上写字。

Facemash 就这样在线上了。

马克现在非常懊恼，他马上敲击着桌上的键盘，用密码进入了他编写的程序。他决定毁灭这一切，经过几分钟的时间，他终于关闭了它。他静静地注视着电脑屏幕最终变成空白。当一屁股坐在椅子上时，他的手指已经不听使唤了。

他垂头丧气地坐在那，心里有一种大难临头的预感。

果然，没多久，马克·扎克伯格的名字被更多的女生知道了，不过这些女生都把他当做是采花大盗，以前本来对他印象很好的女生也远离了他。更有一些人写信谴责他这种不道德的行为。

这一切让马克有些不知所措……

第三章

Facebook
Mark Elliot Zuckerberg

艰难的创业历程

- -

- 开设一家像Facebook这样的公司，或是开发一款像Facebook这样的品牌产品，需要决心和信念。所有值得做的事都是十分困难的。

- 如果做你所爱的事，在逆境中依然有力量。而当你从事喜爱的工作时，专注于挑战要容易得多。

- 不能靠一时的灵感或才华，而是需要一年又一年的实践和努力。凡是了不起的事情都需要大量的努力。

- 我们创建网站的目的不是为了盈利。让网站有趣比赚钱更重要。

- **Facebook**

"猎人"盯上了马克

　　此时的泰勒·温科吾斯和卡梅隆·温科吾斯兄弟还没有找到他们所需要的人才，因为他们现在除了学习课程之外还要练习舰队。他们现在根本没有时间去打理自己的哈佛联谊会，只好全权交给了蒂维雅。尽管他们认为这个副业有很好的前途，但是毕竟精力有限，他们没有更多的精力来做好这件事。程序员维克托离开，蒂维雅对于这网站的经营还缺乏足够的经验，且一直没有找到合适的人才，因此这个网站几乎陷入了停止状态。

　　早晨，刚刚练习完舰队的泰勒一边吃着早餐一边想着这件事儿。这时蒂维雅从门外走来，边走边喊："泰勒，泰勒！"

　　泰勒的心里还想着那件事，再加食堂比较嘈杂，他并没有听到蒂维雅喊他。这时蒂维雅跑过去用力地拍了一下泰勒的肩膀，并将一份《哈佛深红报》扔到他面前的桌子上，这让泰勒吓了一跳。

　　"你不是让我在《哈佛深红报》里给你找一个优秀的电脑程序员吗？"蒂维雅边说边坐在了对面的椅子上。此时的泰勒还没有缓过神来，他生气地瞪着蒂维雅。

　　当他看见那张报纸后，他马上被上面的标题吸引了，抬头露出几分喜色："真是太酷了！"

　　"怎么样？够酷吧，哈哈！"蒂维雅也难掩自己的兴奋之情。

　　这时的卡梅隆大摇大摆地走过来了，手里拿着餐盒。泰勒马上举起手上的报纸扬了扬，说："兄弟，快来看，好消息！"

　　卡梅隆也被泰勒的热情感染了，马上抢过泰勒手中的报纸看了起来。卡梅隆看着乐了："我昨晚听到山姆·肯辛顿说起这件事，他相当恼火，因为他的女朋友詹妮·泰勒被这个网站排名为第三，而她的室友凯莉却排在第二……"

　　"金妮被排在第一位，是她的另一个室友。"蒂维雅马上插话道，"并非任何人都感到吃惊。"

　　显然，詹妮、凯莉和金妮这三个漂亮的女生被认为是校园里最火辣的女生，据《哈佛深红报》的消息，这三个美女是被一个叫做 Facemash 的网站排名的，学生可以根据女孩的图片来评价她们——这在当时的校园里引起了巨大的轰动。

　　"现在这个网站已经关闭了，是制作这个网站的孩子自己关闭的。"蒂维雅继续说着，"因为这个孩子在制作这个网站时，并没有意识到人们会为之如此疯狂。"

　　"真的吗？是谁疯狂了？"泰勒问道。

　　"噢，当然是那些女孩，很多很多的女孩。还有学校，因为很多人都同时上了这个网站，以至于阻塞了学校的宽带网络，那些可怜的教授们无法登录他们的电子邮件账号。简直是一团糟。"蒂维雅说。

　　"继续说。"泰勒的语气不容置疑。

　　"这个网站在 20 分钟里得到了 20000 次点击。现在制作这个网站的孩子闯了大麻烦了。他以黑客的形式入侵宿舍数据库，并把那里的所有图片都据为己有。他和他的几个朋友将被登上广告版。"蒂维雅说。

　　泰勒当然知道登上广告版意味着什么。广告版有很大的权力，它想开除谁就开除谁。这是哈佛管理层中的纪律组织，通常由一些系主任和学生顾问组成，有时甚至是大学律师和大学管理人员他们自己。

　　现在马克的名声受到越来越大的挑战，校园里面的女生对他已然拿不出什么好的评价了。虽然平时那个害羞腼腆的马克从表面上来看怎么也不像个色狼，但是他将女生放在一起PK已经成为不争的事实。

"据说他在中学时期就已经是个了不起的黑客了。他还设计了一个在线课程表，是可以选课的。"蒂维雅说。

泰勒眼前一亮，他已经开始对这个看似腼腆却又有几分调皮的孩子感兴趣了。尽管他建的网站把事情弄得一团糟，但不得不承认他是一个非常出色的程序员，这不正是自己苦苦寻找的人吗？

"我们一定要马上见到他，我觉得我们有必要和他好好谈谈！"泰勒说。

"这件事情维克托已经帮我们联系了，他和这个孩子在计算机课程上是同班，但他也告诉我们这个孩子有些古怪。他在社交方面有点儿孤僻。"蒂维雅不无忧虑地说。

泰勒和卡梅隆确切地知道蒂维雅的意思。在社交方面用"木讷"这个词也许比"孤僻"更准确。在哈佛有很多那样的学生，能进入哈佛大学的，要么是全才，要么在某方面确实非常突出。

在别人看来，泰勒兄弟是全才，但他们并不想愚弄自己，因为他们知道自己在划船方面确实比别人更优秀。而这个有些古怪的孩子在电脑方面也确实非常优秀。

"知道他叫什么名字吗？"泰勒已经开始思考他的新想法了。

"他叫马克·扎克伯格。"蒂维雅回答说。

哈佛给天才的处分

天才马克的疯狂举动，已让Facemash在哈佛几乎是无人不知。校报《哈佛深红报》认为马克是"迎合了哈佛学生最低俗的风气"，并建议学校对马克这样道德低下的学生进行严肃的处理。

当然，也有《哈佛深红报》的评论员认为这件事并不完全是件坏事。这些评论员以新闻的真实性、客观性表达了自己对 Facemash 的看法："像这样以浅显的标准评价周围人而无须直接面对任何评判对象，我们哈佛学生自然会为之着迷的。"而 Facemash 就是这样的有趣。

那些贴在网上供大家投票 PK 的女生，虽然嘴上批评马克不道德，是色狼，可是她们的内心已经承认她们从这里得到了极大的满足。因为那些以前不受关注的女生，在 Facemash 里开始有越来越多的关注了。

而且，Facemash 不仅让女生从中受益，很多男生也从中得到了不少收获。

马克隔壁寝室里有一位同性恋同学，他比较热衷于这个网站，因为在这个网站推出运行的一个小时内，他的照片关注度也持续升温，并成为 Facemash 上最吸引人的男生。出于虚荣和兴奋，他把这家网站介绍给他的朋友，而他的朋友由此也开始关注这家网站。就这样 Facemash 在不知不觉中引起了更多人的兴趣。

当然，Facemash 给照片上的人带来的更多的是快乐，但带给马克的则更多的是痛苦。当你的女朋友被人神不知鬼不觉地贴在了网上，并被很多人评头论足，你是不是很生气？这时就有很多的男生来找马克算账，因为马克是这一切"闹剧"的缔造者。更让马克苦恼的是，校园内有些妇女团体发动所有的会员在校园进行游行抗议，她们认为未得到授权的照片被贴在网上是对自己人身的侮辱，这是侵犯人权的严重问题。

为此，哈佛校方纪律管理委员决定对马克作出严肃的处理。他们以 Facemash 网站操作的安全性、版权、隐私方面违反了学校的行为准则为由，给马克以留校察看的处分。这意味着在今后的两年里马克若是再犯错误就会受到重罚。

不仅如此，他们还要求马克向妇女团体道歉。在道歉之余，马克也向这些人阐述了 Facemash 的功能和作用，并称这只是一次计算机科学试验，只不过它的传播速度超出了自己的想象，因此才造成了这样大的影响。虽然网站被迫关闭，但这次事件让马克收获颇多，这恰恰为后来 Facebook 网站的创建做了一次很好的铺垫。

这次事件并没有让马克郁闷。在接受完校方的处分之后，马克为自己举行了一次庆祝活动，庆祝自己没有受到较重的惩罚。经过这件事后，马克显然成熟了很多。

走自己的路让别人去说吧！尽管周围的同学对他有很多的非议和批判，但马克并没有将这些当回事儿。他认为在人生的道路上，有些逆境是磨炼一个成功者必需的障碍物。也正是这种个性使得他后来成为这个世界上最年轻的富人。

神秘的电子邮件

经历这件事后，马克虽然没有被学校开除，但他的名誉受到了重创。学生在校园里失去的声誉并不是那么容易就恢复的。而且以前马克就不怎么受女孩喜欢，经历这件事后，不善于交际的马克想要恢复自己的名誉更是难于上青天，除非这时候有奇迹出现。

留校察看毕竟不是一件光彩的事，若是一些胆小的同学，即使没有被学校开除，仅仅因为这样的处分有的也会选择主动离开学校。好在马克虽然在交友上有些胆小，但在追逐成功的大路上，他始终是一个坚强的人。虽然学校给了他一个留校察看的处分，但这些并没有影响到他，他整天照样我行我素，做自己应该做的事情。

好友爱德华多怕他想不开，就整天陪着他，结果马克却把他一次次地赶走。

有一次，爱德华多怕马克出问题，就在后面偷偷地跟着他。没想到，马克很快就发现了他。马克这次并没有赶走他，反而叫他过来："爱德华多，我给你看个东西！"

爱德华多来到马克跟前，马克从衣兜里掏出一份对折的纸递给他。马克转身边往前走边说："这是我刚打印出来的，你看看！"

爱德华多打开了这张纸，上面清楚地写着：

> 您好，马克，我在我的朋友那里获悉了你的电子邮件地址。不管怎么样，我和我的团队非常需要一个懂得 PHP（超级文本预处理语言）、SQL（结构化查询语言）的网站开发员，而且，最好还能够懂一点 Java 的基础知识。
>
> 现如今，我和我的团队正在竭力开发一个网站，而且我们坚信，这个网站将在校园当中产生极大的影响，希望你能加入我们。
>
> 请拨打我的手机或者给我发送电子邮件，希望您能告诉我在什么时间有空在电话上交流，以及能够和我们现在的开发人员碰面。我相信，这将是一段非常值得回味的经历。我们将在得到您的消息后及时回复，并且告诉您相关细节。干杯！
>
> 蒂维雅·纳伦德拉

蒂维雅·纳伦德拉

这是一个署名叫蒂维雅·纳伦德拉的人的来信，并被抄送给了一个名叫泰勒·温科吾斯的人。爱德华多刚开始没明白其中的意思，后来他又看了一遍，才大致了解了其中的意思：蒂维雅·纳伦德拉与泰勒·温科吾斯等人正在筹建一个秘密网站，但目前手上缺少编程人才，想请马克过来帮忙。因为他们从《哈佛深红报》那里知道了马克这个人，也许是看到了Facemash，在他们眼里马克是构建这个网站的最佳人选。

"这个蒂维雅我并不认识，但我久闻温科吾斯兄弟的大名。他们是大四的，划船很厉害，为哈佛赢得过很多的荣誉。"爱德华多告诉马克。

马克当然也知道温科吾斯兄弟，因为这对身高六英尺五英寸的双胞胎在校园里太引人注目了。只是双方的交友圈子不相同，所以很难遇到一起。

"你打算怎么做呢？"爱德华多问。

"我想和他们好好谈谈。"马克回答。

爱德华多耸了耸肩，因为他对此并没有什么好感。爱德华多不了解温科吾斯兄弟和蒂维雅，但他清楚地知道马克是什么样的人。他无法想象马克怎么会和那样的孩子处在一起。因为他知道，如果要长期和马克交往需要某种"理解力"，像温科吾斯兄弟那样的男孩是理解不了像爱德华多和马克这样对计算机和网络技术有狂热兴趣并投入大量时间钻研的人的。

"不要为难自己了，我亲自去告诉他们，就说你帮不了他们这个忙！"爱德华多转身就要走。

"爱德华多，等下！"马克拉住了爱德华多的胳膊。

爱德华多转身的瞬间已经在马克的眼中看出了结果，他已经做出了决定。也许这真的会是一件很有趣的事。

"好吧，不管你做什么，我都会大力支持你！"爱德华多说。

马克欣慰地点点头，然后拍了拍爱德华多的肩膀，转身离去。

马克与双胞胎的约会

　　泰勒与卡梅隆兄弟和马克的约会并没有选择在一个正式的地点，而是学校的食堂。当然，这并不表示不尊重对方。因为大家觉得彼此都是学生、都是年轻人，在一个经常见面的地方约会，会更容易沟通一些。如果安排在一个比较正式的场合约会，可能彼此都会很拘束。马克也很同意这个做法，因为在他看来双方见面最重要的是能够与志同道合的人一起做事情。

　　当泰勒与卡梅隆兄弟走进食堂时，食堂角落里一个瘦瘦高高的男生正在向他们招手。这个男孩有着一头乱蓬蓬的咖啡色卷发，下身穿着一条宽松的大短裤。他的脸颊有一种苍白感，就好像很久没见到阳光一样。

　　泰勒觉得这个男孩的确有些与众不同，于是他快步走上前，并友好地伸出了手。

　　"我是泰勒·温科吾斯，这是我的兄弟卡梅隆。很抱歉蒂维雅今天有事不能一起来。"

　　两兄弟与马克握手后，泰勒感觉那双手冰冷而无力。泰勒选择马克对面的一个位置落座，卡梅隆在右边的位置坐下。马克看起来好像是永远都不会主动说话的人，因此泰勒就直接说起了他们的项目。

　　"我们今天找你来的主要目的，就想和你谈谈关于建立哈佛联谊会的事情，想必你也知道一些情况。"马克点点头。然后泰勒就对他们正在努力建立的网站进行了一番全面的解说。他尽量把话说得言简意赅，他介绍说这个网站将分为两大块：一个是约会，一个是联谊。学生们可以发布他们自己的图片，然后放一些个人信息在上面，有时间还可以联谊。随后泰勒又阐述了这个网站背后的思想体系。泰勒兄弟认为现在人交往的途径太过狭窄，想找一个情投意合的人会遇到重重困难，而哈佛联谊会完全可以解决这一问题，而且还不会受到地理位置的局限。

马克坐在那里只是认真地听着，没有任何表态。这让泰勒与卡梅隆兄弟有些摸不着头脑，不知马克是怎么想的。但其实马克当时凭着他们两人的描述觉得这个网站并不如想象中那么难做，而且听起来很有趣。

深思片刻后，马克问卡梅隆："目前维克托把这个编码做得怎么样了？"

卡梅隆建议："怎么说呢？这个网站还是个雏形，我觉得你有必要先看一看！"停顿了一下接着又说，"如果你觉得可行，我可以将密码告诉你，方便你进入维克托工作的内容了解一下，而且还可以将编码下载下来，在你自己的电脑上就可以工作了！"

马克点了点头。卡梅隆觉得如果马克做这件事，应该是不费吹灰之力的。为了能够让马克更快地进入到工作状态，卡梅隆又做了一些更详细的解释。马克则是认真地听着卡梅隆的每一句话，偶尔会皱眉思考，或者抓抓后脑勺。

卡梅隆的这番讲解让马克变得很是兴奋，有时候就像小孩子一样手舞足蹈。他之前所表现出的那种木讷感也正在一点点地消失，而且马克也体会到了泰勒和他的兄弟带来的热情和使命。此时泰勒觉得应该马上切入这个话题的另一个主题，那就是告诉马克这个网站建设起来后他会得到什么样的好处。

"假若我们的网站成功了，财源自然会滚滚而来。"泰勒说，"但比金钱更重要的是，我们做了一件非常酷的事，你将成为这一切的中心。你将再次回到《哈佛深红报》，但这次不是贬损你，而是赞扬你。"

对于泰勒兄弟来说，他们是这个项目的合伙人，如果这个网站赚到了钱，对他们每个人都有好处。马克也可以通过这个网站的创立来恢复他的声誉，他还可以成为大家关注的焦点，迅速地扭转自己的形象，这本身就是一个奇迹。而且马克还可以利用这个网站提升自己的社交状况。

这的确是一个非常有诱惑力的想法。这个木讷的孩子的人生可能从此就会改变。谁知道呢，或许它会让马克变成一个完全不同的人，让他拥有更广泛的社交生活，让他从旧有的生活模式中跳出来，让他约到那些他心仪已久的女孩。

马克其实并没有完全从上次的 Facemash 事件中走出来，尽管他给外人的感觉无所谓，可谁知道他内心的痛苦呢。此时卡梅隆与泰勒兄弟的邀请，无疑是雪中送炭，至少让马克知道自己并不是人们想象的那样坏。

也许泰勒兄弟根本就不了解这个孩子的内心是怎么想的，但谁会对这样的邀约置若罔闻呢？除非他真的是个傻子。

此次约会结束后，泰勒已经看出马克对这件事着迷了。当双方再次握手时，泰勒已经感觉到马克的手充满了活力。泰勒心中欣喜不已，觉得他们终于找对了人。

兄弟二人为了庆祝马克的加入，还约一群朋友在酒吧里庆祝了一番。他们觉得自己距离实现哈佛联谊会的想法又近了一大步。

事实真是这样的吗？

秘密行动

爱德华多终于如愿以偿地进入了凤凰俱乐部，他邀请马克来酒吧喝酒庆祝。爱德华多在酒吧已经喝光了两瓶酒，马克依然未到。爱德华多坐不住了，他站起来控制住摇晃的身体，穿过昏暗的酒吧走廊，推开沉重的门打算直接去找马克。

刚一开门，马克正戴着帽子站在那里，目光看上去不太熟悉。爱德华多很少见到马克的眼睛里流露出那样的神情，他强忍头痛，等着马克开口说话。

忽然，爱德华多改变了主意，决定请他吃饭，便拉着马克来到了一家意大利餐厅。

爱德华多刚一坐下来，马克也跟着坐在了他的旁边。爱德华多看马克的表情似乎有比点餐更要紧的事情，就等着他开口！

不见动静，爱德华多于是说道："还是你先说吧！"

马克直接说道："我有个想法。"

"想法？什么想法？"爱德华多问。

马克随即将Facemash事件之后酝酿在心中的一个想法抖了出来。事实上，这个想法源于Facemash，但不是网站本身，而是马克亲眼目睹的狂热兴趣。简单地说，人们对网站的反响强烈，几乎成帮成伙。并不简单地因为马克把热辣女孩的照片放到了网上，实际上，这类图片很多，人们随处可以浏览到，但Facemash提供了哈佛男孩想认识的女孩的照片，有时是个性化的照片。所以，很多人开始访问这个网站并且投了票，这充分说明，人们对在网络上以一种非正式的形式查看同学的情况，十分狂热。

马克开始思考，如果人们想到网上去查看他们的朋友，我是否可以建立这样的一个网站来提供他们想要的服务呢？一个在线的朋友社区里面有照片、个人简介或其他任何信息，比如你可以点击查看、访问、随处浏览。这样建立的一种社交网络，却是一个具有限制性的网站，你必须认识网站上的这个人，才能进入他的个人资料中心。这点跟现实生活中的情况有些相像，说白了，建立这个网站等于是把现实社会的社交复制到了网络上来。

这个网站建成和Facemash有很大的不同。马克实际上想建立的是一个人们可以上传自己照片的网站，不仅是照片，还可以加上个人简介。包括他们的籍贯、年龄、兴趣爱好，甚至他们的专业课程，以及他们在网络上希望找到的诸如兴趣偏好、友情、爱情等任何所需。然后，马克想给人们邀请朋友参加的权限，邀请自己的朋友以某种方式加入自己的在线社交圈。

"我在尝试如何将它简化到底，那么干脆就先就叫它Facebook吧。"马克说，他的眼光中闪烁着异样的光彩。

爱德华多晃了晃头，他尽管还没有真正体验到这个网站带来的快乐，但想必建立这样一个类似的网站，还是一个不错的点子。毕竟，它给人一种宽广的感觉，它跟那个叫做友人网的网站多少显得有些相似，只是那个网站显得有些沉闷，即便那个网站的用户范围不设限，情形也依然如此，也因此哈佛的学生很少光顾那里。哈佛校园里，一个学生创建了一个共享信息的 BBS 站点供学生们加入，用自己的哈佛电子邮件和身份证号码作为密码，可是他却在几个月前碰到了一些问题。再后来，又有人考虑到一些社交因素，创建了名为 Housesystem 的网站，还有一个学生甚至把 Universal House Facebook 链接到了他的网站，但依然发展不顺，也因为没有图片和个人简介，显得没有人气。

马克曾研究过这个网站。而据爱德华多所知，除了马克在琢磨这个网站，几乎没有人对这个网站感兴趣。当然马克和别人的出发点不同，别人登录这些网站是消遣，而马克则是就此吸收有用的养分。

"为什么不在学校搞一个在线的 Facebook 呢？"

"是啊，但他们要做的事情没有互动功能和其他情趣，那根本不是我所说的那种东西。Facebook 是一个相当普通的名字，我觉得它在其他地方被使用的情况无关紧要。"

其他学校已经有了通用的学生图片在线站点，哈佛实际上也在计划中，即某种储存学校照片这类东西的数据库。

在马克的思维中，他的这番思考差不多已经成型。爱德华多也意识到这个想法会超越 Facemash，它还包含了某些马克在"课程搭配"里做过的小研究，学生们可以看到其他学生选了什么课。其他网站已经将马克创建的一些最新的功能加入并使用，马克自然知道这些都意味着什么。

爱德华多知道马克和温科吾斯兄弟在一起时，很少引发灵感。马克这时开始给爱德华多讲述整个晚餐会面的经过，以及温科吾斯兄弟打算让自己帮

助创建的网站。根据马克的讲述，爱德华多才知道，哈佛联谊会是一个比约
会网站的内容要多一些的网站，是一个男孩可以努力找到女孩拍拖的网站，
是一个针对品学兼优学生的配对网站。

爱德华多了解到，马克还没有参与到泰勒和卡梅隆兄弟的实际工作中。
在马克仔细看过他们的网站后，认定自己不值得花时间去做那样的工作。事
实上，他觉得他们的网站没有可取之处，甚至连不懂网络的人都比蒂维雅和
温科吾斯兄弟对网站建设更有想法。不管怎么说，马克繁忙的课程安排，令
他抽不出时间来建立一个约会网站取悦两个"大傻帽"运动员。尽管爱德华
多知道马克还在继续跟他们通电子邮件，甚至电话，但那是另外一种不重要
的原因。所以，马克自然不会和他们走到一起。

爱德华多认为温科吾斯兄弟并不了解马克。他们试图抓住马克想恢复形
象的弱点，进而对他进行剥削，其实他们哪里知道，马克没有什么忧虑，任
何事情都无法妨碍他对建一个好网站的强大兴趣。尽管 Facemash 让马克得到
了留校察看的处分，但也充分展示出了马克所期望构建的一个全新网络世界，
证明了他聪明的头脑，聪明到可以战胜哈佛的计算机系统，战胜广告版。

马克清楚知道自己的能力与天赋远胜温科吾斯兄弟。他们实际上只是想
利用马克的个人价值，而他们自己的能力只是能够统治世界的运动员，真正
可以在网站和电脑领域兴风作浪的依然是马克自己。

"我觉得那很棒。"爱德华多说。此时此刻在他眼里，马克对这个新项目
保持很大的热情。爱德华多也跃跃欲试。显而易见，马克也希望他能加入。否则，
他会去找他的室友的。他有个室友叫达斯汀·莫斯科维茨，是个电脑天才，也
许在编码方面和马克一样出色。而马克为什么首先找到自己呢？这里面一定
有隐情。

"的确很棒。但我们需要点启动资金来租用服务器并让它上线。"马克说。

马克这句话才是问题的核心部分。马克是个学生，本身没钱，他也不

想依赖父母亲开创自己的事业，而爱德华多则家庭富裕，而且很多学生都相信他通过石油交易赚取了 30 万美元。一个有钱，一个缺钱，道理就是这么简单。

马克从不说谎，他说的话爱德华多坚信不疑。而爱德华多已经成为了凤凰俱乐部的成员了，进入这个俱乐部可以有很好的资源，而这些都可以为这个未知的网站提供帮助。

"马克，我很想加入！"爱德华多情绪激动，他兴奋地抓紧了马克的双手。

爱德华多加入马克的 Facebook 受益匪浅。一方面，商业环境中成长起来的爱德华多通过这个项目的运作，可以向他的父亲展示自己的商业才华。另一方面，哈佛投资协会主管的头衔也可以随之到手。

"但是，目前我们缺少的是启动资金。"马克依然直接与爱德华多直言当前问题。

"我们到底需要多少钱？"爱德华多问。

"至少要 1000 美元初始资金。关键是，我现在手头上没有 1000 美元，但目前如果你可以尽你所能给予支持，我们现在就可以让这个项目启动。"

爱德华多点头默许，他知道马克没钱。但他可以花 20 分钟去最近的银行跑一趟，就能解决。

"网站运营后产生的利润三七分，"马克突然主动提出这个事情，"我七你三。你可以做公司的 CFO（首席财务官）。"

爱德华多感觉还算公平，因此再次点头表示同意。他知道所有的战略都是马克的主意，而自己目前主要是为他提供资金，以及制定商业决策。

尽管两个人的这段对话彼此坦诚，但是事实上，他们自己也不知道是否能从这个项目上获得利润。

爱德华多也很清楚，哈佛创建网站的人很多，但都没有马克的这个构想简单、迷人、实用、个性、有吸引力，仿佛它吸纳了最优秀网站的优点特色。

这个社交网站，更像一个活力四射的在线俱乐部。

"这个没有问题！"

爱德华多就这样被马克说动了！

有准备的拖延

泰勒与卡梅隆兄弟现在心里开始越来越不踏实了。因为自从两兄弟将编写哈佛联谊会代码的任务交给了马克后，他们几乎就再也没有见过他，彼此之间只是用邮件来进行沟通。而且在邮件中两兄弟再也看不到马克当初的那种冲劲了，有的只是更多的借口。

马克现在已经知道了哈佛联谊会网站的后台密码了，他自己也表示会很快地加入到这个网站的建设中来。但是现在时间过去了大半，马克也只是偶尔汇报一下自己的工作进度，而且也多是在两兄弟的催促之下写的，邮件的内容也变得越来越短。

"这个星期我们的学习任务紧，我现在还有三个编程和一个期末论文要交，还有几个问题要在周五前完成。"

"我觉得网站各方面的功能还不够完善，不能够吸引更多的人！"

"网站的编码已经完成，一切看上去还是顺利的，我现在要去做功课了，不过马上完成。"

"不好意思，我今天没有把充电器带回来！"

……

很快两个多月过去了，温科吾斯兄弟并没有从网站上看到一点进展的迹象。他们觉得不能再等下去了，于是决定再约马克见面，大家要好好聊一聊。

两兄弟原本打算在目前这个时间段上线，因为时间就是金钱，你浪费一天就可能被别人超越。泰勒和卡梅隆两兄弟已经大四了，他们想尽快取得一些成绩。而此时的马克以种种借口为由，一再拖延，这让两兄弟大为头疼。

见面时，马克除了主动先说话外，其他的似乎和第一次见面并没有什么太大的区别。马克不断地称赞着泰勒兄弟的这些好主意，将来肯定会很了不起……

"可是你的编码现在进展到哪了？"卡梅隆迫不急待地问。

"不好意思，最近我的功课实在是太忙了，项目又有点多……"马克只是一再地强调他现在非常忙。

"你现在的计算机课程很多吗？"泰勒问。因为马克的话含糊其辞，泰勒还以为马克说的是他自己的计算机课上的项目。

"前端部分我还要仔细弄一下！"马克沉思后说道。

"前端部分？你是说首页的可视部分吗？"泰勒追着问。

马克愣了一下，接着点点头，后来他又叹了一口气，无奈地说："为了让这个网站更快地上线，每天还要做那些无聊的事……哎，对了，我觉得这个网站的功能性还差一点，需要更大容量的服务器才行！"

听了马克的话，泰勒突然觉得现在的马克已今非昔比了，之前他的满腔热情让他们对他充满了希望，而现在马克好像对这些都不感兴趣了。

泰勒想可能马克最近有些累了。他在所有的功课上都很努力，以前泰勒也从维克托那里知道工程师都有这样的倾向：容易劳累，容易发火。但马克现在的借口听起来相当空泛，那是肯定的。服务器问题？他们可以加大服务器容量。前端问题？任何人都能设计前端。可能马克太累了，真的需要单独待会儿，然后再回到工作中来。也许不久他就会重新找到激情。

这次会面令温科吾斯兄弟有些沮丧，这也让泰勒、卡梅隆和蒂维雅三人感觉特别消沉。在前几周里，马克还在对他们说一切都进展顺利，现在却告诉他们他还没准备好何时上线，还有些重要问题需要处理。除了他功课太忙的借口外，好像再没有什么真正的借口啊。这个借口实在是漏洞百出。

泰勒现在感觉特别地失望。以前他一直以为马克在准备他们的项目，以为他认同了网站可能会有的大好前景。可现在这个孩子却满口废话地说了那么多前端和服务器容量之类的问题。

这些是多么没有意义啊！泰勒三人商量决定，最好的办法就是让马克单独待几个星期，也许他会在那时找回自己。

"可是他如果在这几星期里还没有恢复过来，怎么办呢？"蒂维雅不无担忧地问道。

泰勒耸了耸肩："他可能不想超越自我。"泰勒误读了马克，他觉得马克不是他们期待的那种企业家，也许他只是一个没有什么真正理想的电脑极客罢了。

"如果真是这样的话，"泰勒焦虑地回答，"我们就要重新找一个程序员，一个能给网站带来美好前景的人。"

前景在哪里？前景也许存在于泰勒和卡梅隆两兄弟的心目中，而在马克看来压根就没有什么前景，他们只是在放大一个泡沫而已。而马克自己却在另外一面看到了自己的希望，那就是他自己的 Facebook。

Facebook 上线运行

马克靠在椅子上，面对着页面，一只手不时地使劲抓着自己的头发，看到不满意的地方赶紧动手修改。虽然爱德华多在旁边不停地说："很好，已经很好了，我相信用户们肯定会喜欢。"但马克觉得仍有不满意的地方需要进行修改。

马克进入网站的后台，添加着一些东西。个人模拟简介的页面，是人们在注册和添加个人信息后能看到的页面。页面上方有一个图片框，可以在这里添加任何你想添加的图片。页面右边的特征列表，可以添加进入大学时的年龄、专业、高中、家乡以及所属的俱乐部和个性签名。然后是朋友列表，你可以自己添加或邀请别人加入。一个"窥探性"的申请可使你查看别人的个人简介，让他们知道你查看过他们的资料。此外，还有用大号字体显示的你的"性别"、你在"找什么"、你的"感情状况"以及你对什么"感兴趣"。

那就是网站的天才成分之所在，这将使一切运转起来。找什么、感情状况、对什么感兴趣，这些事情是位于大学生活核心的履历表。这三个概念简单地定义了大学生活——从派对到教室，再到宿舍，这就是驱动校园里的每个孩子的引擎。

这个网站说白了就是复制现实，那么就意味着网络与现实一样，驱动这个社交网络的因素跟驱动大学生活的因素是一致的——性。即使是在哈佛这样的世界名校，一切真的都跟性有关。得到它，或得不到它。那也是人们加入俱乐部的原因。那就是为什么他们选了某些课程，为什么没选某些课程，以及为什么要坐在食堂的某些位置上，这一切都跟性有关。

马克又敲打了几个按键，把页面切换到当你访问 TheFacebook.com 时看到的第一个页面。爱德华多看到上方是深蓝色的横条纹，以及稍浅点的蓝色的"注册"和"登录"按纽。页面看起来极其简单和清爽，没有闪烁的灯光，没有烦人的铃声。

"点击这里就可以登录了吧？"在旁边一直看着的爱德华多问。

"是的。"马克点击了一下注册栏。

"这里得需要哈佛的邮箱才可以注册。这个是最关键的！"

"只有这样我们才能够知道申请的人是不是熟人，或者身边的其他人！"

这意味着要注册 Facebook，必须是哈佛的学生。马克和爱德华多深知这种限制会使网站更流行，这也会使你确信你的信息将被保留在一个封闭的系统中，是私密的。隐私是重要的，人们希望对他们放在网络上的资料具有控制权。

"那是什么，最底下的？"爱德华多的身子前倾，眯着眼读一行小号印刷体文字。

"由马克·扎克伯格制作！"

那是马克给每个人看的签名。这行字会出现在每个页面上，就在屏幕的最底下。

现在，坐在马克的作品前，仿佛所有的辛劳都得到了回报。网站差不多做好了。他们已经在几个星期前，也就是 1 月 12 号，注册了域名——TheFacebook.com。马克他们已经从纽约州租好了服务器，大约每月 85 美元。服务器会负责网站的流量和维护。明显是从 Facemash 事件中学到了教训，他再也不需要更多的被冻结的手提电脑。服务器可以处理相当大的流量，因此，即使这个东西和 Facemash 一样受欢迎，也不会再出现网站冻结的问题了。一切都有条不紊。

TheFacebook.com 可以开始运行了。

"让我们开始吧。"

马克手有些颤抖，这是激动造成的，他郑重地按下"确定"键。

看着网站正式上线了，马克与爱德华多心中的激动就别提了。但是为了能够让网站迅速地传播开来，他们还不能去喝酒庆祝，他们必须完成最后一步。

"这些男孩都是凤凰俱乐部的成员。如果我们把 TheFacebook.com 的网址发给他们，它就会被相当快地传开来。"

马克同意。先发给凤凰俱乐部会员是爱德华多的主意，他们毕竟是校园里的社交明星，而 The Facebook 正是一个社交网络。如果这些孩子喜欢这个社交网络，并把它发给他们的朋友，那它将会被很快传播开来。这些凤凰会员认识很多女孩。如果马克只是打算发给他自己的电子邮件列表上的人，那它就只能在计算机系中间传来传去，当然还有犹太兄弟会的成员。但肯定不能传到很多女孩手上。这样的情况是不理想的。

爱德华多写了一封简单的电子邮件，只有几行字，介绍了一下网站，并附上 TheFacebook.com 的链接。然后深吸了一口气，敲下按键，在弹指间将邮件群发了出去。

完成了！爱德华多闭上眼睛，想象着微小的信息包飞向外面的世界，在铜线里呼啸而过，弹跳出轨道卫星 …… 微小的电子流从一台电脑跳跃到另一台电脑，就像广袤的神经系统中的一道道光。网站已经做好了。

"我们去喝一杯吧！现在是庆祝的时候了！"

爱德华多把一只手放在马克的肩膀上，把他吓了一跳。

"好！"

午夜，大街上一片安静。马克和爱德华多肩膀搭着肩膀奔跑在大街上，他们边呼喊乱叫边向酒吧跑去，仿佛整个世界是他们的，的确这个世界就是他们的。他们不仅是走向酒吧，更是走向成功。

"剽窃"之战

当卡梅隆与泰勒兄弟看到似曾相识的 Facebook 上线的时候一下子就崩溃了，在泰勒看来，马克拖延了自己和哈佛联谊会两个月的时间，马克总说自己忙没有时间给网站编程，这完全是撒谎，其实他压根就没有为泰勒编程，而是将所有的精力花在建立自己的网站上。

Facebook 上线 4 天时间就又有 900 个学生注册，这怎么可能？马克根本不可能认识 900 个人。马克连 4 个人都未必认识。这个孩子几乎没有朋友，没有社交圈子。他究竟是怎样建立一个社交网站的，并在 4 天之内得到了如此大的反响的？

泰勒很快查看了 Facebook，原来，要注册这个网站，必须有哈佛的邮箱，然后上传照片、个人信息、学业信息等。还可以根据兴趣搜索到别人或者你的朋友。

这不是跟哈佛联谊会有着不一样，但又很相似的功能吗？马克是否借鉴了他们的主意呢？这仅仅是巧合吗？

蒂维雅说："我看这就是偷窃！"

"我们与他没有任何合同、文件！"

"他给我们的邮件就是最好的证据！"

"我得去找马克当面聊聊！"

泰勒拿起电话，给马克打去，可是他没有接通。最后，在泰勒打了无数次电话后马克终于接了，他们约好了见面的地址。可是最后他放了泰勒的鸽子，泰勒足足等了两个小时没有见到他的影子。

泰勒有种欲哭无泪的感觉，总感觉自己的孩子被别人抱走了。他给自己的父亲打了一个电话，想问这件事到底该怎么办才好，父亲建议他采取法律途径。

于是，卡梅隆与泰勒以马克·扎克伯格剽窃了自己的创意为由，将他告上了法庭。

卡梅隆与泰勒兄弟控告了马克十项罪名，其中包括侵犯著作权、盗窃商业机密、以及违反了其他民法原则。并要求法庭禁止 Facebook 的运营，要求 Facebook 公司销毁所有盗窃来的资料和数据，并赔偿经济损失。

这无疑像一个正在往前奔跑的人，突然遭到了他人的袭击，而且这伙人不是别人，而是自己的同学、合作伙伴，这看似一场简单的官司，其实，是对马克关于金钱与人性的考验。

马克是一个执拗的人，从来不向任何困难妥协。于是，他走上法庭迎接这一切。从法庭回来之后，马克继续坐在办公桌前通宵达旦地编程，仿佛这场官司与自己无关。

否极泰来。虽然官司依然纠缠不清，但是 Facebook 却取得了突飞猛进的业绩。这更加坚定了马克的信心。官司虽然针对目标远大的马克来说就像咯了一下脚的石子。但是，这块石头总在自己脚下也不是个事儿，于是马克果断地做出决定，与卡梅隆与泰勒兄弟庭外和解。他们无非是冲着钱来的。钱能够解决的问题都不是问题。最后，双方达成一致：给卡梅隆与泰勒兄弟还有当初一起创业的一个同学 2000 万美元的现金赔偿，还有价值 4500 万美元的公司股份。虽然公司的其他股东并不同意马克的做法，但是马克觉得卡梅隆与泰勒兄弟再怎么说是自己的同学，曾经的合作伙伴，而且 Facebook 的价值不是可以用金钱来衡量的。

马克以为此事到此结束了，但是贪心的卡梅隆与泰勒兄弟后悔当初向马克的要价太低了，于是一张诉状再次将马克告上法庭，要求重新评估 Facebook 公司的价值，上调赔偿的金额。

马克断然拒绝了这对兄弟的要求，并表示原来的和解协议是有效的，因为协议明确写着当事双方有义务履行相关条款。这对双胞胎是自己通过对可信媒体的报告进行分析，然后估算出 Facebook 市值的；然而他们现在又提出，Facebook 当时本应有义务向他们透露任何可以帮助估算公司价值的信息。

信念比任何东西都重要，这就是人生最伟大的价值。马克做的是一项伟大的事业，远远不是能够用价值来衡量的。面对卡梅隆与泰勒兄弟的再次上诉，马克笑了。看来，这个原来有了结果的案子再次陷入了僵局……

新的座右铭：如果失败，重返哈佛

莘莘学子梦寐以求的哈佛大学，永远在世人的眼中闪耀着神圣的光芒。提起哈佛，很多人自然会联想起比尔·盖茨这个人。如此神圣的教育圣殿，微软公司创始人比尔·盖茨当年却毅然选择了离开，退出哈佛大学而选择自我创业，这在当时曾引起强烈的反响，大家开始重新思考学历与成就的关系问题。更多的人，依然看重一所优秀大学传播知识和育人的功绩，尤其哈佛，就自然不用多说，从这样的全世界瞩目的高等学府走出来的任何一个专业的学生，无疑都会对社会发展做出巨大贡献。只是比尔·盖茨的果断退学和积极创业并最后取得改变时代的成功伟业，也让世人惊诧。

比尔·盖茨不是大多数人的代表，那应该是个意外，很多人都抱持这个观点。然而，无独有偶，当比尔·盖茨时代远离我们之时，又一个这样的男孩走进了这个时代。他就是马克·扎克伯格，一位被冠以"比尔·盖茨第二"的大男孩。这个成长轨迹酷似当年比尔·盖茨的哈佛大学生再次震惊世界。这个从大二退学并成功创业的新"比尔·盖茨"，再次吸引了大家的眼球。话说回来，吸引众人眼球的不单单是马克·扎克伯格选择从哈佛退学，而是他如同比尔·盖茨一样，以一个完全打开全新领域的方式，引领了新时代的到来，并因此创造了巨大的社会财富。如此这般奇迹的诞生，人们不由得开始渴望走近这位新生代传奇人物的神奇世界。

自从 Facebook 上线，注册的会员数量迅猛增长，最早的注册会员是扎克伯格身边的朋友，还有哈佛大学的友邦。这些早期会员纷纷发邮件给其他学生，邀请对方加入并结成好友。其中有人提出一个建议：给宿舍邮箱名单上的所有学生群发邮箱，以此增加会员数量。结果这栋总数约有 300 人的宿舍，几乎一秒钟的时间就有几十人注册成为了 Facebook 的首批用户。

即使如此，马克似乎并未满意。最后，他在自己的主页写上了这么一句话：

Facebook 是一个在线目录，通过这个目录，可以将校内渴望建立社交的人们联系到一起。目前，我们已经在哈佛大学内掀起了万众瞩目的 Facebook 风潮。现在，你可以在 Facebook 上搜寻自己学院的同学、找到自己班级的同学、查找自己朋友的友人、勾画出完全属于自己的社交关系。

通过这样的方式，Facebook 的用户人数开始以一种火箭升空般的速度增长。网站运行仅仅四天，注册用户已经增至 900 人。到了第五天，又有 300 多名学生加了进去。Facebook 以一种无法预测的速度成为了哈佛校园内人尽皆知的热点话题，引发了几乎全部在校学生的关注。

这样，马克扔下白板，停止了过去一贯专注的那些奇思妙想的程序，而是将所有注意力放在绘制表格和图形显示 Facebook 与日俱增的数据上，还有针对不断更新的功能进行检测，查看用户增长的速度，据此迅速作出精妙绝伦的全新部署。

逐渐地，Facebook 开始以全新的面貌在哈佛疯转起来。《哈佛深红报》也给予了高度关注，采访了马克·扎克伯格。马克·扎克伯格称："很简单，就是通过这个平台的建立，使每个用户在让朋友加入自己的圈子时可以感觉超级愉悦。"

记者针对曾经的 Facemash 提问的时候，似乎触到了马克·扎克伯格的伤疤深处，他警觉地强调道："保持警惕，确保用户上传的资料没有受到版权保护。"

小报记者也来追问关于 Facebook 赢利的问题，马克掷地有声地说："我们创建网站不是单纯追求利润，让网站变得妙趣横生比赚钱更重要得多。"

经过此番媒体追访，马克·扎克伯格更加成为哈佛的超级红人，这让注册 Facebook 的人不断增多。2004 年底，经过扎克伯格和室友们的不懈努力，Facebook 运作良好，几乎顺风顺水，已经真正拥有了逾百万用户，成绩惊人。

留校察看的处分依然存在，依然有越来越多的用户加入到 Facebook，这让马克·扎克伯格有一种恐慌，怕历史的悲剧重演。更让他忧心的重点是，哈佛的发展空间已经越来越小，无法容下 Facebook 的快速成长。就在哈佛学生万众簇拥的情形下，马克做出了一个惊人的决定：辍学，全身心投入到对自己网站的运营上去。

马克·扎克伯格决定再重演当年的比尔·盖茨之举，辍学创业。虽然很多人认为马克·扎克伯格这是遗憾之举，甚至有人全力劝阻，但是马克·扎克伯格显然下了决心，最终离开哈佛，搬家到硅谷创业。

马克的辍学是否冲动？不知道，但至少还是受到了一点比尔·盖茨的影响，正是他的话促使了马克·扎克伯格果断地创业。比尔·盖茨的这句话是什么呢？他说："如果微软失败，我会重返哈佛。"这句话是比尔·盖茨曾经在马克·扎克伯格的计算机课堂上，鼓励年轻人去创业时真心讲出。虽然这句话很简短，但显然成了讲台下座位上马克·扎克伯格的人生座右铭。

硅谷是什么？它是高科技的代名词，是高科技人才的孵化地。硅谷曾经以生产半导体为主，现在除了半导体工业，同时以软件产业和互联网服务产业而闻名世界。Facebook 的创业基地，就落户在帕罗奥多市著名的施乐公司研究中心。现今，许多著名企业都得益于施乐公司的研究成果。

在硅谷，大小不一的电子工业公司高达 10000 家以上，这里输出的半导体集成电路和电子计算机产品分别占全美的 1/3 和 1/6。上世纪 80 年代后，伴随着生物、空间、海洋、通讯、能源材料等新兴技术的发展，硅谷地区涌现出了大量研究机构。俨然，客观上，这个地区成为了美国高新技术的成长襁褓。

太多优秀的高科技前辈在这里努力工作，他只想每天望着他们的身影，奋力一搏。马克·扎克伯格来到这里，内心牢牢记住硅谷精神：允许失败的创新，崇尚竞争，平等开放！

　　刚刚步入创业之门，资金并不充裕，扎克伯格与他的团队临时租下不大的一个小房子，开始办公。创业艰辛，这期间他也考虑是否该重回校园，但是随着加入 Facebook 的用户越来越多，马克·扎克伯格与他的伙伴们不再犹豫，下定决心要拼尽全力。

第四章

Facebook
Mark Elliot Zuckerberg

开创社交理想国

- 我们没有获取外界的大量投资和评估，所以故意在发展初期放慢了速度，逐个学校地推动扩张步伐。

- 我们所谓的社群地图，在数学意义上就是一系列的节点和路径。节点就是个人，而路径就是朋友关系。

- 如果把今天的互联网想象成一个镜头，那在镜头之下的，就是你所熟悉和信任的拥有自己独立想法的个人，这就是我们会让一个平台具备的能力。当透过镜头就能看到整个世界时，还有什么能比那个镜头更有潜在价值呢？

- 广告获得尽可能多的收入还没有让用户始终开心重要。允许在网站上发布广告，但那些广告要符合规定的条件（广告商只能使用少数标准尺寸的大标题）。

我们要给的是乐趣

搬家后的 Facebook，注册用户累计增多，服务器承载的流量不断超出限定的数额。身为 CFO 的爱德华多焦急万分，可是醉心于如何让网站变得越来越有意思的马克，似乎不太关心这些。

在 Facebook 上注册账号要求必须采用实名制，这显然对网络实名制登录的实施，有很大的贡献。当然，每一名忠诚的 Facebook 会员，也都是实名制政策的响应者。在"墙"上留言的每一名 Facebook 用户，都会有一张照片、本名与一段简单的描述，这就确保了每个用户会为自己的一切言行负责。

可以设想，倘若 Facebook 中出现了一篇针对某个网站如何有效改进的建设性文章，底下有个留言对此做出了回应，而留言者正是该网站的运营负责人，这就让事情变得有趣且非常真实了。

在 Facebook 上，一个用户对另一个用户非常感兴趣，他们可以立即成为好友，持续讨论并交流他们所感兴趣的话题。

并且，在留言的下方，设有一个竖起的大拇指标识，这是 Facebook 的"给赞"按钮。这个按钮提供了较好的扩散机制，每当读者给了个赞，该用户的商品网页、文章就有机会在 Facebook 上流通，被更多的用户看到，并且愿意与之交流。这会使该用户很有成就感。

而 Facebook 出色的留言系统，让互动性变得更加高效，它让留言者、留言者的朋友都有机会看到自己在用户"墙"上的留言。而留言者，在给该用户留言时，自己的 Facebook "墙"上也随之体现这个留言的动态显示。

值得一提的是，假如其他人看到这个动态，并且在 Facebook 站内针对动态做出回应，其留言也会在原来的网页上出现，而回应留言的这个动态又会被其他人看到，这样细胞裂变般地不断扩散，效果自然相当惊人。这就意味着，一个用户的留言内容如果超级有趣有用，就会在短时间内以一传万，而留言者也将迅速成为 Facebook 的红人，继而引发很多人关注。

即使不考虑扩散的事情，这样的机制设计，会使得文章本身的留言妙趣不断，并能激发用户的无限热情，也是很有意义的。

CFO 爱德华多也愈发感觉 Facebook 的改造相当完美，但是没有利润的网站是无法存活的，也只有活下来才可以继续给用户开发更加有趣的平台，为用户创造惊喜。每当关心网站运营的爱德华多跟马克提到这些现实问题时，马克总感觉烦躁不安。虽然爱德华多知道以乐趣为王道的马克不会考虑其他层面的事情，但为了 Facebook 将来能够更好地发展下去，他必须提醒马克同他一起面对这个现实，就是如何通过广告创收。

时针指向凌晨两点，马克在新的办公室电脑桌前一动不动地坐着，这样持续了差不多 20 个小时，坐在旁边的爱德华多甚至没有看到他踏入洗手间半步。马克的两只手指始终不断地敲击着键盘。爱德华多了解马克，知道他又在为网站一个新的页面的趣味性而专心思考。爱德华多将接好的一杯水放在马克的电脑旁边，马克回过神来，随口说了句："就快好了，就快好了！"这个声音带有一种兴奋、毫无疲倦的感觉。德华多当然察觉得出。

爱德华多就近坐在马克旁边，看着全神贯注的马克。很明显，马克已经进入了程序设计的冲刺阶段，他在反复调试着网站的一个主动识别删除功能。

马克用鼠标轻轻地点了一下"确定"，兴奋地拍着巴掌："OK，终于搞定了！"这才拿起爱德华多递过的那杯水。由于过度投入，他居然兴奋得忘记了水是滚烫的，喝第一口的时候还没来得及感觉，喝第二口的时候，马克被烫得张大嘴巴，跳了起来："烫死我了，烫死我了！"

孩子般的马克让昏昏沉沉的爱德华多困意尽消。没错，马克的确像个长不大的孩子，或者说，他就是一个沉浸在自我世界里的小孩。

"赶快休息吧！现在都几点了！"爱德华多伸了个腰，打着哈欠说。

马克好像没有在意被开水烫得难受的嘴巴，它没有理会爱德华多的提醒，而是紧接着兴奋地说："你可能难以置信，我现在编写的这个程序功能有多强大，它能够不遗余力地处理垃圾留言、过滤脏话、机器人自动留言，这些服务对咱们的用户好处多多。"

用户的重要性，显而易见，爱德华多自然知晓。可是身为 Facebook 的首席财务官，他也觉得自己已经难以驾驭这个局面。而马克似乎永远不会关心这些，他的内心只有客户，只考虑如何让客户感到更加有趣、兴奋。

"马克，今天整个网络几乎要瘫痪，我们必须尽快彻底地解决服务器的问题！"爱德华多眼中全是忧虑，对马克说道。

"你还是不会相信，这个程序除了具有删除垃圾的功能之外，还……"

"马克，你能听我把话说完吗？"爱德华多打断了马克的话，"我觉得我们当务之急，是要解决服务器的问题。"

马克听后愣了一下，不说话了。

"我觉得我们应该考虑在网站上投放广告，通过广告费用增加实际收入，然后再多配置几台服务器，以解决我们的当务之急！"爱德华多说。

"用户最在乎的是乐趣，而绝非广告，绝非广告！"马克的兴奋火焰被爱德华多打击之后，开始熄灭。

"你要知道，没有广告收入，我们的服务器必定瘫痪！"

"这不是我要解决的问题，我要做的，是想办法让网站变得越来越有乐趣，至于其他，那是你要解决的问题！"马克显然带着怒气，转身大步走回自己的房间。

爱德华多默默地站在那里，一言不发，他备感委屈，自己也是在为公司的未来着想，为什么就不能得到搭档的理解呢？想了一想，爱德华多很快释然了，这是创业的必然阶段，兄弟之间不应该计较这些！

他看了看马克的电脑，电脑还没有关，页面显示的是 Facebook 的首页。爱德华多惊喜地发现网站又多了一个功能——暗恋功能。如果你在暗中喜欢一个人，不敢面对面向对方示爱，这种感觉显然痛苦不堪。而通过 Facebook 的暗恋应用，你就可以将他（她）标记为暗恋对象。如果恰巧你所暗恋的人也向你做了同样的标记操作，那么计算机系统将会同时发消息给你们两个，这样，你们的暗恋关系就可以从地下转到地面，成为明恋，一对完美的恋爱关系可以因此而继续发展了。这个思路光是想想就让人激动不已，这个程序也很有可能起到为无数的单身男女牵线搭桥的作用。

爱德华多也真正地感觉到，此项功能可能会给用户带来无限美好。刚刚还感觉气愤的他，觉得此时的夜晚非常迷人。他开始真正意识到马克所强调的网站必须给用户提供乐趣的重要性。服务器当然也很重要，没有了它网站就会即刻瘫痪，不过也许马克说得对，广告的事情就应该是自己的事情。

尝试带来的惊喜

在众人眼中，Facebook 已经一炮走红，而且不断书写着网络时代的新的奇迹。但是如何获得广告收入，这是一件让人头疼的事情，更不要说马克不赞同收取广告费用了。

自从马克创建 Facebook，就没有真正采取甚至认真思考过任何正式的商业活动。但是随着用户的增加，当 Facebook 拓展到其他学校时，他就日渐展示出一名首席运营官制定策略的商业直觉以及直面竞争的强烈愿望。眼见运营成本增加，马克想起自己曾在《哈佛深红报》上提到过："今后应该在网上发布一些广告。"截至 2004 年 3 月底，Facebook 的活跃用户超过了 3 万人。Facebook 每个月为托管 5 个服务器而付给 Manage.com 450 美元。最终，马克与爱德华多想法取得一致，同意各自向公司注资 1 万美元。同时，爱德华多开始出售一些网站空间用做广告，他们签了一些小金额收益的合同，大多数合同是承诺为搬迁服务、T 恤和其他大学生日常消费的产品做广告。

尽管年轻的 Facebook 团队成员时而顽皮打闹，时而举止浮躁，但 Facebook 显然正开始步入一个大事业的发展阶段。扎克伯格也意识到自己也要更周全地考虑每一个决定，让公司在技术和业务两个方面都有切实突破。经过那个炎热的夏天，网站开始呈现惊人的成长态势。在距离开学不到半个假期的时候，他们一直没有增加新的学校入网，但在已经推行 Facebook 的 34 所学校内，注册人数在整个暑假期间居然仍旧保持着稳定的增长速度。所有人都意识到，随着新学期的开始，网站必将再次迎来大量的新用户。也就是说，网站需要更可靠的软件和更强大的计算能力，才能有效维持运转。

用户的数量增加速度给团队不断带来惊喜，现在的扎克伯格和莫斯科维茨已经能有意识地通过决定何时增加新学校入网，进而主动控制网站的发展速度。如今，Facebook 流量增长的模式简单明了：在一个学校推行网站，观察到用户人数稳定增加，然后进入平稳发展。他们两人知道，每添加一所学校，流量就会激增，所以很容易造成系统运转不正常、容量达到最大值，或者系统不适应新的服务器的情况出现，这时，他们就会等到一切好转之后，再向下一个学校推进。这个经验，对于一个新成立又融资不足的网络公司来说，是一笔难得的财富。它使网站得以在极度缺乏管理和运营经验的年轻团队的操作下，快速而稳健地向前发展。

扎克伯格说："我们并未急于获取外界的大量投资和评估，我们有意识地在发展初期放慢了速度，一个一个学校地进行着我们的发展计划。"

开源软件（开放源码被公众免费使用的软件）的有效利用，是Facebook早期成功的另一个关键因素，最初它的数据库是开源且免费的SQL。后来使用的PHP（Personal Home Page）是一种特殊的编程语言，也是可以免费使用的。Facebook网页的运行就使用了这些网站开发语言。实际上，Facebook这种没有投资方支持的自下而上型的网络经营模式极其罕见。如果不利用这类开源软件，扎克伯格想在自己的寝室里创建一个特色鲜明又多样的网站，并且在运行网站时只有服务器这一项费用支出，是不现实的。因此，即使他们拥有了10万用户，公司真正的运营成本还只是服务器费用和员工薪酬两个大项。

截止到2004年暑假结束，Facebook的用户已超过20万人，据此，扎克伯格与莫斯科维茨决定9月向另外70所学校推广网站。他们仍积极地与那些有意提供网站所需资金的投资者们沟通，努力获得没有附带太多限制条件的投资。

还有几周的时间，假期即将结束，扎克伯格与莫斯科维茨思考了几分钟，决定不再返回哈佛。最开始，他们相信就算再次回到哈佛的宿舍也能运行Facebook，但发展的态势告诉他们，接下来会是一个入网学校暴增的学年，服务需求量会暴涨，他们不想就此放弃。

就这样，两个辍学学生决定放下包袱，全身心在创业的浪潮中，继续乘风破浪。

不得不承认，Facebook 最终的成功很大程度上源于它在大学里的起步。大学是学生的社交网最密集的地方，他们几乎将一生中精力最充沛的成长阶段，都用在了这个地方。而且，扎克伯格的室友莫斯科维茨表现出了异乎寻常的才华。在哈佛之外的其他学校，他可能很难找到这种天才型的伙伴。莫斯科维茨不仅仅只是勤奋的编程员，而且是一位知性的领导者，他能够长期胜任 Facebook 的首席技术官。而 Facebook 的发言人，则是与扎克伯格关系很好的克里斯·休斯，他的语言表达能力极佳而且很绅士，担任发言人的角色再合适不过。这个厉害人物，为几年后的巴拉克·奥巴马总统的成功竞选，发挥了不可小觑的作用。

最初的几周时间，Facebook 几乎没有任何收入进账，但很快就有一些投资人开始致电扎克伯格，表达他们强烈的融资意愿。他们已经注意到了这个发展迅猛的网站，迫切希望尽快占有这份蛋糕的原始利润板块。在这些会面中，一位金融家愿意拿出 1000 万美元为扎克伯格的公司投资。刚刚 20 岁的扎克伯格显然还没时间思考是否接受这样一笔融资，毕竟，Facebook 才运转了 4 个月的时间。

随着 2004 年春季新学期的来临，Facebook 的工作更显忙碌。在 5 月份的时候，网站已经面向 34 所学校，拥有约 10 万用户。

6 月份，爱德华多接洽了一家名为 Y2M 的公司。因为 Y2M 为大学校报的网站代理广告，所以爱德华多邀请这家公司一起洽谈 Facebook 出售广告的事宜。在与对方沟通时，马克取出一个笔记本，上面打印出 Facebook 的网络流量数据。对方见到这些数据极为震惊，毫不犹豫地将他们客户的广告放在 Facebook 上，并抽取约 30% 的广告收入作为佣金。第一批广告的客户中有 MasterCard，这是一家为大学生提供特别的信用卡服务的公司。

当时，Facebook 的学校推广到了差不多 12 家。MasterCard 的广告在一个星期四的下午 5 点开始推出。一天的时间内，MasterCard 收到的信用卡申请数迅速增长，比他们 4 个月的广告活动中预计得到的数量翻了一倍。Facebook 之所以能取得如此好的广告效果，就是因为他们能够准确有效地进行客户定位，这些客户就是就读于顶级学府的富有本科生。因此，MasterCard 决定继续在这个网站投放广告。

扎克伯格始终认为，广告获得再多的收入远没有让用户从网站上获得乐趣重要。尽管他同意了可以在网站上发布广告，但对于广告的内容，他有自己的一套原则和标准。因此，那些广告商只能根据网站要求使用少量标准尺寸的大标题。而那些迫切希望在网上推出用户专门服务的要求，则被扎克伯格否定。他认为很多公司的商业广告不能与 Facebook 上学生们幽默俏皮的风格保持一致，比如包括美世咨询和高盛在内的一些著名公司。更为苛刻的是，扎克伯格有时甚至只让广告标题以极小的字号显示。

精英团队的建立

人生好比一个车站，在有限的空间里，人们来来往往川流不息，有人来就有人走，也有的人可能再也不会出现。

虽然爱德华多是 Facebook 团队创业初期的核心主力成员，但公司的持续发展当然也少不了很多后来加入的朋友的鼎力相助。经过了一段时间的发展，有的人选择默默离开，有的人则坚持继续与他们并肩作战。平常本来就少言寡语的马克并不惧怕什么，但当他一个人独处，意识到曾经一起工作过的朋友都在慢慢离开时，不免内心感慨万分。每到这个时候，马克就会约身边要好的朋友一起喝酒。

马克约了爱德华多在咖啡厅见面。他早早地坐在那里等着爱德华多的到来。忽然，坐在邻座的两位妙龄女郎认出了马克，热情地上来与马克打招呼。

当爱德华多刚刚步入咖啡厅时，恰好看到马克正在与两位美女道别。这两位女郎，一个是金黄色的头发，雪白的皮肤，另外一个则是黑色的头发，棕色的皮肤。爱德华多快步向前，希望通过马克结识她们。但为时已晚，当她们从爱德华多身边轻轻闪过时，只留下了一股沁人心脾的芳香。

"哈喽！"爱德华多赶紧侧身和她们主动打招呼。

两位美女身体婀娜地转身迎合与爱德华多打招呼，爱德华多在那一刻呼吸急促起来。

爱德华多目送两位美女离去，意犹未尽地转身来到马克的身边坐下来。

"这两位美女是谁？"爱德华多一坐下来就问。

马克将一杯咖啡推到爱德华多的面前，并没有作答。

两人中间的桌子上放着一封信，封面是律师函专用信封。爱德华多看了下信封，又注意到马克不悦的神情，知道事情有所不妙。他打开信封，知道那是一封写给马克的信，信来自康涅狄格律师事务所，写信者是温科吾斯兄弟。

"这两个混蛋怎么还不停手？在拿我们当他们的摇钱树来用吗？"爱德华多很气愤。

马克双手揉了揉脸颊，斜躺在沙发上叽咕道："我认为这是一封要求停止并终止的邮件。"

"这封信是什么时候收到的？"爱德华多问，他拿起邮件再次读了一遍，信上的言语措辞很激烈，他感觉血液开始向大脑奔涌。信中充斥着大量对马克的控诉，要求他立刻停止 Facebook 的运行，否则会再次对簿公堂。

"一周前，他们扬言继续起诉我们，理由是我们违反了哈佛的道德准则。"

"他们简直不可理喻！"

爱德华多担心马克无法接受再次的打击，本来结果已经确定，为何还要讨论个没完没了？泰勒和卡梅隆兄弟的起诉真会彻底关闭 Facebook 吗？爱德华多迫切想知道答案。

马克与温科吾斯兄弟的网站相似，但是彼此之间没有签订任何合同，马克更没有替其编码，如今对方状告马克"偷窃"了他们的网站构思。事实上，爱德华多记得学校有一个同学也将自己的网站起名为 Facebook，如果这样，马克也会效仿那两位兄弟，非得和他们纠缠到法庭不可吗？

出乎爱德华多意料的是，卡梅隆竟然保留了他们互相交流的信件，以此作为证据，状告马克的"偷窃"行为。好在坚强的马克并没有因此软弱，无论卡梅隆兄弟怎么控诉，马克都否认剽窃了他们的技术，这让爱德华多无限宽慰。

很快，马克的室友达斯汀·莫斯科维茨和克里斯·休斯也来了。爱德华多知道是马克约了他们。达斯汀·莫斯科维茨是位电脑高手，克里斯·休斯是位活跃分子，是青年民主社团主席，还是位喜欢名家设计的时尚人士。

这样，马克、爱德华多、达斯汀、克里斯形成了一个四人小团队，虽然不是哈佛的精英，但至少都可以在各自领域有所担当。达斯汀可以依靠个人电脑技术，帮助马克解决电脑上的问题，因此他成为副总裁和技术主管。克里斯能说会道，为 Facebook 宣传是最好的人选，成为公司的宣传总监，也就是发言人。爱德华多负责处理商务方面的事宜，担任 CFO，马克则是 Facebook 创始人、统领人和指挥官，负责战略部署。

单靠老板一个人的力量来经营一家公司显然不行，但当老板没有更多资金付给职员薪水时，吸收大家成为合伙人则是最好的办法。请别人还有些不放心，但室友的加盟让马克绝对信赖。

马克根据几个人的工作职能，将各自所占的股份做了分配。马克占65%，爱德华多占30%，达斯汀占5%，克里斯因为短期无法测定分配额度，则根据今后实际工作量来划分。

马克的 Facebook 已经征服了哈佛大学，接下来的目标是耶鲁大学、哥伦布大学、斯坦福大学 …… 网站将保持它的限制性，即注册用户首先要拥有那些学校的电子邮件地址才能注册成功。最终，这个社区将迅速变大，他们将允许跨校进行合作。

"除了学校，我们也必须与广告商寻求共赢，"爱德华多说，"不要逃避这个话题，我们必须尝试真正的商业化的操作。"

马克点头默许，但爱德华多了解这非其真实本意。马克明白赚足够多的钱来抵消租用服务器的成本这个道理，但他似乎对除了必须维持网站的成本之外的钱，并不关心。爱德华多思考的角度与马克明显不同。

爱德华多内心确信，每个人将因这个网站而变得富有。他看着房间的这几个人，这几个聚集在一起的超级极客，每个人都表现出一往直前、无所畏惧的神情。

半路杀出的肖恩

肖恩这个人物为什么一定要提及呢？是因为就在这个关键时刻，这个人物在冥冥之中向马克靠近，之后，他们相遇了。从此，这个肖恩便成了影响马克和 Facebook 深远至极的人物之一。现在我们来好好聊聊他吧！

这个肖恩全名肖恩·帕克，他并非来自优秀大学的学生，但他是一名校园红人。

肖恩最早的合作伙伴是肖恩·范宁，和其相比，后者名气更大一些。肖恩·帕克与肖恩·范宁这两个少年曾创建一个叫做奈普斯特的文件共享网站，这个网站的建立，几乎改变了唱片行业。因为这个网站的最伟大之处是，可以让各个地方的大学生听到他们想听的任何音乐，而且免费，让大学生可以在宿舍那个相对封闭的环境中，与其他人在网络上共享音乐。这个文件共享网站获得了巨大的成功，它是一项改变世界的伟大创新。

帕克与范宁的相识是在一个网络聊天室，那时他们都还是中学生，相识之后就建立了奈普斯特共享网站。奈普斯特提供免费音乐下载，让每个有电脑的学生乐此不疲，可以分享他们真正需要的东西。

换个角度思考，唱片公司自然利益受损。那些唱片公司开始张牙舞爪地向他们发难，结果人人都可以预料，网站显然已经无法运营。

尽管困难重重，但肖恩不为任何已经犯过的错而后悔。后悔不是他的做人原则，他相信人生的路很短暂，没有必要将时间消耗在后悔的过程中，即使失败了，跌倒了，肖恩依然微笑地面对新的挑战。没错，人生就应该是这样的一个过程！至少肖恩给了我们这样一个诠释。

网站失败了，还是中学生的肖恩并没有因此回家躲在父母亲的身边寻求安慰，与之相反，他打算重整旗鼓，一切从头开始。肖恩和自己的朋友发现电子邮件和联系信息在全球互联网上还是个弱项，于是决定从这个缺口着手。经过几年的摸索，他和朋友想出了一个建立在共享概念之上的想法（依旧从免费系统开始，他觉得只有免费系统才最能够吸引用户），虽然只是一个简单的可以发送更新要求信息的小程序，却演变成了一种可以长期自行修复的在线业务名片系统。肖恩他们将这个公司命名为 Plaxo。

后来，Plaxo 经营很好，它的业务现在可能价值上千万美元，但此时肖恩已经不参与其中了。他被赶出了自己打造的公司。

肖恩知道，真正将自己赶出公司的，是一个詹姆斯·邦德式的恶棍。此人城府很深、性情古怪，但不妨碍他的富有，尽管他还有着极为恶劣的夸大狂倾向。

事实上，是肖恩自己引狼入室。因为当时 Plaxo 很需要钱，需要有人继续风投。但此时的迈克尔·莫瑞茨不是以风投的角色出现，他是红杉基金的合伙人之一，也是硅谷货币贵族中的一个神。他在雅虎和 Google 都有投资，赚得的财富相当大，以至于不会有任何人怀疑他的赚钱方法。

在肖恩看来，莫瑞茨隐遁、神秘而疯狂。从一开始，他和肖恩就几乎在每一件事情上都无法达成统一的意见。肖恩不仅是一个自由思想家，还是一个具有闯劲儿的年轻企业家，但是，在莫瑞茨的眼中，只有钱。

在红杉基金为公司提供资金还不到一年的时间，肖恩就已经觉得莫瑞茨有意让他离开自己所创建的公司。当然，肖恩也是聪明人，他坚定地拒绝了。但是由此引发了一场激战，一场风投的"政变"。而最终，肖恩也感觉到自己将会输掉这场战斗。

当初那两个和肖恩一起创立公司的密友，却屈从了莫瑞茨和董事会的压力。当时根据财务报告显示，肖恩还想着能够进行还击，说让他退出的唯一办法就是把公司持有的大部分股份以现金的形式出售，而此时的红杉基金早已经进入到了战备的状态。

莫瑞茨做了一个詹姆斯·邦德式的恶棍所做的事情，他雇佣了一个私人侦探四处跟踪他，甚至还竭力要挟他离开公司。

他们有可能抓到了他的把柄，也可能没有。但是不管怎样，莫瑞茨都要把他排挤在外，这也迫使肖恩从自己的公司里面走了出来，并且还把自己办公室的钥匙交了出来。与此同时，肖恩也非常清楚，从现在开始，自己失去了这个公司和他以前两位共同创业的好友。

这其实是一件非常丑陋的事情，当然也非常凄惨，而且对于肖恩来说是极其不公平的。但是，非常不幸这件事情就这样发生了，而且这样的事在整个硅谷随时都有可能发生。

这也就是风投资金的特点。

Plaxo 失败了，但是对于肖恩·帕克来说失败并不意味着结束。在奈普斯特和 Plaxo 这两件事情发生之后，硅谷的八卦新闻记者对肖恩产生了极大的兴趣，他们开始把他描绘成为这座城市里面的一个坏男孩，一天就想着女人、名家设计的服装等。当然，在当时还出现了一些未经证实的有关毒品的传言。而对于这样的情况，肖恩自己也差不多可以猜到，甚至他可以想到当自己有一天打开 Gawkel 网站时，能看到有关他给自己注射小海豹血的事情。

对于肖恩来说，说他是一个坏男孩，这显然有些滑稽。而且，这样的说法对于任何一个知道他是在弗吉尼亚州的尚蒂利长大的人来说，都是非常滑稽可笑的。肖恩只是一个瘦得只剩皮包骨的孩子，他对花生、蜜蜂和贝壳类动物都会过敏，不管是去哪里，他都要随身带着装满肾上腺素的自动注射器。而且他还患有哮喘病，所以也要随身携带一个吸入器。他的头发乱得没有章法，有的时候看起来简直就像是一个爆炸头。

其实，肖恩曾经确实辉煌过。他有一段带着一些快乐味道的美好时光。其实也正像私人侦探发现的那样，他喜欢女孩，有的时候还是很多女孩。他还喜欢在很晚的时候出去，还喜欢喝酒，甚至曾经还被几个夜总会赶出去过。而且，肖恩还没有上过大学。当奈普斯特飞速发展的时候，他就离开了中学，但是他从来没有后悔过。

但是不管怎样，肖恩绝对不是一个坏家伙，他是一个好小伙。在肖恩自己看来，他甚至算得上是一个超级英雄。虽然他的姓是帕克，但是他觉得自己更像是一个蝙蝠侠。白天是布鲁斯·韦恩，穿梭在 CEO 和企业家之间；而到了晚上则是身披斗篷的斗士，想要依靠他的力量努力改变这个世界。

但是，和布鲁斯·韦恩不同的是，肖恩并没有多少钱。他创建了史上最大的两个互联网公司，但是却身无分文。当然，Plaxo 也有可能会在某一天价值不菲，那么肖恩将会得到很大一部分的价值，没准会有千万财富，甚至是上亿的财富。

奈普斯特没有让肖恩变得富有，但是让肖恩获得了知名度。有很多人甚至已经把他和硅图公司（Silicon Graphics, SGI）的创始人吉姆·克拉克相提并论了，吉姆·克拉克是网景的负责人。虽然肖恩已经被踢出局了，但是他需要进行第三场战斗。

而肖恩本人也一直在留意着下一场战局。这一次，他所要寻找的是某种能够真正改变他生活的事情。当然，其实我们每一个人都在寻找下一次大展宏图的机会。

区别在于，肖恩清楚地知道下一件大事是什么。并且他信心十足，他就像一个虔诚的宗教信徒一样，相信要走社交网络的道路。

仅仅在几个月之前，肖恩和社交网站的朋友们取得了联系。肖恩给他们介绍了一些关于风投基金的知识，并且通过友人网介绍给了城里面的其他一些好朋友，而在这些好朋友当中，最著名的应该算是创立贝宝（PayPal）的那个叫做彼得·泰尔的人，他和肖恩的一个同事，也曾与红杉基金的那些人发生过争执。

但是，友人网绝对不是肖恩的下一项大事业，因为它自身已经发展得相当充分和成熟了，而且，肖恩也几乎是不可能在里面寻找到自己的位置的。

我们平心而论，友人网真的是一个不错的网站，装饰得非常好，但是它的内容仅仅涉及约会。

除此之外还有 MySpace，这也是一个刚刚起步，但是增势迅猛的网站，肖恩当然也会去了解一番，但是最后他还是决定不去。

MySpace 虽然是一个非常了不起的网站，但是对于肖恩来说，它也绝对不是一个真正意义上的社交网站。很多人上 MySpace 并不是去交流的，而是去展示自己的。说句难听的话，它就好像是一个大型的自恋场所，把自己展示给别人。

所以，如果说友人网是一个约会网站，那么 MySpace 显然就是一个品牌工具。那么，这两家网站都不行，还能够去哪里呢？肖恩不能确定，但是，他确定的是在某个地方，有一个范宁式的人正在某个地下室里面坚持不懈地努力着，肖恩知道，此时此刻的自己，必须保持眼界的开阔。

一见钟情 Facebook

无论在哪里或者干什么，肖恩都充满了信心，不管下一个事业点会在哪里，也不管还会不会失败，他觉得自己要么什么都不干，要干就要干出一番大事业。

现在是肖恩再次寻找事业点的时候了。肖恩强迫自己坐下来，他觉得内心一个有力量的声音正在缓缓升起。在他坐着的蒲团旁边的桌子上，他注意到在一只粉色女士手表旁边有一台打开着的手提电脑，很显然，那台电脑不是他的，那或许是他的一个室友的，也或许是来看他的人的，他没有犹豫，从床上伸手就拿到电脑，看看时间，刚好是查看他的电子邮件并开始做他的例行事务的时候。

肖恩伸手拿过手提电脑，几秒钟以后，电脑从休眠模式中退出。他将它轻轻地放在膝盖上。很快，他就注意到电脑已经通过斯坦福大学的网络连接到了互联网上。显然，手提电脑的主人昨天晚上上过网，他也注意到有个网站在屏幕上打开着。好奇心让他滚动着屏幕，看到了网页上的整个内容。

肖恩怪异地发现，见多识广的他竟然以前从来没有看到过这些东西。

这个页面看起来像是某种门户网站。光线柔和的蓝色条纹覆盖在网站的顶部和底部。一个女孩的照片在左边，肖恩通过照片可以看到女孩子的青春美丽。然后，他看到关于她的信息在她的图片下面：女，单身，对男孩感兴趣，正在寻找朋友。接着是找到的朋友的列表，她的网络，她喜欢的一些书，甚至还有她在斯坦福上的一些课。

她自己写的话在她的个人简介旁边，还有她的一些同学评论的一些话。这些人看起来都是斯坦福大学的。因为他们都拥有斯坦福大学的电子邮箱。他们是她现实生活中实际存在的朋友——而不是某些想约她的陌生人，就像友人网那样。它也不像 MySpace 里都是一些喜欢摇滚和奇装异服的人。在线，处于连接状态，并持续地处于连接状态，即使是电脑处于休眠状态时，社交网络也是苏醒着的，这是她真正的社交网络。

这个社交网络不是静止的而是流动的，简单而且漂亮。

"我的天！"肖恩自言自语地说着。

他抑制不住自己的兴奋，努力地眨着眼，多么美妙！专门属于大学市场的社交网络。这看似显而易见，其实，当时社交网站市场的最大空白在大学。因为大学生的社交需求非常大，大学成了社交网络的一个完美的市场。MySpace 和友人网错失了一个使用社交网络最频繁的人群——但这个网站又是什么样的呢？眼前的这个网站似乎直接就瞄准了这一发展市场。

在页面的最下方，有一行奇怪的小字。

"由马克·扎克伯格制作。"

肖恩喜欢制作网站的人把自己的名字放在页面下方，这和自己的风格很像。

于是他开始在 Google 上搜索，在许多结果中都提到了哈佛校报《哈佛深红报》，在这里面，他发现了许多关于这个网站的信息。

他感到非常不可思议，这个网站的名字叫做 The Facebook，由一个大二学生在 6 到 8 星期前建立。到了第二个星期，它大约有了 5000 个会员。然后他们扩展到了其他几个学校，现在估计有接近 50000 个会员。这些学校包括斯坦福大学、哥伦比亚大学、耶鲁大学……

它的发展速度真是飞快。

肖恩在嘴里反复说着："The Facebook。为什么不去掉一个单词变成 Facebook？"肖恩感到内心有一阵疯狂。他一直在心中想着把某些东西都简化，并且让它变得更有条理。他吃惊地意识到甚至当他还在思考这件事的时候，他正在把蒲团上面的皱褶弄平。他决定给硅谷打一个电话去说明他正在追求一个新的项目。

肖恩将要做的事情就是要看看这个孩子有多棒。他要找到马克·扎克伯格，如果这些东西真的像它们看起来那么漂亮的话，那么他将帮助这个孩子把 Facebook 变成一份大事业。

要么大干一场，要么不干。就是这样简单。比这小的事情不能算是成功。

肖恩会和 Facebook 合作吗？不管怎样，他已经对 Facebook 一见钟情了。

只要是市场就不要放过

马克的合伙人莫斯科维茨认为，只要是市场就不要放过。

他们的发展眼光是这么的锐利。当时，Facebook 慢慢地向周围领域发展，对他们而言，高中成为下一个要占领的市场。在美国有大约 1600 万高中生，而只有差不多 1100 万大学生，所以，这一计划如果成功，将为 Facebook 带来大量的用户增长。这时候，MySpace 正在高中学校里迅速攻城略地。一旦你知道扎克伯格是怎么认为的，你就知道董事会将如何投票。

将高中生纳入他们的用户的计划在那个夏天开始进行。公司里年纪较大的像投资人布雷耶和科勒，他们持反对意见，认为 Facebook 的品牌不可改变地与大学联系在一起，大学生不愿看到高中生加入到他们中。他们指出，对高中开放的 Facebook 应该独自运营，名字也不能一样。他们认为"高中 Facebook"是个不错的名字，但这时候一个投机者持有 FacebookHigh.com 这个网址，而他又漫天要价，让工作无法进展。

如果是高中生注册了 Facebook，服务器如何确定一个高中生用户的身份？于是实名制和真实身份显得尤为重要。到此时，大学发放的后缀为 .edu 的电子邮件地址保证了用户身份的真实性。而且 Facebook 保护其用户信息的基础条件就是这个，你只与你认识的人分享资料。大部分的用户如此地信任他们信息的安全，这一点可以从他们把自己手机号码放到个人简介上就可以窥知一二。

还有一个问题就是，只有少数高中向学生们发放电子邮件地址。公司的新法律顾问克里斯·凯利还特意进行了一项活动，希望借此说服高中学校，将其视为一项在线安全措施而向学生们发放电子邮件地址。可是，大多数学校都认为这方法行不通而不太认可。于是，Facebook 考虑创立其自有的国家高中学校电子邮件服务。最后，Facebook 提出了一个折中方案。

其实，这一方案就是在 Facebook 上鉴定用户的真实身份，实际上，也就是为你的在线好友，担保你的身份的真实性和可靠性。这也鼓励了大学一年级学生和二年级学生邀请他们仍在读高中的朋友们加入 Facebook。然后，这些新用户就能够邀请他们的朋友加入。这实际上是一个高中版 Facebook，进展比较慢。他们的服务器为美国的 37000 所公立和私立中学创建了单独的"网络"或用户群。

在一开始时，这个面向高中的网站作为一个独立的"Facebook"运营。尽管高中生用户也在 Facebook 网址上登录，但他们不能看到大学生用户的个人空间。开始，用户增长的速度慢得像龟爬，但在 2005 年 10 月底，事情终于有了转机，这时候，每天加入该服务器的高中学生数以千计（在那时，每天总共有差不多 2 万名新用户加入 Facebook），这是一个重大突破。

这时，Facebook 终于不再仅仅是一个"大学现象"，而是扩张到高中的用户。在莫斯科维茨的大力支持下，扎克伯格不久就坚持认为这两项业务应该合并。到 2006 年 2 月，他们准备好了废弃年龄差异化，用户从此可以自由地建立友谊，无视年龄或年级的限制向任何人发送消息（最低年龄被设为 13 岁）。还是引起了科勒、布雷耶等一些年龄较大的员工的担心，当大学生看到高中生在网站上与他们为伍时，Facebook 对他们的吸引力可能会急降。这些担心完全是没必要的。

在那天，他们情绪激动地面对着公司这两套体系的合并。但是问题也随之而来，注意到这个情况的大学生们一般都感到高兴，因为他们能够与更多的人交流了，并且可以多结交一些朋友。当 Facebook 扩张了用户群时，有一些人在抱怨，其实一直都有抱怨。出现了一个新的群，名叫"你还只是高中小屁孩，竟敢加我为好友？太难堪了 …… 滚蛋吧你"。令人欣慰的是，这些数据告诉了马克·扎克伯格和他的团队想要了解的情况，并且在高中生和大学生之间不断开展了更大规模的交流，合并的总体结果也是令人可喜的。到了 2006 年 4 月，Facebook 拥有了超过 100 万的高中生用户。

那么 Facebook 会不会由此将自己的用户再次扩张，从而延伸到初中、小学呢？我们等着这个时刻的到来。

与"硅谷怪兽"亲密接触

马克·扎克伯格很早就对肖恩有所耳闻，甚至在内心深处对其还有一些崇拜。当肖恩打电话约他见面的时候，马克·扎克伯格很是兴奋，他觉得肖恩是一个难得的人才，就算不能够合作，在一起聊聊天，他也是非常乐意的，当然，能够把肖恩"挖"到自己的旗下，这样就是最好的结果了。

马克·扎克伯格先后收购了不少的公司，他并不是为了公司的本身，而是为了人才，现如今的世界是人才的世界，拥有了人才就等于拥有了一切。

马克·扎克伯格与肖恩·帕克的这一次见面，使他们之间进行了一次奇妙的交流。在肖恩眼里，马克一直都在试图脱离主题，反复谈到他为什么想把Facebook转变为一个开发平台。其实他的意思是，他希望能够把他的新生服务转变成为一个公共场所，从而让其他人能够在这上面发布软件。其实这一模式有点像微软的Windows和苹果的MAC操作系统，这些都是为别人开发应用程序而特别搭建的平台。肖恩则争辩说，当时考虑那么多的问题还为时过早。

爱德华多对于肖恩·帕克了解得并不多，而他通过网络进行简单的搜索之后，他并不喜欢这个人。肖恩是一个"硅谷怪兽"，一个以相当惊人的方式折腾出来了两家大型互联网公司的创业家。

而对于爱德华多来说，他看起来就好像是某种野人，甚至有的时候还有危险。爱德华多并不知道这个小伙子为什么要与他们见面，难道是想从他们这里得到什么。但是他敢肯定，他根本不想从肖恩那里得到任何东西。

当肖恩从曲线形的玻璃门后面出现的时候，爱德华多一眼就看到了他。而且确定他就是肖恩，因为他的出场方式是非常特别的，他的手指就好像是某个卡通人物一样在墙上弹跳，就好像是塔斯马尼亚怪兽（学名袋獾，是全世界体形最大的肉食性有袋类哺乳动物）一样飞奔在餐厅里。肖恩在餐厅里面上蹿下跳的，好像认识这里面的每一个人。当他在向女主人问好的时候，居然还拥抱着一个女服务员，之后又走到邻近的一张桌子旁边和一个穿套装的男人握手，并且还用手抚摸那个男人的孩子，他们看起来就好像是熟识的朋友一样。

当肖恩来到爱德华多他们这一桌的时候，先冲他们微笑，但是在他的笑容里面明显带着一些野性。

"我是肖恩·帕克。你们肯定就是爱德华多和凯莉。当然，还有马克。"

肖恩径直把手伸向了桌子另一边的马克，可是就在此刻，爱德华多看见，马克脸上的表情是：脸颊突然绯红、两眼放光。而这完全是偶像崇拜般的表情。在爱德华多看来，对马克而言，肖恩·帕克就是神。

其实，爱德华多应该早一些意识到这一点。奈普斯特终究是一面旗帜，是黑客在最大的舞台上所参与的一场战役。最终，黑客输了，但是这没有关系，从某种意义上来说，这依旧是历史上最大的黑客行动。而且，肖恩·帕克在那场战役中活了过来，紧接着还创建了 Plaxo，并且第二次让自己出了名。

爱德华多也并没有刻意去记他在 Google 上看到的内容，因为当肖恩在凯莉旁边坐了下来之后就立即开始说起自己来，而他叫住路过的女服务员，就为大家点了些饮料，而那个女服务员也算得上是他的一个朋友，当然，这是肖恩以前光临这家餐厅的时候认识的。

肖恩的故事说个没完，他的能量是惊人的。他聊到了奈普斯特和他参与的战斗，也聊到了 Plaxo 以及那些曾经让他差点儿丧命的更丑陋的战役。肖恩对他的一切经历都是非常地坦然：在硅谷的生活、在斯坦福大学和在洛杉矶的派对、成了百亿万富翁的朋友，以及正在努力成为亿万富翁的朋友。肖恩把自己的世界描绘成为了一段真正让人激动的经历。而爱德华多可以看出来，马克对于这些事情已经全盘接受了。当时马克看起来就好像是要冲出餐厅去订一张直飞加利福尼亚的机票。

最后，肖恩终于讲完了他的故事，当然这只是暂时性的，之后，肖恩又开始询问 The Facebook 的最新进展。

于是爱德华多开始和肖恩讲到了他们目前已经发展到了 29 个学校，可是肖恩却把脸直接转向马克，问他采取了哪些战略促使各个不同的学校参与。

爱德华坐在那里，心里觉得非常窝火，可是马克则生硬地通过举例解释着他们的战略。

马克讲述了贝勒大学的故事——那个克萨斯的小学校在最初的时候是如何拒绝采用 Facebook 的，那是因为那个学校本身已经具备了一个社交的网络。马克他们并没有选择正面迎击的方式，而是列出了方圆 100 英里之内所有学校的表格，让 Facebook 首先进入那些学校。结果很快，所有的贝勒大学学生就看到他们的朋友都在 Facebook 上，而实际上，他们是在乞求 Facebook 早日进入到他们的校园。结果就在几天之内，贝勒大学原先的那个社交网站就已经成为了历史。

看起来肖恩对于这个故事感到非常兴奋。他又加入了一些话，并且还援引了他在斯坦福大学学报上面所读到的内容。

3 月 5 日的斯坦福日报上这样写道："学生们都逃课了，功课也不做了，但是却入迷地待在电脑前面长达数小时之久。TheFacebook.com 的潮流已经席卷了整个校园。"就在这篇报道出来之后，85% 的斯坦福大学学生在 24 小时之内加入了 TheFacebook.com。

马克似乎为肖恩对于自己的关注感到非常开心。但是对于肖恩来说，他似乎也是对马克这个粉丝感到开心不已。就这样，他们立即就对上号了。

其实肖恩并不是故意冷落爱德华多，而是他确实对马克更加关注。这可能仅仅是因为他们两个人都是电脑迷；而另外一个方面，肖恩也给马克留下了非常深刻的印象，他绝对不是一个简单的电脑极客。

肖恩的极客特征看起来要比别人更加优雅，这就好像是某些黄金时间段在电视节目上扮演的一个极客角色。而这并不是因为他的穿着，或者是夸张的举止，而是因为他对于这个房间的氛围的牢牢掌控，而且他能够感染其他的人，肖恩看起来就好像是一个艺人，并且对他所做的事情非常在行。

晚餐的时间很短暂，但是对于爱德华多来说似乎非常地漫长，当凯莉终于拿到冰激凌的时候，爱德华多高兴得快鼓起掌来了。

后来，当中国式的外带盒子全部被腾空的时候，肖恩埋单之后就起身告辞了，他向马克许诺，说他们用不了多长时间就会再次见面。之后动作飞快地、像托钵僧一样就消失了，肖恩真是很有个性。

而就在 10 分钟之后，爱德华多和马克站在餐厅外面的人行道上，爱德华多的手在空中挥舞着，招呼着出租车。而爱德华多的女朋友则跟肖恩一起去见他的女朋友了，他们去翠贝卡附近的一个酒吧见了一些共同的朋友。

爱德华多稍后就会跟他们会合，但是他还需要打几个电话，试图安排出时间，能够与更多的广告商见面。爱德华多并不想放弃，不管情况有多么艰难。

当时，爱德华多的手还在空中不停地挥舞着，他看了一眼马克，依旧可以看见马克的脸上还有那种绯红的颜色。虽然肖恩已经离开了，可是他的魅力依旧留在了空气中。

爱德华多竭力想改变马克对肖恩的印象，说道："他就像是一个江湖郎中式的销售员，我的意思是，他是一个连续创业家，但我们并不一定需要他。"

马克听完之后耸了耸肩，没接话。爱德华多皱了下眉头，他能够感觉到自己的话并没有被马克理睬。很显然马克喜欢肖恩，并且把他当成偶像一样崇拜着，任何人都没有办法让他改变主意。

爱德华多认为即使这样也并没有多大的关系，至少在现阶段是这样的。因为他还看不出来肖恩准备对他们进行投资，因为此时的肖恩并没有钱，至少根据爱德华多的调查是这样的。

但是 Facebook 需要钱，随着它用户数量的日益增长，爱德华多他们不得不升级服务器。与此同时，爱德华多他们还意识到，还需要聘请几个人来进行编程，按照现在的说法就是实习生，但是即使这样，也不得不支付这些人一部分薪水。

这也就是为什么爱德华多他们打算去银行新开一个账户，并且投一些钱到这个账户中去。当时，爱德华多已经拿出了1万美元投入到了这个账户。而马克则是没有任何资金的，所以在这一段时间之内，他依旧依靠爱德华多的钱。

虽然肖恩自己拿不出多少钱，但是他也许跟风投资金有些联系。谢天谢地，一直以来，马克·扎克伯格对钱都不是特感兴趣，从而也使得引入风投资金变得毫无可能。

对于马克来说，Facebook这个网站依旧主要是以乐趣为主，而且还必须要做到"酷"。很显然，刊登广告不是"酷"的行为，风投更不是"酷"的行为。穿套装打领带的人、有钱的人，等等，他们永远都"酷"不起来。对于爱德华多来说，他不必担心，因为马克是不会这么快就去找风投资金的。

但是，爱德华多还是情不自禁地要多想，对于马克而言，肖恩·帕克除了具有一些风投的朋友之外，他还代表了"酷"元素。但是爱德华多却可以把这样的想法抛在脑后，不去想它。因为现在的情况看起来还是非常不错的，所以他根本就没有必要担心什么，因为现在每一个人都喜欢Facebook，爱德华多他们也始终坚信，即使没有肖恩·帕克，他们也迟早会想出办法从Facebook上面赚到钱。

爱德华多有一种感觉，肖恩·帕克绝对不是唯一一个注意到他们这样小网站的人。大笔财富肯定会来敲门的，这仅仅只是时间的问题。

由图片功能到平台构想

2005年春末，创业邦对凯文·埃法西的公司进行了投资。在最初的几次碰面过程中，这位年轻的首席执行官马克·扎克伯格请他帮了一个忙。

"凯文，我需要找到一个人，能够帮助我规划平台战略。"

"嗯，什么？也许将来有一天，我们有可能会变为一个开发的平台，"埃法西的回答颇显得有些踌躇，"现在的我们还仅仅只是一个只有 6 个人的小公司 …… 我们的意思是，我想我认识一个在 BEA（一家著名的企业基础架构软件公司）工作的朋友，他曾经做过一些有趣的平台开发工作 ……"

马克·扎克伯格打断了他："BEA？我更多是在考虑像比尔·盖茨那样的。你能够帮助我联系到比尔·盖茨吗？"

"呃，这个 …… 我就不清楚了。也许吉姆·布雷耶能够办到 ……"

结果就在一个星期之后，埃法西再一次来到了马克·扎克伯格的办公室。"嗨，"马克说，"我和他谈过了。"

"和谁谈过？"

"比尔·盖茨！"

当时年仅 21 岁的马克·扎克伯格发现了他的新朋友丹·格雷厄姆和比尔·盖茨居然是好朋友，于是他就利用他俩的关系安排了一次会面。

在 Facebook 创始之初，马克就尝试着设想他的小型服务会如何不再仅仅是互联网上的一个终点，不仅仅是一个为人们互相交流而提供的场所。

其实，每一家卓越的高科技公司都会经历一到两次关键的转变时期，而这些都是源于创建者们发现他们能够创造出一些不一样的东西，而这也要远远超越他们最开始的设想。

在比尔·盖茨崛起的早年，当他还在与合作伙伴保罗·艾伦为小型电脑硬件公司制作软件的时候，他就已经意识到了软件应该成为一个独立的行业；在此之后，他又做出了第二个划时代的创举，就是让所有电脑都只能使用一种操作系统，于是，微软也就成为了有史以来最赚钱的公司。

有一天晚上，雅虎的创始人杨致远和大卫·费罗突发奇想，发现当时的互联网居然没有一张联结网络的地图，而如果他们能够提供给客户收集网络用户详细市场研究资料这样类似的服务的话，这也是史无前例的；然而，它最后却转变为了第一家有广告支持的大型网络媒体公司。

当 Google 的创始人谢尔盖·布林和拉里·佩奇发现他们不仅能够将用户的搜索导向到某一个网站，还能够将它们导向到一个独立的广告数据库的时候，这家公司也立即进行了 180 度的大转弯，互联网上迄今最强劲的赢利模式也就由此而诞生。

马克·扎克伯格的第一次灵光闪现、突发灵感的时刻就发生在当他和莫斯科维茨意识到他们的服务能够走出校园的时候，而对于相册应用所带来的惊人成功的思考，也更加催生了公司的第二次脱胎换骨。

很显然，如果有一些特殊的事情发生在了相册应用上，比如："我们的图片站点缺乏任何其他类似站点所具有的一些功能特色"，这是马克·扎克伯格在 2007 年 5 月接受采访时说的，"我们不存储高分辨率照片；打印功能可以说也还不够完善；而且直到最近，用户甚至连改变相册当中照片的顺序都做不到。但是不知道为什么，到目前为止，我们的这个应用还是成为了互联网上流量最大的照片站点。"

其实，类似的情况也曾经发生在了另外的一个应用程序里。Facebook 的软件工程师们急急忙忙地拼凑了一个能够让用户在活动过程中邀请他们朋友的功能，结果让大家没有想到的是，这个应用程序居然还得到了比 Invite 网更多的使用率，并且在随后的多年时间里，一直是所有以邀请为主打网站里的佼佼者。

"为什么照片和活动功能能够如此受到用户的欢迎呢？"马克·扎克伯格经过思考之后得出了结论，"虽然它们现在还不够完善，存在着种种的不足，可是有一点是其他任何人没有办法做到的，那就是与社群地图整合在了一起。"这其实是 Facebook 自身在理念上面的大突破，而马克·扎克伯格对于自己用来描述这个含义的术语——社群地图，更是感到非常的自豪。

他继续说："我们进行了一系列的思考，决定把 Facebook 的核心价值定位在勾勒出朋友与朋友之间的关系上，而我们所谓的社群地图，如果从数学意义上看，就是一系列的节点和路径。而节点就代表了个人，路径则是朋友之间的关系。"

此时的马克·扎克伯格显然已经是非常自信了，在后来他甚至有了一些夸大其词的味道："我可以说，我们拥有了一个时代里面最具有威力的信息传播机制。"

那么，他所说的"传播"到底是指什么呢？当我们在 Facebook 上面和自己的朋友建立了联系，我们等于就会聚合成了一个网络，也就是所谓的社群地图，而且这样一个网络是可以被用来传播任何类型的信息的。

比如你上传了一张照片，那么网络就会让你的朋友们知道。当然，同样的事情也会发生在当你准备结婚或者是宣布去某地旅游度假的时候。网络可以利用任何软件把你的所有活动告诉你的朋友们，而你只要能够连接到你的社群地图就行。

对于大多数的软件公司而言，如果他们觉得自己有能力创造出独特而强大的应用软件，那么他们通常会选择竭尽所能地发挥他们自身的创造能力，他们可能会在他们的社群地图上面添加购物功能、游戏功能或商业功能。

但是，Facebook 并没有这么做，至少是在一段时间之内，Facebook 完全停止了继续开发应用程序。

直到 2006 年的秋季，Facebook 不断发展，马克才意识到此时到了把 Facebook 搭建成一个其他人能够在上面构筑应用程序的软件开发平台的时候了。

马克想要在互联网领域做的事情就好像是比尔·盖茨在个人电脑领域所做的事情一样,搭建一个标准的软件基础架构,让应用程序的设计变得更加简便,并且把应用程序融入一些社会的要素。

马克·扎克伯格曾经说："我们希望能够把 Facebook 设计成为某种操作系统，用户可以在上面运行各种各样的程序。"

对于此，首席运营官范·纳塔也曾经有过类似的谈话，他以自己的方式描述了 Facebook 在这方面所具备的潜力："如果我们把今天的互联网想象成为一个镜头，那么在这个镜头之下，就是你所熟悉和信任的，并且能够拥有自己独立想法的个人，而这也是一个平台之所以具备能力的原因。而当我们透过镜头，看到整个世界的时候，我们想想，还有什么可以比那个镜头更具有潜在价值的呢？"

马克·扎克伯格几乎是从第一次触摸到键盘开始，就一直在构思这样一种平台。在马克的少年时期，他通过为美国在线编写功能代码，从而学会了编程。美国在线在当时是占统治地位的在线服务，而不管当时的领导层有什么样的想法，作为一个黑客社区，这里面自然少不了马克·扎克伯格的功劳，就这样，他们硬是把美国在线转变成了一个软件开发平台。

到了后来，他在菲利普爱斯特高中读三年级的时候，和亚当·德安杰罗合作编写了一个听 MP3 用的软件，名叫"synapse"。而这款 synapse 在当时非常流行，其中重要的原因是因为它允许其他程序的爱好者设计额外功能的辅助程序，而这些程序就是我们说的插件。其实，Synapse 就是一个迷你的小平台。

而马克·扎克伯格在 Facebook 早期的时候，就放弃了让他痴迷和珍爱无比的文件分享功能 Wirehog，他那时已经把 Facebook 设想成为了一个平台。但是实际上，Wirehog 是第一个运行在 Facebook 上面的应用程序。

建立一个能够让其他应用程序在上面运行的软件平台，可以说是软件技术这一行业里面最为光荣的终极目标之一。

当初，微软把它的视窗软件推向了个人电脑操作系统平台中的垄断地位，从而主宰了软件技术工业长达 20 年之久。任何一个希望能够为个人电脑设计应用软件的人，都不得不使用视窗操作系统。

　　Facebook 成为一个平台，也可以为它自身减轻一些负担，没有必要什么都面面俱到了。

第五章

Facebook
Mark Elliot Zuckerberg

曲折的扩张之路

- 我们希望能够把Facebook设计成为某种操作系统，用户可以在上面运行各种各样的程序。

- 这就是一家洛杉矶公司与一家硅谷公司之间的区别，MySpace的家伙们什么也不懂，不懂我们打造这个公司是为了持久地发展。去他的MySpace。

- 两件事你需要关注——第一，保持现有的；第二，持续发展。我们现有的就是完善的应用程序，我们要保持这种风格，不靠噱头和花招。同时，要在不破坏现有水准的前提下，关注那些持续发展的、容易扩大规模的产品或趋势。

喝着烈酒竞赛的极客实习生

Facebook 发展迅速，这意味着需要越来越多的工作人员加入，但是此时 Facebook 还没有全面赢利，无法承受过多的人员工资。针对这种状况，马克提出从各个大学招聘实习生的办法，实习生的工资比较低，从而能够为 Facebook 节约相当大一部分费用。

但是爱德华多不赞同马克的主意，他认为实习生只会在这里工作几个月，然后就会回到学校，接着被一些穿着夸张的灰色套装的风险投资家们招聘走。

有一次，爱德华多正要约见某个投资者，他对马克轻声低语说："我打算跟他谈谈。你也一起去吧，我们还可以一起吃一顿免费的午餐。"马克听后，摇了摇头说："今天要面试实习生，恐怕没有时间。"

马克提醒了爱德华多，使他想起来了，马克和达斯汀为了实现能在夏天结束前去 100 个学校招聘足够的实习生的目标，决定带两个实习生跟他们一起去加利福尼亚。当然他们需要支付实习生的差旅费，否则没有人愿意自费跟着他们跑到国家的另一端。马克通过网络登出招聘启事，说明这份暑假工作的薪水大约是 8000 美元，同时，他们承诺会在 La Jennifer 街上转租一间房子以提供食宿，这个条件看起来十分不错。虽然公司至今还未赚钱，但是爱德华多还是从自己的投资收益中拿出钱来，同意为此提供资金。为了全面支持马克，爱德华多打算以公司的名义在美洲银行开一个新账户，然后存入

8000 美元到这个账户，并且打算给马克一些空白支票以支持他们在加利福尼亚的项目。因为爱德华多是公司商业经营方面的负责人，所以做这些事情看起来是理所应当的。

"那好吧，等我把那个大汉搞定之后，就过去帮助那些实习生。"爱德华多回答说。

马克听后，露出诡异的笑容回答道："我保证这将是件很有趣的事情。"

爱德华多听后感觉不妙，因为在马克那个不同寻常的脑子里，有趣几乎可以指任何事情，他只好回答道："加油吧！"

可以想象当爱德华多看到这一切时会是怎样的情形。当他走到地下室的门口时，忽然听到一阵欢呼声，并且夹杂着吵闹声、沙哑的笑声和掌声，为了一探究竟，他不得不挤进人群中去。在场看热闹的大多数都是大一和大二学电脑编程的男生，爱德华多之所以能够判断出来，是因为电脑编程专业的学生有个很明显的特征，就是他们脸色苍白，任何时候都有安于待在低矮、超现代的电脑实验室里的态度，就像此刻他们全然没有理睬爱德华多在人群中挤来挤去。爱德华多终于挤进去了，一场有趣的游戏正在进行着，有趣到超出他的想象。

经过清理，电脑实验室的中央并排摆放着五张桌子，每张桌子上都放着一台手提电脑，电脑旁放着一排装满烈酒杰克·丹尼（世界十大名酒之一）的杯子。

桌子前坐着五个电脑极客，他们正猛烈地敲打着手提电脑的键盘。马克则手里拿着一个计时器，坐在这排桌子的尽头。

爱德华多所站的位置有利于他看到电脑屏幕，虽然他并不能看懂屏幕上那一团混乱的数字和字母。但可以猜出，那五个孩子正在匆匆阅览一些拜占庭式的复杂电脑编码。这是马克和达斯汀专门为招聘实习生设计的，想以此来测试他们的能力。当有个孩子编码编到屏幕闪烁时，他看了一眼天花板，然后一口气喝下了一杯烈酒，人群中爆发出了一阵掌声之后，这个孩子再次继续他的编程工作。

眼前的情形让爱德华多回想起自己曾经为了加入凤凰俱乐部而参加的划船比赛，与现在这个情形一样，只不过这一次是这些男孩儿加入"马克的世界"，一个马克通过他的想象力和电脑天赋而创立的俱乐部。这种比赛、测试的招聘形式，恐怕是这些孩子们所参加过的实习生面试过程中最特别的环节，从他们乐在其中的表情看来，他们并未对这个事情感到厌烦，否则一定会表现出来。他们很享受一边喝酒一边做着黑客的事情，这证明了他们不仅能够承受编程的巨大压力，同时也愿意跟随马克到任何地方，而不仅仅是在加利福尼亚。只要有马克的带领，去世界任何地方都可以。在他们眼中，马克不再是一位同学，而是他们心中的神。

此后的 10 分钟时间里，他们依旧情绪高涨地喊叫、敲击键盘、喝烈酒，突然有两个孩子几乎是同时把他们的椅子往后转，然后从椅子上一跃而起。胜利者出来了，马克立刻走过去对他们表示祝贺。

与此同时，房间一角的 MP3 播放器通过扬声器放出一首歌："加利福尼亚，现在是开派对的时候……"爱德华多被围在了人群中间，不得不对此付之一笑，这个地方瞬间又是一片喧闹，几乎每个人都走上前去祝贺新实习生。

爱德华多被挤到了后面，他随着人流移动的同时，打心眼里为马克能够拥有这个时刻感到高兴。马克和达斯汀加入那几个实习生的狂欢中，一个漂亮女孩站在马克身边，女孩儿高个子，是一个华裔，留着一头乌黑油亮的头发，脸上挂着十分甜美的笑容。她的名字叫做普莉希拉，陪伴在马克身边长达几个星期了，爱德华多想：或许这个女孩子会成为马克的女朋友。而这样的想法在四个月前，还相当于天方夜谭。

虽然爱德华多是站在一边看着他们，但是他能看出马克十分开心，他享受着一群人把他当偶像崇拜的气氛。

　　爱德华多当即做出经营公司的决定，他自己在纽约打理公司的业务，编程则交给马克和达斯汀、麦科勒姆以及几个实习生在加利福尼亚做，还可以在硅谷发展用来进一步开拓网站业务的人际关系。由此，他们就形成了一个团队，爱德华多成为了一个善于协调团队合作的人，这需要他在 3000 英里之外的地方关注马克他们一群人。

　　生活还将继续，三个月后他们都会回到学校，爱德华多是大学四年级的学生，马克是大学三年级的学生。也许到那时他们已经变得富有，也许他们还是现在的状态，看着他们的公司逐渐发展壮大。但是不论如何，和最开始做生意时相比，他们已经发生了巨大的改变。爱德华多坚信他们有个瑰丽的未来，因此他放下一切烦恼，不再让自己忧心忡忡。这是一个善于进行团队合作的人必备的素质。

　　"在这短短的几个月中，会出现多少问题呢？"爱德华多禁不住问自己。

走进生命的女人

　　有人说马克创建 Facebook 是为了追求女生，实际上这些人根本不了解马克在做 Facebook 之前就已经有了女朋友，他们经常约会。这位世界上最年轻的亿万富豪的女友，Facebook 未来的女当家，就是马克在哈佛大学时的校友普莉希拉·陈。

　　2004 年他们在哈佛校园的一次学生聚会上相识，哈佛的寝室聚会被哈佛人形象描述为：四五十名男生与三四名女生共同在一间拥挤狭小的寝室里，连走路都成问题，还要想尽办法、竭尽所能地打开一罐不知道来自何方的便宜啤酒。

　　其实聚会并没有这么夸张，只是有些拥挤，并且只有一个厕所。因为屋子确实不大，又簇拥着一大帮人，难免会摩肩接踵。而且唯一的厕所需要男女共用，每次只能一个人使用，因此最常见的就是在厕所外面站着一排人等待，马克与普莉希拉就是在等待的队伍中认识的。

　　以马克的性格，当他与普莉希拉在拥挤的队伍中见到彼此时，很有可能是女方先开口打招呼。普莉希拉·陈与马克可以说是门当户对，因为他们一个是哈佛大学医学院的学生，一个是计算机电脑编程专业，同为哈佛学生，同是精英级人才。

　　普莉希拉·陈与父母一起住在波士顿，是美籍华人，这个心地善良的女孩儿从小就梦想着长大后当一名儿科牙医，虽然她肤色微黑，身材偏胖，可是她那一脸和善的笑意总是能够让人产生亲近的感觉。每个人都有用来吸引生命中的另一半的迷人部位，普莉希拉·陈的迷人之处就在于她的笑容，他们偶然相逢于洗手间外，被对方所吸引，不得不说是命中注定的缘分。

　　见到从童话中走出的白马王子是很多女孩的梦想，她们希望有一天自己身边会出现一个高大英俊而且富有的完美男人，热烈地追求自己并愿意娶自己为爱妻，然后厮守终身。但是王子与灰姑娘的故事毕竟是童话，在现实中并不会时常发生。马克不是白马王子，普莉希拉·陈也不是美丽的公主，他们的故事不像童话故事那样浪漫，他们两人之间的引力，完全来源于彼此之间能够很融洽地相处。

　　现在网络上有很多马克与普莉希拉的照片，有的是两个人在早餐店门口手牵手，有的是他们在街头巷尾相依偎，有的甚至是他们在火热接吻，无论何时何地人们看见的都是一对情深意切的情侣，这足以证明他们感情笃深。

　　曾有美国媒体爆料，虽然马克和普莉希拉未具体计划何时结婚，但从他们订有约会、见面的"契约"来看，可以说已经到了即将踏入婚姻殿堂的地步。还有一名作家也透露，虽然两人都十分忙，很少有时间相处，但马克和普莉希拉约定每周约会一次，至少单独相处一个半小时，地点要选择马克家和 Facebook 以外的地方。

马克和普莉希拉不但是私生活上的伴侣，也是事业上的拍档。创办 Facebook 的初期，普莉希拉一直在背后支持马克，后来在马克的团队去加州帕罗奥多市创业期间，普莉希拉一直伴随其左右。2007 年普莉希拉毕业后，马克立即邀请了普莉希拉加入 Facebook。

普莉希拉·陈与马克之间的感情是无法估量的，但是可以很肯定地说，马克对这位华裔女友十分在乎。

马克·扎克伯格和普莉希拉·陈于 2010 年底来到中国，为了这趟中国之旅，马克做了不少功课，每天早上至少抽出一个小时的时间学习汉语，可见他是下定了决心要与女友的"娘家"建立好关系。

很多媒体都在猜测马克·扎克伯格究竟为何来中国，尽管 Facebook 的员工一再透露扎克伯格此次出行仅仅是私人休假，但依旧无法阻止媒体猜测：扎克伯格是不是要与百度合作？或者是与中国其他互联网公司合作？

2010 年 12 月 20 日凌晨，扎克伯格与普莉希拉抵达北京首都机场，他们去的第一个地方居然是百度大厦。其实百度创始人李彦宏与扎克伯格是旧相识，此次参观只是扎克伯格与李彦宏的私人探访。李彦宏不仅全程陪伴扎克伯格，而且还在百度员工食堂解决了午餐。事后，百度发表说明，证明扎克伯格此次只是单纯地参观百度大厦，两家公司绝对没有商务往来，但这让外界更加疑惑了。

离开了百度大厦，普莉希拉带着扎克伯格参观了北京故宫，开始了他们真正的度假，普莉希拉在中国的许多亲戚朋友，他们也要去拜访一下。

差距正在扩大：去他的 MySpace

　　Facebook 员工不断增多，帕洛阿尔托的爱默生大街"中国快乐"餐馆楼上的狭窄房间已经装不下这么多人了，公司只好搬到了离斯坦福大学不远的地方，正好在 Google 公司第一个总部的对面，是一座现代化玻璃办公楼。Facebook 这一次的办公环境较之前有了很大的改善，象征着公司的一个新的庄严形象。公司搬迁的过程显示出 Facebook 典型的风格多样化，员工各自动手搬东西，几个穿着 T 恤、衣冠不整的年轻工程师们排成一排，扛着一个特大号电脑显示器，向前推动他们的办公椅。

　　2005 年 10 月，公司在董事彼得·泰尔位于旧金山的俱乐部"战果"中举办了一场派对来庆祝 Facebook 的用户达到 500 万，这距离上一次突破 100 万用户的庆祝派对，才相隔了仅仅 10 个月的时间，用户们对 Facebook 入迷几乎越来越明显。在该学年开始时，Facebook 开放注册的学院的数量增加了一倍，已经超过了 1800 所。在这些注册的学校中，学生的注册率都迅速超过了 50%。大多数用户至少每天登录一次，这对任何互联网商业公司来说，都是了不起的统计数据。

　　如果每天用户们在 Facebook 浏览 2.3 亿个网页，那么网站收益就攀升至每月约 100 万美元。这项收入主要来自网络广告，广告商在 Facebook 上投放廉价的陈列广告，然后得到赞助的群组，其中仅苹果公司和"维多利亚的秘密"内衣公司所管理的赞助群就为 Facebook 带来数千美元的收入，同时，一些私立学校的公告也为 Facebook 增添了一些收益。但是，Facebook 的运营成本每月达到将近 150 万美元，所以 Facebook 平均每年会花掉大约 600 万美元的资金。这部分资金主要来自阿克塞尔公司的投资，但这件事情并不足以让马克·扎克伯格担心，达斯汀·莫斯科维茨与马克的想法一样。莫斯科维茨则是继续拼命工作，不工作的时候，他会驾驶新购买的宝马 6 系轿车到处兜风，脸上洋溢着骄傲的神情。

公司里越来越多的人感到自己正在参与创造一项历史，这里有一个与众不同的人，就是马特·科勒。他从耶鲁大学音乐系毕业，并且获得了学位，他一眼就看出了这是独特的创造性时代思潮的一个时刻，并且用音乐知识进行解读。比如说 20 世纪 40 年代纽约的爵士乐，70 年代的庞克摇滚乐，或是 18 世纪晚期的第一所维也纳学校，都与现在的 Facebook 有着异曲同工之处。因此，员工们更加笃信自己正在缔造历史，这一信念使得他们在工作中格外卖力。

但是仅仅依靠 Facebook 并不能创造出历史，于是在 Facebook 周围的其他公司，也创立了一个更加倾向于交际的互联网络。马克·安德森投资的 Ning 公司就在拐角处，任何人都能够通过公司创建的软件建立起属于自己的私人小型社交网络。Facebook 向北 45 分钟车程的旧金山 Digg 公司，也正在开发一个新工具，这个新工具可以让人们分享他们在网页上发现的文章和其他媒体文件。其他类似于 Bebo 和 Hi5 这样的社交网站则是初出茅庐，它们都以 Facebook 的用户为相同目标客户。可以说竞争越来越激烈，但是不管何时，任何用户们都想要最好的产品。

因此，相对于历史同期的用户数量，达斯汀·莫斯科维茨对现今的用户数量更感兴趣。他总是像警犬一般，对公司的竞争者保持高度警惕，尤其是 MySpace 的用户数从 1 月份的 600 万骤然攀升至现在的 2400 万，让他感到十分担心。一天，莫斯科维茨问扎克伯格："MySpace 是怎么做到的呢？"而扎克伯格的回答是："去他的 MySpace。"

不久以后，扎克伯格就有了向 MySpace 管理者们表达他见解的机会，他用礼貌的语言体现出了他对 MySpace 蔑视。那天，扎克伯格和科勒坐飞机到洛杉矶，在那里正巧与鲁伯特·默多克新闻集团旗下福克斯公司的互动小组组长罗斯·莱文索恩坐在一间餐馆里，莱文索恩负责监管 MySpace，竞争的关系十分紧张，到了剑拔弩张的地步。莱文索恩正试图通过与扎克伯格拉近关系达到买下 Facebook 的目的，然后和 MySpace 添入其数字投资的组合中。但扎克伯格表面上装作对此事毫不知情，仍旧像往常表现一样，实际上他是想引莱文索恩入局。安格文在《偷取 MySpace》一书中，清楚地叙述了莱文索恩似乎质疑 Facebook 究竟是否可以处理好其快速增长所引发的各种问题。而扎克伯格对此质疑和莱文索恩的企业均表现出了他内心的不屑。扎克伯格认为这就是一家洛杉矶公司与一家硅谷公司之间的区别，他说："MySpace 的家伙们什么也不懂，不懂我们打造这个公司是为了持久地发展。"

与肖恩的深度合作

通过上次肖恩与马克的见面，他们之间彼此敬佩，就像情侣间的"一见钟情"，因此很快便达成了深度合作的计划。肖恩甚至为了更好地工作，选择与马克过"同居"生活。

但是肖恩并没有承认是为了方便工作，而是找了个借口，借称现在学期已经结束了，他要帮女朋友把行李搬到她父母的家中，然后陪她几天，在这几天中他因为无处居住，所以暂居在马克这里。这正是马克求之不得的事情，他选择到硅谷，是因为硅谷确实是创建网络公司的一个最佳地点。两个创立了两家热门公司的顾问住进同一套房子，简直是再好不过的事情。虽然马克没有对肖恩作出任何正式的邀请，但是对此十分感兴趣的肖恩早已经体会到马克的意思了。

其实，从看见 The Facebook 的那一刻起，肖恩就想参与进来。如果一切如他想象般顺利，那么肖恩就将与创立这个网站的人一同生活，这样他就能深度参与其中。

　　马克聚集的团队成员都是攻城战士中的圣斗士，这让肖恩很高兴。这些智慧的人中，即使是实习生都十分聪明。斯蒂芬·道森－哈格蒂和埃里克·希尼克虽然是计算机专业的新生，但是都是 Linux 和前端编码方面的专家。还有达斯汀和安德鲁·麦科勒姆，都是马克的智囊团，这是马克的优势。同时，公司里员工的职业道德令人惊叹，团队成员几乎没日没夜地编程成了不成文的规定，特别是马克，只要不是睡觉、吃东西、游泳，他就一直坐在电脑旁边，从中午到凌晨 5 点，一直做编程，把大学一个一个加进 Facebook，做出操作指南、增加应用程序，还有开发 Wirehog。这群拔尖的队员，也许是肖恩见过的所有初创立的公司中最有原动力的员工。

　　在这里肖恩唯独没见到爱德华多·萨瓦林的身影，肖恩禁不住疑惑起来。在纽约时，爱德华多是 The Facebook 名誉上的商业负责人，网站所有有关商业方面的事务都由他来负责。但为什么自从肖恩进了这座房子后，一直没有看到爱德华多参与到 The Facebook 的日常经营当中呢？

　　马克给出的解释是，爱德华多毕业后到了纽约的某个投资银行做实习生了。这使肖恩立刻警觉起来，作为两个大公司中的一员，肖恩目睹了太多公司成功和失败的情形，他深知对于一个刚刚成立的公司而言，最重要的就是创始人的激情和抱负。任何人想要做一件事，并且取得成功，就必须每时每刻都与事业待在一起。

　　马克·扎克伯格做到了每时每刻与事业待在一起，因为他有动力，有耐力，有能力。不只如此，他还具有将事情做成功必备的专注，这样的专注力具有奇特和独特的特点。肖恩看着马克每天编程到早上四五点钟，就深信马克具备成功的潜质——能够在硅谷这样充满活力的现代城市成功的潜质。

　　那么此时的爱德华多·萨瓦林呢？他在哪里呢？或者说他还算得上是公司的一部分吗？

　　爱德华多应该从一开始就待在 Facebook，他为 Facebook 最初的服务器投了 1000 美元。那是他自己的钱，也就是说那是他在为公司的经营提供资金。这使爱德华多在 Facebook 具有了一些影响力，就像任何一家初创公司的投资者一样。

除此之外，爱德华多将自己当做一个商人，这就意味着他无法在硅谷生存，因为硅谷的重心不是商业，而是一项持续进行着的战斗，因此必须做事情才能在硅谷求生存，任何商业课程中都没有讲述这一点。肖恩虽然没有上过大学，但他很了解这一点，他从中学起就开始研究奈普斯特了，同样还有从哈佛肄业的比尔·盖茨。硅谷任何一个成功故事中的主角，都不是通过在学校上课才取得成功的。他们以成功的姿态从硅谷走出来，有时只是背着一个大大的行李袋，手里拿着一部笔记本电脑而已。

肖恩判断爱德华多对这里并不感兴趣，所以肖恩将爱德华多从头脑中删除了。肖恩认为只要有马克以及他的团队，还有 Facebook，自己就能帮助马克他们把 Facebook 建设成一个 10 亿美元的项目，而这也是他一直都在寻找的项目。没想到命运第三次眷顾了他，尽管肖恩睡在房间空角落里一张床垫上，他的大多数行李不得不寄存在某个地方，但是这样的环境并没有影响肖恩的工作热情。

首先，肖恩要让马克他们清楚成为这项革新进程的一部分的意义，因为肖恩·帕克真正明白硅谷的内涵，肖恩将用他独特的方式，在马克面前展示这个世界。

肖恩看着房子的四周和房子里的这些小伙子，还有他们的设备和比萨盒，觉得他们还可以合理地安排日常生活。毕竟他们要创建一个顶级的社交网络，所以他们至少应该明白什么才是真正的交际。而肖恩就是向他们展示"什么是可能"的那个人。因为肖恩是城中的摇滚明星，众人皆知，但是他完全相信马克·扎克伯格最终可以超过他，Facebook 将会被大家熟知并追捧，虽然马克总是给人一种不善言辞的印象，尽管他有一些缺点，但这并不能阻碍他成为这座城市众人眼中的明星，肖恩可以带领马克拥有派对、高档餐厅以及女人。

至于爱德华多所错过的公司下一步发展的机会，只能说非常可惜。但这种事情在这样的竞争中时有发生，也就不足为奇了。爱德华多只是在合适的时间到了正确的地方，但是时间飞速前进，当这个地方发生改变时，爱德华多虽然可以紧抓不放，但他身上已经不具备这个地方所需要的东西。肖恩暗自思忖着，不胜惋惜。

机会就如一道闪电，你抓住它，虽然可能会被带到同温层去，虽然可能会被烧焦，但是你仍需拽住不放。

爱德华多的危机

在肖恩和爱德华多喝酒时，肖恩讲起了他上一次在俱乐部发生的事情，他说话的速度非常快，并且还是一如既往的怪诞方式。那次是在颁奖典礼之后，和贝宝的创始人在一起，肖恩显得紧张兮兮，还把酒都洒到了桌子上，但仍不忘记用他那靴子般的小尺码皮鞋轻轻敲击着地板。这是肖恩的一贯作风，爱德华多十分清楚肖恩的大脑比其他人的大脑转动速度都快。

就在肖恩说话的时候，爱德华多被邻桌一个十分火辣的女孩子吸引了，情不自禁地看着那边。确切地说，邻桌有四个女孩子，一个比一个热辣。其中两个金发碧眼，穿着黑色的酒会礼服，裸露在外面的腿又长又细。另外两个则是黑发女郎，看不出是哪个种族，其中一个的头部就像是从皮质紧身上衣中挤出来的一样，另一个穿着面料稀薄的夏季连衣裙，就像什么也没穿，人们轻易就能看到她的内衣是什么样子。

她们应该是爱德华多见过的最漂亮的女孩子，过了片刻他才意识到自己能认出那几个女孩子，她们是"维多利亚的秘密"的模特，曾在电视节目中出现过。随后看到的一幕更加让爱德华多震惊，就在肖恩还在滔滔不绝地讲那些不知所云的事情时，邻桌的一个女孩将身体倾斜了一下，爱德华多看到她在跟马克说话。

这简直太不可思议了，那个女孩儿身子斜得太过了，以至于她的丰满的乳房无法老实地待在衣服里。她褐色的肌肤洋溢着迷人的光彩，裸露的肩部也在闪光灯下散发着迷人的诱惑。这样美丽的女孩，而她正在和马克说话。

爱德华多极力猜测他们的对话内容，那个女孩儿看起来十分开心，而马克的表情却不怎么样，看起来就像一只被汽车前灯照射而十分惊恐的小动物。谈话过程中，马克几乎没有答话，但是那个美丽的女孩儿并不在意，并且身体前倾，故意碰了马克的腿一下。

这令在一旁观看的爱德华多吃了一惊，肖恩此时正在向爱德华多复述他与红杉基金的斗争，讲到那些疯狂的威尔士人强迫他离开 Plaxo 的过程，那些人雇用私人侦探，强迫他从公司辞职。没有人知道肖恩说的是否是事实，但是仇恨显而易见。肖恩发誓一定要在某个时候用某种方法对那些威尔士人实施报复行为。说完这些，肖恩又说起了 The Facebook，说 The Facebook 的不可思议之处，说他相信 The Facebook 会成为世界上一件最伟大事情的原因，肖恩对 The Facebook 充满信心。只有一个问题让肖恩感到烦恼，那就是 The Facebook 前面的"The"，这完全是一个没有必要的字，一切没有必要的东西，肖恩都不喜欢。

肖恩依旧喋喋不休地说个不停，爱德华多一边心不在焉地坐在那里听，一边注视着马克和那个漂亮的女孩子在做什么。这时，马克突然站了起来，那个女孩子立刻挽着他的手，与他一起走出贵宾区，然后走下透明合成树脂质地的楼梯，接着他们就消失了。

这一切是真的吗？马克刚才是真的与那个漂亮的女孩子一起离开了俱乐部吗？他们是去约会吗？爱德华多有些晕眩。

这让爱德华多简直难以置信，但是他断定自己真真切切地看到了马克带着一个"维多利亚的秘密"的专属模特离开了。

通过这件事情，爱德华多彻底地相信了肖恩的话，那就是：The Facebook 将成为世界上最伟大的一件事情。

4 天以后，爱德华多乘坐美利坚航空公司的波音 757 飞机回去，与他来时是同一架飞机，而且还是那个靠窗的位置，只是这次外面没有下雨。他将头贴在右手边的环形窗子上，天看起来依旧灰蒙蒙的，爱德华多的头脑中像有一台搅拌机在扰乱着他的思绪。

爱德华多感到自己受伤了，身体和头部一样剧烈地疼痛，这一切都是他自己造成的，不能怪罪别人。这几天的生意就像一阵旋风，先是制定策略然后喝酒。那天的派对上，他们一直喝酒喝到了凌晨 4 点多，当时俱乐部营业结束已经好几个小时了。直到第二天，爱德华多才看到马克，他想知道一些那个模特的事情，但是马克对此只字不提。这更加使爱德华多觉得他们之间肯定发生了什么。面对爱德华多的追问，马克三缄其口。马克越是沉默，爱德华多则越是怀疑。这种感觉就像是世界颠倒了，而他们掉进了深深的兔子洞里。

情况从这以后变得更加疯狂了，爱德华多在旧金山期间，肖恩连续几次安排了与风投、软件公司代表以及任何可能对 The Facebook 感兴趣的富人一起共进晚餐、举行会议和进行酒会郊游，令很多人都对 The Facebook 产生了浓厚的兴趣。事实上，爱德华多他们几乎每天都被城里所有的玩家疯狂地追逐着。某些事情已经发生了毋庸置疑的变化，任何地方都在谈论着真心实意的出价，每个人之间悄悄说出的价格都达到几百万。

几乎每天都有喝酒和请吃饭的事情。爱德华多他们在旧金山最漂亮、最昂贵的餐厅用餐，凡是对他们感兴趣的人，都会派豪华轿车或锃亮的越野车来邀请他们吃饭。有一次，马克的克雷格车子忽然出现了问题，导致他们迟到了一个早餐聚会，餐会的组织者知道原委后，当场提出要给马克买一辆越野车。爱德华多知道那不是开玩笑，组织者十分希望下一次看到马克开着他送的新车。

更加离谱的事情还在后面，那天是爱德华多飞回纽约前的一个晚上，他和马克被 SUN 公司一个最初的创始人邀请到一个私人游艇上，那个创始人是一个奇怪的食客，十分喜欢吃稀奇古怪的食品，并因此而闻名。就在他们谈论了几个小时商业方面的事情之后，一名工作人员端上来一个银质托盘，一块纤维状的肉放在盘子里。爱德华多有些害怕，但是又不好意思问是什么肉，没想到那人告诉他们说是考拉的肉。考拉的肉虽然奇特，却是违法的。爱德华多不好意思拒绝。

爱德华多在飞机上等待着起飞，想着这些天发生的不可思议的事情，在一艘游艇上吃了考拉的肉，在北加利福尼亚最豪华的地方喝醉了酒，听到别人对他耳语过让马克变得十分富有的数字。

爱德华多知道不管他们出多大数字的金额，他和马克都不会把 Facebook 卖掉。因为这样做还为时尚早，Facebook 将来还会值高得多的价钱，他们现在已经拥有差不多 50 万个会员了，并且每天都在增长。所以，就算每天没什么钱赚也无所谓，就算有天他们陷入严重的负债状态，他存进银行账户的那18000 美元不能维持公司的运营他们也不会卖掉 Facebook。不管肖恩想得到什么，他不是管理层的一员，只是一个顾问而已，他没有权利参与公司的运营。

坏情绪再一次进入爱德华多的头脑中，他感到一阵熟悉的震动，原来他再次忘记了关手机。

爱德华多立刻从口袋中抽出手机，上面显示是凯莉打来的电话。自从爱德华多来到加利福尼亚以后，基本上很少与她说话。现在爱德华多也不想与她说话，但是想到还有几分钟才起飞，所以这正是个接电话的好时机。他按了一下接收按钮并把电话拿到耳朵边，然后听到凯莉在电话的另一端啜泣的声音，伴随着很响的汽笛声。

"发生什么事情了？"爱德华多不由得睁大眼睛问，精神也开始振奋起来。

凯莉一边啜泣，一边飞快地说了爱德华多来到加利福尼亚后发生的事情。在爱德华多没给她打电话的这几天中，她做了爱德华多叫她做的事情，并找到了爱德华多留在她宿舍壁橱里的礼物。然而却不小心将礼物点着了，然后引起了宿舍的大火，爱德华多放在凯莉抽屉里的很多衣服也一同被烧着，消防队来了后把火给熄灭了。现在他们正在考虑是否要把凯莉拘捕起来。

爱德华多听到此处，摇了摇头，闭上眼睛，说："太棒了！这就是有一个疯狂女友的乐事之一。你永远都不知道她下一步会做什么事情。"

Facebook 的广告秘密

毫无疑问，Facebook 可以称为一个王国。虽然马克·扎克伯格以前说过"让网站有趣比赚钱更重要"，但现在 Facebook 的广告业务已经成为了它最主要的收入来源。

尽管 Facebook 在中国这个互联网市场的版图还没有点亮，中国是仅有的四个未进入的国家之一，但是扎克伯格和他的公司从来没有放弃进军中国市场。这既关乎其"加强人与人之间的联系，让世界更加开放和连接"的发展蓝图，也关乎公司未来的可持续发展。Facebook 团队在首次募捐文件上表示："中国是 Facebook 一个潜在的大市场，我们继续对进入中国进行评估。"

Facebook 对中国市场的第一次表态可以追溯到 2010 年底，扎克伯格曾经到访中国，和中国互联网的巨头接洽，寻求合作的可能性。在 2011 年初，他又在香港成立了新的销售总部，重点负责中国市场的广告业务，这是该网站在亚洲成立的继新加坡以后的第二个销售总部。

Facebook 在中国做了一些不为人知的尝试，打破了其在全球没有官方的代理商制度，他们找到了中国互联网 SEM（Search Engine Marketing，搜索引擎营销）广告业的领跑者艾德思奇，与这家总部设在北京的公司开始了合作，尽管没有用代理商的身份，但这家公司扮演着近似的角色，这也算是在中国市场做出的微调整。

艾德思奇是 Facebook 在亚太区唯一的广告官方合作伙伴，公司帮助中国的客户在 Facebook 上投放广告。已经有 300 多家中国企业通过艾德思奇这个渠道与 Facebook 有了业务上的合作。

现在，一些中国广告也会出现在 Facebook 页面的右侧，第九城市、乐元素、热酷、昆仑万维等为代表的中国游戏厂商，大都在 Facebook 这个社交平台上发布了自己的产品。

在这些中国游戏厂商当中，乐元素开发的"开心水族箱"等游戏占领了一定的欧洲市场。根据了解这家公司 50% 的收入都来自于 Facebook。"高质量的用户，高度开放的平台，以及高比例的分成都是吸引中国企业去海外掘金的重要因素"，这是第九城市社交游戏负责人李琳说过的一句话。所以中国公司大多都是把社交游戏放到 Facebook 上登广告。

在 Facebook 网站上的一些应用程序中，游戏的受欢迎程度最高，Facebook 目前约有 50 万个应用程序，最受欢迎的前十个程序中，游戏占了三成。Facebook 从用户购买的游戏点卡和道具中向游戏公司收取返点费，加上点击广告盒子的收入，Facebook 一年能赚取几十亿美金。当然，庞大的游戏收入也加剧了游戏公司之间的竞争，而竞争所带来的广告费用增长也是这个开放平台乐于看到的。

中国企业看到了社交游戏所带来的商机，毕竟一款社交游戏不需太多开发成本。不过它们却需要被大众熟知，因而广告投放的目标就是在 Facebook 上吸引用户的关注度。

因为每个用户看到的广告都各不相同，所以，在 Facebook 上打广告并不简单。你要在这里露个脸，找好你的客户对象，客户不会耐心地自己分析在 Facebook 上的各种用户数据。

在 2010 年之前，拥有海量用户的 Facebook，在面对有兴趣合作的广告主时，显得有些力不从心，无法满足广告主的需求。原因是它的后台操作不是很方便，不利于投放大型的广告。于是在 2010 年夏天，Facebook 开始在全球范围内寻找广告平台的合作伙伴，来解决这个问题。

艾德思奇抓住了这次机遇。

艾德思奇是一家以数字营销服务和软件开发为主的公司，在中国互联网广告业有着重要地位。公司的 CEO 唐朝晖，在数据挖掘领域和搜索引擎技术方面，拥有超过 20 个的美国专利。在加入艾德思奇之前，他曾经担任微软广告中心的首席经理，管理着许多核心项目，他还是广告中心实验室创始成员之一，还发明了业界第一个专注关键字技术的服务平台——微软关键字服务平台。

而且另一方面，Facebook 的广告部门精英大多是微软出身，不但在业务上和艾德思奇有着很好的合作关系，而且私底下也有往来，所以当 Facebook 迫切需要找一个合格的广告平台合作伙伴时，艾德思奇成为了不二人选。

在 2010 年，艾德思奇开始负责为客户提供 Facebook 页面运营及广告的优化服务，成为全球首个 Facebook API 授权的合作伙伴。与 Facebook 合作后的艾德思奇在 2010 年底时，就推出了第一款产品，产品命名为 adSage for Facebook（AFF）。这个软件可以帮助 Facebook 解决很多大客户大广告的需求，里面提供了一些新的功能，比如统一编译、统一报表等，之后由 Facebook 直接将产品推广给广告主，在产品发布的当月，400多个广告主就和艾德思奇有了合作关系。

这款产品发展到现在已经升级成为了adSage for Performance（AFP），除了为广告主提供Facebook页面运营及广告优化的服务以外，还可以提供海外搜索引擎等广告投放服务，使产品的功能得到了完善。

现在，Facebook平台活跃用户有8亿多，每个月动态更新都会有300亿条，每天照片上传有850万张，平均每秒钟评论回复有3.125万次。这些庞大的数据，都存储在位于美国俄勒冈州投资达2.1亿美元的普林维尔Facebook数据中心内。另外，亚马逊和Google的数据中心也在它的周围。

艾德思奇的软件的一大特点就是能够依靠里面的部分信息找人，比如现在有一款新口味的咖啡想在Facebook上投放广告，艾德思奇接下这个业务后，首先会对产品进行重新规划。

在产品的规划中，首先他们通过和客户沟通来了解这款咖啡的定位和特点。有的时候，客户会反映出一些描述性的语言，比如它颠覆了传统的咖啡口感，有水果味；它的消费人群定位在25岁左右、以女性为主，在美国一线城市上班的白领阶层。这群人的生活品质追求较高，也容易接受新事物、新口味。传统的社会统计估计得花费几个月的时间，但Facebook有它的优势，用户的基本信息——年龄、性别、职业等，这些资料在用户注册时就已填写，其他的数据则来自于用户自身的一些浏览记录。用户在Facebook上进行正常的社交活动，尽管用户以为自己的活动不受窥视，但Facebook保留了所有的数据。

Facebook的"喜欢(Like)"按钮，是Facebook的最大创意。通过这个按钮，能在错综复杂的网络世界中迅速找到属于用户自己的数据，它可以出现在任何一张照片、消息，甚至是广告的左下角，如果你对某个信息喜欢，就点一下喜欢按钮，那么你的这条信息就已记录在案了。因此，当有符合条件的用户，恰好喜欢喝咖啡，看到有关咖啡的信息就会自然地点上喜欢的按钮，于是，需要的数据就在每一次的点击中产生。这个数据就是第一手的统计资料。

艾德思奇的分析师可以利用的数据中还包括所有用户的行为。他们会通过客户的特点和需求来制定出适合的投放策略，通过 AFP 软件中各种搜索定位功能来锁定目标人群，从而投放广告，上传相应的图片和信息。广告投放后产生的数据，又可以经过 AFP 软件的数据分析功能，以图表形式反馈到分析人员和广告主面前，这样就可以迅速地总结和优化策略，还可以调整针对人群的各种参数，实现更精准的投放，提高投放的效果。

简单点说就是，艾德思奇的分析师团队会通过 AFP 软件从 Facebook 获得各种数据，和广告主一起围绕用户展开数据营销，尽可能地把潜在用户变成一个真实的消费者。

最后，在用户 Facebook 个人主页的右边，赞助链接的下面会出现这些咖啡广告，当然，这些咖啡广告也有"喜欢"按钮，当用户点击时，就会出现新的数据，艾德思奇会根据投放后获得的数据不断完善策略，再投放调整后的广告，直到最后，当咖啡的价格、口感等都达到大部分客户的满意指数时，用户就会开始尝试着购买这种咖啡，这个时候就代表着数据广告策略的成功。

通过制定计划来寻找它的受众接着开始投放广告，并通过广告的投放获得反馈，接下来多次修改直到再次投放与再次反馈，最后让受众来购买，这是这一套完整的广告策划过程。其实这些并不复杂，这一切，都是围绕着受众的数据来进行的，"因为是 Facebook API 全球首家授权的合作伙伴，信息的共享也是深入而紧密的，所以，艾德思奇总能获得最翔实的数据，哪怕只是多几个字段的数据，所反馈的结果也不一样"。海外营销事业部总经理尹天英说过，"是数据让艾德思奇更了解受众和广告主的需求"。这也是艾德思奇的一大优势。

艾德思奇在收费方面，主要分为软件收费和服务收费两个类型，而且可以采取首付加后付的方式。当客户看到效果后，他们自然愿意下一次再来寻找他们合作。很多中国企业，包括上述的游戏公司，成为他们的客户很大程度上是因为这种便利的服务。

艾德思奇就是依靠这些数据有了很大的发展，仅在去年就有 3000 多家客户和它合作，其中海外市场的收入占到了 90%。网络游戏是最主要的一方面，还有像 Groupon、match.com 这样的大企业也有合作。一般情况下，有些客户也会直接购买艾德思奇的软件，而不需要其相关的策划分析。

在艾德思奇广告业务发展的同时，也有一些人没有依靠广告代理商，而是看重了 Facebook 的价值，他们决定自己努力，在 Facebook 上发现商机，创造财富。

其中，直接与 Facebook 合作的钛金骑士网络科技董事长毛海滨说过，"Facebook 是我们在海外运营社交游戏的首选在线平台"。这位游戏制作人从 Facebook 上海量的人群和成熟的受众市场中找到了商机。他直接找到了 Facebook，而没有找广告代理公司。现在，公司准备第二季度在 Facebook 上推出一款 3D 射击游戏"行尸走肉"，相关的合作已经在有条不紊地进行。

有些网站很早就想在 Facebook 上投放广告，如 2009 年的跨境电子商务网站敦煌网。为了争取消费者，敦煌网通过做话题，参与任务可以拿奖金，还有视频活动等各种营销方式，终于有了很大的发展，敦煌网的 Facebook 粉丝发展到 2 万个只用了半年的时间。选择在 Facebook 上做推广的公司，都看重好的创意，好的创意可以使产品的营销更加成功，也能使品牌形象大大提高。

国内企业与国外企业的区别就是：国内企业的传播是单向的，而海外企业更重视双向传播，发出去的信息要反馈回来，再进行修改优化，这样，到最后，客户的真实需求才能被企业定位到，才能开发出适合客户的好产品。

Facebook 通过获取的一些基本信息资料来获取价值的做法一度遭到许多人的质疑，但是，网络隐私的问题在当今社会并未得到很大的重视，而人们关心的，是自己做的事情分享到 Facebook 后，是否得到别人的关注。为此，Facebook 推出了许多分享的应用，让用户彼此之间的距离拉近。正如它的广告语——尽管你我不在一起，但是我们能感受到彼此的心情。

只要 Facebook 一天不停止跟踪用户数据，广告主的广告就不会停止投放，这也是广告主们看中的。而且，有这些真实数据的参考，才能做出符合客户需求的产品。这一点，Facebook 也很清楚，2012 年 2 月 2 日，马克·扎克伯格在提交首次募捐文件后写道："Facebook 的创建目的并非成为一家公司。它的诞生，是为了践行一种社会使命——让世界更加开放，更加紧密相连。"

"Like" 按钮带来的广告麻烦

有一句俗语是这样说的，硬币都具有两面。一方面，Facebook 是一个完美的广告发布平台，它可以进行口碑营销，同时还能精准定位定制广告，让企业一举成名；另外一个方面，Facebook 的口碑效应也可以让坏的体验迅速传播，破坏企业形象。

一件产品，好的体验或者坏的体验都能够通过 Facebook 广泛传播，令企业难以收场。比如，当人们看完某场电影后，形成的口碑是"那部片子真是个烂片"，这个信息就会通过 Facebook 上强大的社交网络传播开来。其造成的后果是不堪设想的，信息的发布者也不可能阻止信息的传播。所以，广告商也需要谨慎地在 Facebook 等社交网站上发布信息，以免造成损失。

Facebook 为广告商提供精准的平台是基于充分利用用户的信息，根据业内人士的说法，Facebook 的营销团队约有 300 人，专门挖掘信息来满足广告上的要求。他们会提供给广告商用户的对话与发布内容等。很多广告商在其中获得了巨大利益因而对 Facebook 产生了强大的依赖性，就像耐克的营销负责人所说的，"Facebook 对耐克的重要性就像是 60 年代的电视，已成为其广告宣传中不可或缺的一部分"。

有些用户在发现自己喜欢的这个网站变成了扎克伯格最赚钱的广告平台，甚至把自己的信息卖给广告商时，有很大的反对意见，他们不能容忍自己成为其赢利的一颗棋子。于是，Facebook 经常会遇到用户关于侵犯隐私的投诉，就像专业人士所说，"Facebook 所获得的数据，比如某个消费者拥护某种产品或者某个品牌，以及他同网友间的交流，很大一部分是通过隐形手段获得的"，还有一些观点认为，Facebook 是在以"出卖自己朋友的方式"赚钱。尽管在隐私保护方面 Facebook 已经做出了很大努力，但对于它侵犯隐私的声讨只会愈演愈烈。

从长远看，Facebook 上的"Like"服务，也是有一定的风险的。"Like"按钮开始是为了方便好友们相互推荐一些好文章和好电视时使用的，是传播好的内容的方式。当它利用到广告业上时，"Like"按钮很容易产生一种广告效应，让广告商轻易利用，来完成广告的宣传。这种传播效果吸引越来越多的广告商与 Facebook 合作。可是，本来和好友沟通交流的平台变成了广告商的天下，于是用户就会对"like"按钮的真实效果产生怀疑，这些问题都是 Facebook 在快速发展中所遇到的。但是，只要扎克伯格还注重用户的体验，注重 Facebook 本身，那么他在广告上的成功希望还是很大。他们不是只注重短期利益的人，Facebook 现在的收入来源还是它庞大的用户。Facebook 要解决以上遇到的问题，就必须抓住这一点。这样才能让 Facebook 在成为一个提供各种信息交流的社交平台的同时，也成为一个通过广告来赢利的网络平台。

肖恩的"复仇"

快速成长、发展对于一个一出生就风华正茂的行业或者公司来说，也许是一种必然。但是，随着信息化的深入，在创新辈出的技术领域，也会面临着巨大的风险与挑战。这些，都需要时间来验证。随着现今社会节奏的加快，往往行业的格局在文章还未落笔就已经有了翻天覆地的变化，或者又产生了全新的革命性技术。

大多数被标榜为"革命性"的技术都是昙花一现，这让那些关注信息化的人们有些厌倦。Facebook 的未来到底会是一闪而过的流星，还是众人围绕的天之骄子？

人们觉得 Facebook 这个从大学宿舍里开始起步的一个小项目，经过了短短五六年的成长，成为了全球社交网络的统治者，的确是个奇迹。从而习惯性地给它贴上社交网络"革命者"的标签。

扎克伯格拥有比赚钱更大的野心，这使他在创办 Facebook 获得成功后面对重金诱惑，下定决心决不出售，这是扎克伯格与其他公司创始人不同的地方。他想通过这个全新的社交平台引发一场人与人沟通上的革命，改变人们的沟通方式。

扎克伯格的理想让他从容面对风险投资的诱惑，同时也对遭受红杉资本驱逐的肖恩·帕克表现出自己的支持和同情，这个原因使他在后来讥讽了红杉资本。那个时候，红杉资本和许多风险投资公司都在争夺 Facebook，扎克伯格决定用自己的行动去报复他们把肖恩赶出 Plaxo 公司。扎克伯格和另一个伙伴在一个本来约定早上八点半的会议上迟到了，而且还穿着睡衣。更为搞笑的是，他们准备让红杉投的并不是 Facebook，而是扎克伯格开发的一个 P2P 分享软件 Wirehog。

在会上，扎克伯格展示给红杉的演示文档的标题是"你不应该投资

Wirehog 的十大理由"，典型的大卫·莱特曼式（莱特曼是美国著名夜间脱口秀节目主持人，其节目中的一个固定环节是令观众哄堂大笑的十大列表，通常从第十条开始倒着往前念）的十大列表。文档的一些内容如下：

第十，我们没有收入；第九，我们有可能被音乐产业起诉…… 如果说这些理由还貌似正经，那到最后的就很傲慢粗鲁了…… 第三，我们穿着睡衣来你们办公室的，还迟到了；第二，因为这事还涉及肖恩·帕克；第一，我们来这里，仅仅是因为有一个人让我们来的。

众所周知，"黑客"是个带有很强争议性的词，而使用更中性的词汇"技术"可以省却不少口水仗的烦恼。当今生活中，新的科学技术对人们的影响是潜移默化的。比如，汽车的发明可以让交通更便利，使人们的交往更加密切，提高了生活节奏。电话的普及改变了人们的沟通方式，引发了一场通讯上的革命。

Facebook 让麦克卢汉（加拿大著名的传播学家）预言的"地球村"成为现实。这是 Facebook 产生后的一个效应。这类的社交平台，至少在沟通对象和参与人数两方面革新了人们交往和发生关系的方式。

奥巴马赢得了总统大选离不开 Facebook 另一位共同创始人克里斯·休斯的帮助，在这次大选中，除了建立在线社区进行动员外，休斯还设计了一个在线呼叫－游说程序。通过信息参数的整理进行助选者与选民的配对，从而更好地说服选民为其投票。

巨大商机与 Facebook 紧密联系是它的第二个效应。真实的用户信息可以使广告商更为精准地把握客户的需求，从而达到好的投放效果。人是社区网络的关键一环，体现其潜在的价值，一切内容和价值都由用户或用户组成的社区通过这个平台来创造。

商机往往存在于人多的地方。首先，人们在社交网络中会为了虚拟的荣誉、装备等物品付钱，这和有些游戏是一样的。其次，社交网络中的用户或多或少都有一些专业的知识或者技能，对其他人都是非常有用的，就像是几个朋友一起聚会吃饭，再怎么开心最后都要有人来付钱一样，所以社交网络的价值空间很大。

开发的早期，Facebook 有至少三种收入来源，第一是根据个人信息提供的准确定位的广告，还有厂商赞助的群组、社区活动等，以及飞页。前面两种都很好理解，飞页由用户付费购买其导航栏左下角的小块空间来展示自己的广告，是适合社交网络的新型广告方式。这种方式、理念都有点类似于大学校园里张贴的小广告。

由于 Facebook 是社交网络的真人秀，这就引发了人们对隐私的再思考。在 Facebook 每个人的身份都是真实可靠的。由于隐私的重要性，Facebook 对此不敢等闲视之，主要在于：绝大多数的用户都没有自己修改隐私设置，使用的是默认隐私设置，Facebook 对隐私政策的一个小小变动，就会影响数量庞大的用户群；一旦发生严重的隐私问题，Facebook 将会走向末路。因此，Facebook 的挑战是在不以泄露用户隐私为代价的前提下赚取利润，保持继续快速增长。

扎克伯格认为可见性越强越好，主张完全的开放透明。他在一篇评论中写道：Facebook 建立的理念非常简单，就是希望与周围的人相互分享并保持联系，如果人们能控制他们分享的东西，那么他们会分享更多，而分享得越多，整个世界就变得越开放越透明。而这样的世界是一个更好的世界。这在 Facebook 今后的发展方向中也具有很好的预见性。

暂不争论开放透明的世界是否就是美好的世界这个问题。我们通过 Facebook 可以很方便地和"地球村"的邻居打招呼，谈自己的看法，这固然很美妙，但是，如果让我们都住在透明的玻璃房子里，一举一动都会被注意，恐怕很多人就不会感到那么自在了。

第六章

Facebook

Mark Elliot Zuckerberg

全球化战略

- 我们上市是为惠及公司雇员和投资者。

- 我每天花一个小时学习中文，我尝试理解这门语言，它的文化、它的心理定式。

- 很多公司都会开发类似于视频聊天这样的功能，但Facebook的竞争对手还必须要首先打造自己的社交图谱。Facebook的工作就是保持创新。

Facebook 手机？

如今的 Facebook 显然是移动互联网领域的领军企业。单单是在英国，仅 2009 年 12 月吸引的移动用户就高达 500 万，这比 Google 旗下所有网站同期的移动用户总量还要多出 50 万。看看这两家路线相似的网络公司，如今的 Google 已经拥有了自己的手机、平台和应用商店，今后无疑还会推出更多的手机，并效仿 Nexus One（谷歌公司于 2010 年 1 月推出的一部 3G 智能手机）的模式将 Google 的服务紧密整合到这些手机中。相比较而言，由于缺乏自己的品牌手机，Facebook 就必须迁就其他手机厂商的想法运营，不能自行决定手机的外观和用户体验方式，这和扎克伯格一直追求的毫无限制的创造力显然是背道而驰的。不过，随着 Facebook 的规模不断膨胀，整个行业，甚至不明真相的围观群众也都相信 Facebook 设计出自己的手机是迟早的事情，因为扎克伯格实在不是一个安分守己、喜欢被人限制的"乖孩子"。

我们时常提到，这是一个信息爆炸的时代，对于很多用户而言，社交是网络生活的主旋律，网络社交已经成为他们生活中最重要的一部分。很多人都有这么一种现象，就是不停地刷新自己的页面，这种不愿错过任何信息的现象被称为"持续性局部关注"，这种现象对人们获取信息的方式产生了深远的影响。即使明知邮箱具有自动更新功能，我们还是会不断点击邮箱中的"收取邮件"按钮；即使手机没有响，也没有震动，我们依然会查看有没有来电或短信；即使没有特别的事情，我们也总是想要给好友发送文本信息。

凭借着人与人之间时刻存在的联系，我们获得了安全感，从一个侧面来讲，Facebook 并没有隔离人们的社交生活，相反地，它重新使人们回到了群居时代。不言而喻，大部分人已经习惯了"时刻在线"的生活方式。但是包括 iPhone 在内，现在市面上流通的许多手机始终都无法完全满足人们的这种需求。即使我们可以在第一时间通过 iPhone 获取信息，但信息通知功能使我们淹没在信息的海洋中，而且为了不过快地消耗电池，人们似乎也并不愿意不停启动和关闭相关应用。

即便是再优越的手机社交服务都停留在静态体验层面。在现实世界中，我们希望能够获得实时数据流，就如我们不停地刷新 Facebook 的界面，我们渴望随时随地都能够了解新的资讯，参与到创作和协作中去。因此现有产品无法令用户完全满意。

苹果通过 iPhone 创建了一种与电脑类似的全新体验，引发许多智能手机竞相效仿，但 iPhone 不支持多个任务同时运行。如果你需要借助 iPhone 了解 Facebook 的动态反馈，需要打开一个应用；要获取 Twitter 信息，又要打开另外一个应用；如果要拨打电话，同样需要启动另一个应用，并打开通讯录或拨号界面进行操作。即使你的许多好友都在 Facebook 上，但通讯录和拨号界面与 Facebook 或 Twitter 之间却互不相通。这实在是一种令人厌烦且不愉快的过程。

我们可以想象一下，一款以 Facebook 为中心的设备会是什么样子？当用户与好友进行互动时，它应该可以整合所有实时信息。用户无须再发送价格昂贵的短信，只需要通过手机发送 Facebook 信息即可，而且整个过程与发短信一样方便。如今用户随身携带手机并借助其创建和分享内容的热情已经空前高涨。如果可以将图片和视频实时无缝地上传到网络中，那么手机将不仅是一个通讯录，还将成为一个图片和视频集。Facebook 手机将成为你的生活录像机，成为你的数字生活档案。它可以改变网络和移动领域，减少隔阂，并提供前所未有的整合。

这样一款产品会使得手机的主要用途从通话和短信转向数据服务，这无疑会令移动运营商感到恐惧。现有的手机厂商利益同样会受到损害，因为用户体验的控制权将会逐步转移到一家互联网公司的手中，而该公司则会借助对用户网络生活中的统治地位赢利。总而言之，Facebook 智能手机将引发通信领域的变革。这样大的通信行业的变革与颠覆，实在是太符合扎克伯格的性格和口味了。

事实上，这样的苗头早已显现，甚至在国内一部分运营商已经意识到这种发展趋势。沃达丰 360 手机就是很好的例子，虽然沃达丰并不具备 Facebook 那样的数字档案；INQ 的 Social Mobile 也在向这一方向发展；PalmPre 和 Android 同样在大力拓展这一领域。最终，这类服务将提升互联网的使用量，并遵循互联网市场著名的"赢家通吃"法则。

Facebook 的影响力足以进一步整合网络社交和移动社交，这将进一步扩大扎克伯格的帝国疆土。平心而论，如果 Facebook 继续以现有的速度发展下去，扎克伯格的野心肯定不会局限在创建一个社交网站。Facebook 很有可能走上亚马逊和 Google 的道路，成为"互联网枢纽"。当然要实现这一目标，唯一的办法就是推出 Facebook 手机。这可能需要 2～3 年的时间，而且至少需要 2 亿美元的投资，还需要一定的技术实力以便提供无处不在的网络接入功能和更长的电池续航能力。

梦想永远比实现走得远，扎克伯格始终都保有超越整个时代的远见和敏感度。可是这条道路并不那么顺畅，网络规模需要翻番，同时扩大开发者社区，还要打击垃圾信息发布者，并进一步强化赢利模式。Facebook 还要解决隐私问题，保证诚信度。除此之外，Facebook 还需要秘密推进这一计划，同时再一次寻求合适的合作伙伴与 Facebook 手机进行整合。

不过，不容小觑的是，扎克伯格和他的 Facebook 王国拥有足够的资产，足以做到这一切，甚至走得更远，就像他之前那样。扎克伯格拥有异乎常人的冷静和野心，笼络着一大批这个行业的天才，而且还在不断吸引新的人才，这些都使得 Facebook 的成长期无限延长。可以想象，如果 Facebook 手机能够获得成功，那么 Facebook 将站到一个全新的高度，成为全球最为著名的品牌。通过占领通讯领域，也许，扎克伯格在不久的未来真的会成为接管整个世界的王者。

"灯塔" 项目的教训

当 Facebook 逐渐在海外兴起时，它需要一个合作伙伴来帮助它在全球兜售广告。一直以来，微软都希望增加其在网络广告市场的份额，以打破 Google 在该领域的优势地位。Facebook 的开放平台可谓是一个天赐良机。微软当然希望借此扳回一城。但是，Google 也不想失去与新晋广告宠儿 Facebook 的合作机会。于是，在 Facebook 放话要找全球广告合作伙伴后，Google 和微软都为获得 Facebook 的垂青而使出了浑身解数。

先是微软与 Facebook 商讨国际广告合作事宜，微软首席执行官史蒂夫·鲍尔默 (Steve Ballmer) 与多位高管都参与了与 Facebook 的谈判。在与微软谈判期间，扎克伯格出席了 Google 一年一度的广告商峰会，并做了主旨演讲。在峰会上，Google 毫不掩饰自己对 Facebook 国际广告协议的兴趣。Google 首席执行官施密特在公开场合说："人们还没有意识到互联网上有多少流量来自社交网络。"随后，Google 开启了与 Facebook 的谈判。

在谈判中，扎克伯格表现得非常镇定，他不会轻易给出任何承诺，总是在不断询问关于合作的各种细节并千方百计地争取 Facebook 的利益。在与 Google 谈判时，他会提到微软在哪些方面做了妥协；而与微软谈判时，又会提及 Google 做了哪些妥协。在微软与 Google 的竞争中，Facebook 坐收渔翁之利。

与 Google 相比，微软更迫切得到与 Facebook 合作的机会。在经过几周的谈判后，微软最终与 Facebook 达成了一致，出资 2.4 亿美元收购 Facebook 1.6% 的股权，同时成为 Facebook 独家第三方广告平台，为 Facebook 在全球销售网络广告。按此估算，Facebook 的市值已经达到 150 亿美元。

很多评论都认为，微软为了得到 Facebook 的全球广告代理业务付出得太多，高估了 Facebook 的价值。对此，微软平台和服务部门总裁凯文·约翰逊 (Kevin Johnson) 发表声明，作为广告业务伙伴，微软将获得与 Facebook 进一步合作的机会，参股 Facebook 显示了微软对自身开发的广告平台和 Facebook 的信心。

从 Google 与微软的竞争中可以看出，Facebook 已经成为互联网行业的新宠。Google 凭借网络广告积累了大量财富，包括微软在内的其他互联网公司也对网络广告市场趋之若鹜，Facebook 很快就意识到了自己在广告上的潜在价值。

在与微软签署国际广告合作协议两周后，Facebook 发布了一款名为"灯塔"的广告系统。只要用户在与 Facebook 合作的网站上购买东西或者进行交易，通过这套系统，交易结果就会被分享给好友。比如一个人在某个网站上购买了电影票，"灯塔"就会把这一行为分享给 Facebook 上的任何好友。"灯塔"的设置是默认的，只有用户选择拒绝分享信息的时候，才会阻止这次分享。

可想而知，这种行为所触及的隐私问题十分严重。比如，一个人想买一枚订婚戒指，然后在一个特定的日子送给女友，但通过"灯塔"，他的行为很快被女友知晓，这就无法带来任何惊喜。更要命的是，如果女友知道这枚戒指并没有送给自己，那简直会爆发战争。Facebook 每天都会接到这样的侵犯隐私投诉。

Facebook 被迫修改了"灯塔"的设置，但是，经过无数次的修改后，"灯塔"接到的投诉仍是有增无减。扎克伯格被搞得焦头烂额，就像他在自己的博客上所说的："我们发布了一项新的特色广告工具，即所谓的'灯塔'，试图帮助人们与朋友分享其网上活动的信息。在设计和推行这项新工具的过程中，我们犯下了很多错误，但在处理错误时，我们又犯下了更多的错误。我们在这件事上确实做得很糟糕，为此我向用户道歉。"

最终，在"灯塔"问世两年后 Facebook 选择了放弃。在网络广告市场的"试水"，Facebook 以失败告终，这让一向只擅长技术、从来不过问广告的扎克伯格备感失望。这个被誉为"全世界最受欢迎的社交网络"存在的最大问题是，包括扎克伯格在内的所有人并不知道如何利用它来赚钱。

在"灯塔"灾难平息以后，Facebook 董事会意识到是时候请一位具有丰富经验的首席运营官了。23 岁的扎克伯格不具备广告经营与管理的经验，他已经遇到了管理瓶颈。当董事会成员提出这一问题后，扎克伯格考虑了几个星期，同意了董事会的建议，并积极寻找合格的人选。

在一次圣诞派对上，扎克伯格结识了桑德伯格。谢丽尔·桑德伯格，在 2008 年加盟 Facebook 之前，任 Google 全球网络销售与运营副总裁，她曾参与搭建 Google 的广告平台。在 Google 的经历，让她获得了丰富的广告经验，她坚定地认为网络广告的潜在价值非常大。

他们的见面可谓"惺惺相惜"，两人在靠近门廊的位置足足聊了半个小时。当时，桑德伯格也正在考虑另寻出路。聚会结束后，扎克伯格就开始跟在桑德伯格的屁股后面。每次见面，他都会问桑德伯格"你什么时候过来和我们一起工作"。他们会见了很多次，两人探讨了 Facebook 的未来发展以及个人问题。有时为了保密，会谈还会在桑德伯格的家中进行。扎克伯格说他要找"在未来十到二十年要一直共事的人"。桑德伯格在回忆起当时的情形时曾说："马克告诉我说，Facebook 是他第一次做老板，还是他的第一份工作。"

也许是像桑德伯格所言，迫于扎克伯格无休止的"纠缠"，她最终决定加盟 Facebook。2008 年 3 月，Facebook 宣布桑德伯格出任首席运营官。当时，外界并不看好这一"联姻"，称其为"地狱一般的商业联姻"。还有人开玩笑说，桑德伯格这个曾在世界银行和美国财政部工作过的 38 岁精英女性，要去给一名 24 岁的神童当保姆了。

因为"灯塔"的失败，Facebook 内部原本比较浓重的"工程师情结"更加严重了，他们甚至将广告比喻成"收买灵魂的魔鬼"，广告业务在 Facebook 内部很难展开。但桑德伯格认为 Facebook 可以在用户、产品和广告之间找到平衡点，这样可以打消所有人对广告的顾虑。在桑德伯格刚上任时，扎克伯格给自己放了一个月的长假，避免自己与她的观点相冲突而导致员工不知所措。在这段时间，桑德伯格每天都要开会，所有参会员工都可以各抒己见，桑德伯格会把意见写在白板上。在所有会议结束之后，员工之间达成了一个共识：Facebook 超过 70%的利润应该来自某种形式的广告业务。随后，桑德伯格向外界宣布"广告是 Facebook 必须要做的生意"。关键的问题在于，Facebook 如何才能在已经竞争惨烈的互联网广告业务中脱颖而出？桑德伯格所说的用户、产品与广告之间的平衡点又在哪里？ Facebook 到底存在哪些独特优势？

与其说"灯塔"的失败让扎克伯格得到了教训，还不如说"灯塔"刺激了扎克伯格傲慢的神经，促使他加快了革新的脚步，在人们都为扎克伯格深深担忧的时候，这个毫不畏惧的年轻人已经走出很远了。

友谊的破裂

可谓屋漏偏逢连夜雨。当 Facebook 发展处于艰难的境地的时候，爱德华多与马克的矛盾却逐渐升级。

Facebook 搬到硅谷之后，爱德华多留在纽约为公司筹集资金。爱德华多为了 Facebook 的发展甚至跟自己的女友分手了。在纽约爱德华多的进展不错，有好几家潜在的广告商对 Facebook 很感兴趣，愿意合作。这一好消息让爱德华多兴奋不已，他站在大街上通过电话将这一消息告诉马克："马克，你知道吗？ Y2M 愿意与我们合作！"

但爱德华多听到马克平淡无奇地说："嗯，昨晚我和肖恩去参加派对，那是斯坦福女学生的联谊会，看到好多的美女啊！"

爱德华多的热情犹如被泼了一盆子凉水，听见马克接着说："你还是赶紧搬到硅谷这里吧！这里才是真正做事情的地方，你待在纽约只能是浪费时间。"

"纽约是首都，有更多的广告资源和银行，对我们联系业务大有好处。"爱德华多说。

此时，电话中出现了另外一个人的声音："我现在就给马克介绍了两个投资者，我们已经见面聊了，如果他们准备好立马打钱过来……"

爱德华多听得出来这是肖恩的声音，他快速地与肖恩解释，他负责的是 Facebook 在商业方面的运作，任何与投资者的会面都必须叫上他。到底肖恩为什么安排那样的会面呢？在爱德华多看来，寻找潜在投资者甚至都不是马克的职责，他只负责公司在电脑方面的事情。肖恩只不过是个局外人罢了。

爱德华多挂了电话之后，情绪难以平静，他做了一件冲动的事情，他给马克写了一份信，说了创业时期彼此负责的职责问题，还说了自己拥有 30% 的股份问题，因此有权阻止马克做他们不同意的事情，甚至让马克写一个关于以上这些问题的书面资料。

马克收到爱德华多的信并没有放在心上，依旧说了很多让爱德华多搬家到硅谷去住，公司发展需要等之类的话。

爱德华多又给了马克一个电话，希望马克能够针对信中的问题做一个解决，可是马克丝毫没有在意信的问题，而是说自己见了一些投资方，还说公司现在需要钱……

在爱德华多看来马克严重偏离了自己的主题，故意不理会信的旨意，而且在爱德华多不在场的情况下参加商务会议。想想马克现在的一切，哪个能够离开爱德华多，这一切都是爱德华多东跑西走游说来的，加利福尼亚的房子、电脑、服务器……可是马克将自己不当一回事儿。

爱德华多决定发一个信息，一个让马克绝对不能忽略的信息。

爱德华多坚定地走向银行的服务窗口，对工作人员说："我想冻结我的银行账户，还想取消与这个账户关联的所有已经开出的支票和信用额度。"

爱德华多看着服务人员的手指敲击着键盘，一笔笔冻结着 Facebook 的账户，突然心里自责这样做是不是有点过分。但眼前浮现出的却是马克与肖恩兴高采烈地坐在车里去见投资方，这么一想爱德华多又觉得心安理得多了。

他大步走出了银行……

"滚雪球"般的融资

肖恩将彼得·泰尔介绍给马克。彼得·泰尔，他是成功得令人难以置信的贝宝公司的创立人、拥有数十亿资产的风险基金 Clarium 资本的主管、曾经的象棋大师，同时也是全国最富有的人之一。他令人生畏，语速相当快，是一个真正的天才，但也是具有勇气和远见的天使投资人，他能看到 Facebook 具有多么巨大的潜力和创新力。因为泰尔跟肖恩·帕克和马克·扎克伯格一样，不仅是一个企业家——他把自己看成是一名创新者。

50 万美元。

3 个小时后，肖恩站在马克的旁边，这个数字在他脑中回响着。他看着电梯上那些依然闪烁着的数字渐渐变小，电梯下降的速度很快，默默地飞驰疾下至这座位于加利福尼亚街 555 号的宏大的花岗岩大楼的大厅。

彼得·泰尔正好有肖恩想为马克所准备的一切。惊人的可怕、惊人的聪明，也愿意跟他们合作。此外，泰尔还把一个 15 分钟的推销会议变成了午餐时间，而后整个下午都是在讨论交易的细节，这个交易保证能让 Facebook 存活下去，永远地。在某个时间点上，泰尔他们让肖恩和马克到会议场所外面去一下，在城里稍微逛一下，以便泰尔、霍夫曼和科勒对马克他们的推销陈述进行评议——就在那天下午结束之前，泰尔告诉了马克他们这个好消息：Facebook 得到了融资。

第一轮融资成功之后，Facebook 公司的市值从 60 万美元飙升到了 500 万美元。公司成立数月后，著名投资商彼得·泰尔就投入了 50 万美元，并获取了公司 10%的股份和一个董事席位，公司名称自此从 The Facebook 改为 Facebook。

虽然觉得 500 万的估值可能稍低，但因为泰尔认同扎克伯格的战略构想，不干预公司运作，并且具有运营贝宝等公司的成功经验，扎克伯格决定接受投资。扎克伯格把泰尔要亲自而不是委派其他人出任董事作为接受融资的条件。这轮融资中另有他人参与，总融资额为 60 万美元。

此前只有扎克伯格一位董事，泰尔注资后，重建了董事会，董事增为：泰尔、帕克、扎克伯格以及由扎克伯格控制的一个空余席位。这样的安排是为了让公司以外的人在数量上没有优势，从而保证未来的投资者不会篡位控制公司。

随即而来的第二轮融资使 Facebook 飙升到了 1 亿美元市值，2005 年 3 月，维亚康姆公司提出以 7500 万美元买下 Facebook 公司，扎克伯格自然是拒绝了。《华盛顿邮报》又提出以 600 万美元投资获取公司 10%的股份，扎克伯格提出投资方的董事需由其老板格雷厄姆亲自出任，其他人免谈。格雷厄姆担心自己分身无术，便与扎克伯格达成不派董事的口头协议。由于邮报方面的高层谈判代表的父亲去世，投资正式协议签署耽误了些时日。

正在这时，位于硅谷的阿克塞尔合伙公司出场了，提出投资 1270 万美元。扎克伯格处于了两难境地，《华盛顿邮报》方面估价低但不干预管理，且已口头达成协议。阿克塞尔方面会干预一些事务，但估价高，拥有硅谷的关系网络。陷于道德困境的扎克伯格无奈，只能去征求格雷厄姆的意见。

格雷厄姆说："对一个 20 岁的小伙子来说，真不错。他打电话来并不是告诉我他准备接受其他公司的投资，而是找我来商量。"格雷厄姆很赏识扎克伯格，同意了他的选择。经过此事，扎克伯格也更加尊重格雷厄姆，后者自此也成为了他的良师益友。

扎克伯格接受了阿克塞尔公司的投资，但要求对方的主要合伙人布雷耶亲任董事，而不是其实际负责此项目的高级合伙人凯文。自然，有远见的人都看到了 Facebook 的巨大潜力，布雷耶接受了，他还以个人名义向 Facebook 投资 100 万美元。随后,Facebook 董事席位变为 5 人：布雷耶、泰尔、帕克、扎克伯格和扎克伯格控制的一个空余名额。融资也使得爱德华多的股份被稀释到了 10%，此刻怒火中烧的爱德华多也与扎克伯格彻底决裂，完全退出了公司的管理，至今他的手中还控制着 Facebook 5%的股份。

2005 年 10 月 Facebook 用户数突破 500 万，并且迎来了第三轮融资，此次融资后 Facebook 上升为 5 亿美元市值。

2006 年初，维亚康姆公司想要注资或收购 Facebook，结果两项都没得逞。此后，由格雷洛克公司牵头，美瑞泰克资本公司、泰尔和阿克塞尔公司等投资人，按注资前 5 亿美元估价，投入了 2750 万美元。来自格雷洛克公司的斯泽成为 Facebook 董事会的观察员。

慢慢地，Facebook 成长为了一个庞然大物，在第四轮融资后，Facebook 上升到了 150 亿美元市值。真正能够说明扎克伯格决心的是在 2006 年 6 月，雅虎表示愿意用 10 亿美元收购 Facebook，这件事情使得并不愿意卖掉公司的扎克伯格遇到了困难。布雷耶极力主张接受，泰尔内心倾向接受但愿意尊重扎克伯格的立场，帕克站在扎克伯格这一边，莫斯科维茨不同意卖。公司员工方面则是年长者主张卖，年轻者不愿意卖。在不久后，雅虎又将收购价降到 8.5 亿美元，这一举动正好应了扎克伯格的心，使得 Facebook 的董事会拒绝了这一交易。

而且在这期间 Facebook 推出了起初遭遇用户强烈抵制的"动态新闻"，并做出了前景非常不明确的对社会开放 Facebook 注册的决定。其后"贼"心不死的雅虎又重新提出了 10 亿美元的收购价，并且暗示还可以再提提价。

一切新的事物总要遭到不少的质疑和打击，千锤百炼之后方成正果。Facebook 的动态新闻和开放注册获得了成功，用户量突破了 1000 万，自此 Facebook 也从学生的世界正式变为了全球用户的世界。此景一现，赞成出售给雅虎的董事布雷耶也改变了主意，决定不卖。随后所有积极促进和赞同把公司卖给雅虎的管理层人员都不再被扎克伯格所信任，稚嫩的管理者开始逐渐掌握如何管理好这家饱含自己无数心血的公司。

2007 年 5 月，Facebook 启动了它今后的制胜法宝，"开放平台战略"。人们可以在上面运行各种各样的应用程序。风靡全球的"开心农场"等这一类游戏的软件更像是雨后春笋一样在 Facebook 上流行了起来。

到了 2009 年这些滋生于 Facebook 中的软件公司创造了与 Facebook 一样的销售收入，约 5 亿美元。

开放平台战略的巨大成功让 Facebook 身价倍增。2007 年 10 月，Facebook 开始在 Google 和微软两大巨头间周旋寻价。最后微软同意 150 亿美元的估值水平，以 2.4 亿美元的投资获得 1.6% 的股权。微软这项超高估值投资，主要是双方签订广告代理协议的一个副产品，当然这里也蕴涵着要拉住 Facebook 以免其投入 Google 怀抱中的目的。微软要求 Facebook 不能接受任何来自 Google 的投资。随微软一同投资的还有华人首富李嘉诚、德国的风险投资公司。Facebook 的第四轮融资一共达到了 3.75 亿美元。

扎克伯格就像是一台编程过的机器一般，执行自己的意志刻不容缓，对于公司的管理丝毫不留情面，他将公司里的员工从一到五做了等级评价划分，如果有人的评价是一级或者二级，那么很快他就会被开除掉。年轻的扎克伯格被称为禁欲主义者，他从不和同事们一起参加 Party，这在他看来完完全全是在浪费精力，他需要高度集中精神，将所有的注意力都投注在网站的建设上。

在硅谷，Facebook 可以说是最"酷"的公司之一，其言论行为的自由与趣味达到了火爆的地步。巴基斯坦遇刺身亡的政治领袖贝·布托之子比拉瓦尔就曾在 Facebook 开设主页。当这位领袖之子投身于政坛之后，Facebook 至少涌出了 12 个拥护者群，其中还有一个群的群名叫做"请不要刺杀比拉瓦尔·布托好吗？因为他很帅"。

对决爱德华多

Facebook 融资之后，马克觉得这次该腾出手好好解决爱德华多的事情了。

马克决定，当然也征得了肖恩的同意，依然给爱德华多持有 30% 的股份。这样做的意图是把爱德华多包括进来，并让他按照自己的意愿参与公司的事务。但新公司有新的规定——新公司的构成必须和以前的要不一样。在经营公司的同时，没有能力发行公司形势发展所要求的更多股票是行不通的。往前看的话，公司必须按照每个人给予公司支持的多少来给予他们股份。这将不再是某个宿舍项目，这是一家真正的公司，有着真正的投资者。人们必须得到报酬，就像其他真正的公司一样，不然的话就无法根据 Facebook 所获得的成功给予真正的估价。

这就意味着马克、达斯汀、肖恩努力让公司获得成功，他们就将得到更多的股份。如果爱德华多在纽约为公司寻找到更多广告商伙伴而奔波的话，他也能够相应获得股份。但如果不能为公司做贡献，那么他的股份就会被稀释，这跟任何其他人一样。如果将来马克他们需要筹集更多的资金，他们的股份也会被稀释。

虽然，马克和肖恩都同意了，但是在肖恩看来，爱德华多做了件可怕的事情，他恰恰在公司最脆弱的阶段威胁了公司。马克似乎并没有因为这件事憎恨爱德华多，他没有那份精力和兴趣去憎恨任何人。但肖恩看来，爱德华多已经表明了自己对公司的态度。而对马克、达斯汀和肖恩而言，Facebook就是他们的命根子。

事实上，马克在会议中告诉过泰尔也许自己在夏天结束时不会回到哈佛，他将继续待在加利福尼亚经营这个公司。马克原本打算每个月去一趟哈佛，但Facebook在不断发展，他不大可能在近期回到哈佛。

就像比尔·盖茨说过的那样："如果微软失败了，我随时准备回哈佛。"如果Facebook失败了，马克也随时可以回到学校——但肖恩怀疑他是不是真的会回去。马克将继续他这个永恒的夏天，而很有可能的是，达斯汀也会继续待在加利福尼亚。

但爱德华多做何打算呢？根据肖恩对这个孩子的了解，爱德华多绝不会退学。爱德华多已经表明了他不会为Facebook而放弃任何东西，他根本就不可能那样做。爱德华多有其他的兴趣，比如说，回到哈佛后，根据肖恩的预测来看，他还有凤凰俱乐部。

而在纽约，爱德华多还有那份实习生的工作，即使他在第一个星期就辞掉不干了。

爱德华多会回到学校，但马克·扎克伯格已经找到了自己人生的方向。

首要的事情是，马克也许不得不让爱德华多对法律细节表示同意——从律师的角度出发，这只是为了让事情更清楚；而从现实的角度出发，这看起来相当残酷，对此，爱德华多应该给予理解。这不是一个有关个人的问题，而是有关生意的事情，而爱德华多就是把自己当成一个商人来看的。

肖恩和泰尔是成功的企业家，他们也给马克解释过如何运作企业。像Facebook这样的初创公司有两个截然不同的起点。第一个起点是：一些宿舍孩子围着电脑搞黑客行动。然后是第二个起点：在这里，在旧金山市中心的一座摩天大楼里。

如果你在宿舍里，你会有一个激动人心的美妙故事要告诉大家：你参与了某件真的很酷的事情，这件事情凝结着天才的灵感、突然迸发的激情和闪电般的想象力。

如果你在摩天大楼里——那是件相当不同的事情。那是一个带有大写字母"C"的公司的真正开始。那是真正的生意，是真正的公司，是一道会径直把你带到成功彼岸的闪电。

真的，那是爱德华多应该理解的事情。这已经不再是一件有关两个孩子在宿舍里小打小闹的事情了。

但如果爱德华多不懂该怎么办呢？如果他理解不了该怎么办呢？如果他不想理解又该怎么办呢？

如果爱德华多在很多方面都懂不了，那么在肖恩看来，他不是真的像他们一样关心Facebook。那么，他比卡梅隆兄弟好不到哪里去，同样在马克努力到达成功彼岸的道路上扮演着绊脚石的角色。

不管怎样，马克必须知道他为公司做出了正确的决策。肖恩和泰尔已说得很清楚了，如果要是有个孩子在纽约晃悠着，说自己负责公司商业方面的事务，炫耀自己在公司有"30%"的股份，像剑士那样威胁马克他们，要给他们点颜色看看，那么是不会有投资者愿意把钱给他们的。

冻结他们的银行账户，威胁他们，威胁Facebook。

这件事促成了Facebook这个公司的成立和这次革新的产生。肖恩知道这就是马克现在所关注的事情，而马克知道自己在干一件大事。这个马克·扎克伯格制作的产品将改变整个世界，像奈普斯特一样，但比它大。Facebook 的宗旨就是信息的自由。这是一个真正的数字化社交网络，把真实的世界呈现在网络上。

爱德华多不得不理解这一切。而如果他不能理解该怎么办呢？

那么，在公司的大好前景下，爱德华多是无所谓的，也是不存在的。

肖恩想起了彼得·泰尔在达成这笔将把公司带进下一个发展阶段的交易之后对马克说的最后一件事。那就是告诉马克当 Facebook 拥有 300 万个会员后，他可以把泰尔的法拉利斯派德 360 开出去兜兜风。就在填好那些使马克有权力动用那笔 50 万美元的种子资金的文件后，按照泰尔的说法，马克可以用那笔钱按照他自己的意愿来发展 Facebook 了，可以把 Facebook 发展到和他的梦想一样大。

泰尔的身体在办公桌上方前倾，他的双眼盯着马克。

"只要别搞砸了。"

肖恩想想便笑了。

泰尔没什么好担心的。肖恩相信他的新朋友，马克·扎克伯格不会让任何人把 Facebook 搞砸。

Facebook 重组

虽然马克和爱德华多在吵架，可是毕竟是一起合作打过江山的，于是很多时间，当面吵架过后都彼此忘记了，下次遇到问题照样吵架。

这次马克给爱德华多打电话让他到加利福尼亚签署文件，内容是关于新公司成立的事情，爱德华多二话没说就直奔过来。

当律师将法律文件递给爱德华多，他认真地阅读起来。从第一眼看来，那是些相当难懂的东西。总共有四份文件，加在一起有好多页呢。首先是两份普通股购买协议——大意是允许爱德华多"购买"新近成立的"Facebook"的股份，以代替他在原来的 The Facebook 中持有的无价值"股份"。其次是一份换购协议，用爱德华多在 Facebook 中持有的旧股份来换取新公司的新股份。最后是一份股东投票协议，爱德华多对此不是很了解，但从法律措辞上看对新公司的运行而言这似乎是必不可少的。

在将来，如果公司聘用更多的人并吸纳其他可能会出现的投资者时，股份会根据需要而被稀释。马克自己的股份比率下降至了 51%，达斯汀现在拥有 6.81% 的公司股份。肖恩·帕克得到了 6.47% 的股份——爱德华多觉得他得到的已经够多了——泰尔的股份大约占 7%。

文件里包括一份归属比率表——爱德华多不可以在近期出售自己的股份，因此，实际上他的股份还只是理论意义上的。他以为这和马克、达斯汀及肖恩一样。此外，还包括一份对马克及公司的任何索赔的普通放弃声明，基本意思是如果爱德华多签署了这些文件，等于就是同意了这些新文件所列明的他在新公司的位置，而这之前发生的所有一切都已成历史。

坐在那个像大学宿舍一样的房子里，听着马克和达斯汀的手指噼里啪啦地敲着电脑键盘，爱德华多一遍又一遍地翻阅着那些文件。爱德华多知道这些文件很重要，那是些法律文件，签署那些文件对公司来说意味着前进一大步，但他感觉自己受到了保护。首先，因为律师也在场。在爱德华多看来，Facebook 的律师同时也意味着是他自己的律师。更重要的是，他的朋友马克也在场，马克跟他说这些文件是重要的也是有益的。肖恩在屋子里的某个其他地方——现在，从法律意义上来说，他也是这个团队永久性的一员了——他引来了投资者的资金，而且还是硅谷最聪明的人之一。

重要的是，爱德华多仍将拥有公司的部分股份。当然，将来可能会被稀释，但他们每个人不都会被稀释吗？公司将不再叫 The Facebook 了，可这有关系吗？难道他在 Facebook 的职位不是一样的吗？

爱德华多想起了最近几次跟马克进行的交流，关于学校，关于人生，关于他应该在哈佛干什么、马克又应该在加利福尼亚干什么。在爱德华多看来，他们之间曾有点误解。在某些时候，马克似乎是在告诉他既然还在上学就不必为公司那么卖力地工作，说他们将聘请销售员，说他可以隐退了。而爱德华多则坚持认为自己还有时间为 Facebook 做必要的事情。

这些文件似乎表明，他一如既往是公司重要的一分子。随着更多资金进入以及更多人员的聘用，情况也许会有一点变化——但那些文件正是公司重组所必需的。

难道不是吗？

无论如何，马克还告诉爱德华多当网站突破百万会员大关时，将会举行一个派对，一个真正的非常酷的派对。彼得·泰尔将在他位于旧金山的饭店里举行这个派对，而爱德华多必须飞回来，因为这个派对值得他那样做。

想到那个派对，爱德华多忍不住笑了。那只不过是重组的一个必要步骤，包括一些必须签署的法律文件。一切都将进展顺利。百万会员——那是一个疯狂的想法。

爱德华多肯定会为那个派对飞回加利福尼亚的，他一边在心里想着，一边从其中一个律师那里拿来一支笔并签下了那些法律文件。毕竟，他现在能拥有 Facebook 34% 的股份了——他有理由庆祝一下。

开除爱德华多

马克又跟他联系了，就在几天前，马克给爱德华多发了一封电子邮件，让他再去一趟加利福尼亚。这次是关于一个重要的商业会议的事情，以及一个让爱德华多帮助培训新职员的事宜。

在邮件里，马克还提到了某件让爱德华多有点担心的事情。最近，一些知名的风投基金盯上了Facebook——硅谷最大的基金项目红杉资本，这是由肖恩·帕克的老对手迈克尔·莫瑞茨和阿克塞尔合伙公司共同经营的，而阿克塞尔合伙公司是一个声名非常显赫的帕洛阿尔托基金，过去10年中一直活跃在这一地区。马克在邮件中暗示他们有可能会让这些基金对公司进行投资。马克还提到了华盛顿邮报公司的唐·格雷厄姆，他也对公司感兴趣。

此外，马克还说，他自己、肖恩和达斯汀在考虑如有必要，他们将卖出他们自己的小部分股份——每股200万美元是他在电子邮件中给出的数字。

爱德华多对此相当吃惊。首先，从已签署的文件来看，爱德华多敢肯定自己不能出售股份——他的股份还没被授予很长时间。那为什么马克、肖恩和达斯汀能兑现出每股价值200万美元的股份？难道他们没在重组期间像爱德华多那样签署文件吗？

其次，马克究竟为什么要说起出售股份这件事情？马克从什么时候开始关心起资金来了？还有，为什么肖恩·帕克仅仅在正式加入公司不到10个星期的时间里就能得到200万美元？爱德华多可是从公司成立之日起就在的。

这当然是不公平的。

也许只不过是爱德华多误解了这个情况。也许当爱德华多在加利福尼亚与马克碰面时，马克能把事情解释清楚。无论如何，爱德华多决定这次不能感情用事——因为他曾经的愤怒并没在夏天帮他挽回局势。他打算冷静一些、理智一些、善解人意一些。现在是春天了，女孩们把裙子穿出来了，而学期也差不多要结束了。

明天，爱德华多将开始 6 个小时的旅行了……

爱德华多刚一进办公室律师就拿过来一份文件让他签署。一开始，爱德华多还以为这个家伙在开玩笑，一见面就要他签署文件，他甚至都没来得及打量一下这个地方呢，或是问一下马克新聘用职员的情况，200 万美元的股份出售，以及电子邮件等。但当爱德华多开始读懂那些法律术语的时候，他意识到，这次加利福尼亚之旅跟商业会议没有关系。

这是一次埋伏。

过了几分钟后，爱德华多才明白自己读的是什么——但在读的过程中，他感到自己双颊变得苍白，皮肤直发冷。他的恍然大悟像是子弹击中了他的胸膛，把他从内到外撕得粉碎，将他身体的一部分毁坏得无法复原。没有任何的夸张、没有形容词、没有只言片语，没有什么能形容爱德华多此刻的感受——事实上，他应该预见到这件事，他也应该觉察出来，他应该看出苗头来的，可他就是没看出来。他真是太盲目、太愚蠢了。

爱德华多没预料到他的朋友马克会这样做，他们两人都曾是一个秘密犹太人联谊会的极客，那个联谊会是为了帮助会员适应哈佛生活的。他们之间发生过问题，马克有些冷漠、冷淡——但和现在的情形相比这些都不是问题。

在爱德华多看来，这实质上就是背叛。马克背叛了他、毁了他、剥夺了他的一切。一切都在那里，都在爱德华多手里拿着的文件上，印在那些乳白色页面上的黑字再清楚不过了。

首先是一个日期为 2005 年 1 月 14 日的文件——这是一份 The Facebook 股东的书面同意函，同意公司的股份增加至被许可的 1800 万份普通股。然后是第二份日期为 3 月 28 日的举措，增发股票至 2089 万份。在随后的一份文件中，允许增发 330 万份股票给马克·扎克伯格，增发 200 万份股份给达斯汀·莫斯科维茨，增发 200 万份股票给肖恩·帕克。

爱德华多看着那些数字，头脑中迅速地计算着。随着所有这些新股的发行，他持有的 Facebook 的股份将不再是 34%。即使只是计算这些颁发给马克、肖恩和达斯汀的新股，爱德华多的股份就将减少至 10% 以下——而且如果所有这些授权的新股都颁发出来的话，他的股份将被稀释得几乎一无所有。

马克在把爱德华多稀释出公司。

当爱德华多看着那些文件的时候，律师开始说话了。爱德华多在想马克想要他怎么做。马克或许认为爱德华多根本不会有什么反应，或许认为爱德华多在很久以前就离开了公司——还在秋天的时候，当马克签署那些文件让这一切成为可能的时候。或许甚至比那还要早，在夏天的时候，在爱德华多冻结银行账户的时候。这是两个不同的时段，也是两个截然相反的观点。

律师唠叨个不停，解释说新股是必要的，现在有风投对他们感兴趣，爱德华多的签字只是一个形式而已。律师还说股票已经得到了授权许可，说这对公司是有益的和必要的，说这是一个已经做出了的决定……

"不行。"

爱德华多听到自己的声音在脑袋里回响，在玻璃墙上弹跳着，一路走上了画有涂鸦作品的楼梯，穿过了整个差不多是空荡荡的办公室。

"不行！"

爱德华多拒绝签字出让他在 Facebook 的股份。他拒绝签字出让他自己的成果，他从一开始就在公司了，他也曾在那间宿舍待过。爱德华多是 Facebook 的一个创始人，他理所当然应该拥有他那 34% 的股份，他和马克是有协议的。

律师的回复也很快。

爱德华多将不再是 Facebook 的成员，将不再是管理层的一员，也不再是一名职员——将不再与 Facebook 有任何的关联。他将从公司历史中消失。

对马克·扎克伯格和 Facebook 而言，爱德华多·萨瓦林将不复存在了。

爱德华多觉得四周的墙壁把他关住了。

他必须从那里走出去。

回到哈佛、回到校园、回到家里去。

爱德华多无法相信自己听到的话，他无法相信这一背叛。但他别无选择，只能接受这样的安排。爱德华多被告知决定已经作出了—— 是由 Facebook 的创立人、CEO 马克·扎克伯格以及新总裁作出的。

当爱德华多面对这个坏消息时，他还有一个想法。

究竟谁是 Facebook 的新总裁？

当他在想这个问题的时候，他意识到自己已经有了答案。

逮捕总裁

随着 Facebook 的稳步发展，肖恩的随性也影响了扎克伯格。在分发名片时，他必须小心发出去的名片上头衔一栏写的是"CEO"还是"CEO……婊子"，这无疑是肖恩的杰作。尽管对公司的贡献有目共睹，但在很多人看来，肖恩的性格似乎越来越不适合担任一家已经步入正轨的公司的管理者。他时不时地会玩失踪，更有人怀疑他吸食毒品。当然，在肖恩看来后一项是可笑的，但糟糕的是，他还是栽在了这上面。

2005 年 8 月的最后一周，肖恩·帕克在北卡罗来纳的海滨租了一套房子度假，邀请了许多好友以及当地人参加他举办的派对，这时警察忽然冲了进来，说有人举报这所房子里藏有大量的毒品，并要求搜查。不论肖恩如何解释，警察终究搜出了一个装着白色粉末的小袋子。

这件事让肖恩声名大损，虽然最后他没有受到任何指控，但董事会的人依然不希望他再在 Facebook 中担任职务。重义气的马克·扎克伯格极力让肖恩留下，他知道肖恩为他做了很多：他替 Facebook 找来了大笔的融资，他设计了公司架构保证自己掌握领导大权。失去肖恩对扎克伯格来说是不能接受的。

然而公司领导层的其他人并不这么认为，他们坚持让肖恩走人，这场争论一直持续了好几天。最终，肖恩自己让步了。尽管他觉得他没有做错什么，但肖恩担心如果他不离开，会把公司拖入危机之中，阿克塞尔合伙公司会乘虚而入，夺取 Facebook 的控制权。肖恩不想让扎克伯格为难，让他在公司和自己这个好朋友间二选一。虽然不情愿，肖恩·帕克还是决定让出副总裁的位置——这已经是他第三次被自己帮助创建的公司赶出门了。

不过这一次，他成功地为自己安排了一些保险条款，让自己能够保留一半的优先认股权，这样他即使离开 Facebook 依然能从公司的发展中获利。但肖恩拒绝放弃董事席位，最后他把它交给了扎克伯格，让他能继续控制公司，而不被那些不安好心的投资者赶走，就像自己那样。

对于肖恩的离开，扎克伯格无疑是伤感的。在影片《社交网络》中，肖恩·帕克被描述成扎克伯格身边的奸佞小人，帮他一个个地收拾掉异己。不过了解实情的人都明白，在创业初期，没有人比肖恩对扎克伯格和他的 Facebook 贡献更大。没有他，Facebook 可能早已成为某间大公司附属，因而从某种程度上说，恰恰是这个玩世不恭、令许多正人君子厌恶的肖恩·帕克成就了今天的马克·扎克伯格。

如今，离开 Facebook 的肖恩·帕克仍然在从事风险投资管理，他仍然是 Facebook 的股东。很多时候，马克·扎克伯格仍然会就一些问题请教他，他们仍然是不错的朋友。

在电影《社交网络》中，肖恩的扮演者贾斯汀·布莱克在片中的表演也颇为传神。尽管结局并不完美，但多年以后，当人们炮制 Facebook 的创业历史时，肖恩·帕克一定会是其中不得不说的重要人物。

微软吃亏还是占了大便宜?

2005 年新闻集团分别以巨资收购了 MySpace 和 Bebo 两家社交网站，在 IT 界看来，互联网再次进入一个新的浪潮。很快 Facebook 也被卷入了这次浪潮之中，微软早对 Facebook 虎视眈眈，当然希望能够在这次浪潮中抓住 Facebook 这条"大鱼"，但谁会想到当微软刚张大嘴巴的瞬间，却让雅虎捷足先登了。

2006 年雅虎曾开出了 10 亿美元的价格来收购 Facebook，这对当时羽翼未丰的 Facebook 来说绝对是一笔划算的交易。

但谁曾料到，志在必得的雅虎却遭到了马克·扎克伯格的拒绝。可是，后来在公司内部等各种压力下，扎克伯格当初的决心有些松动，口头答应了雅虎收购一事。

结果雅虎却自己搬起石头砸了自己的脚。在扎克伯格同意收购之后，雅虎公司公布了新一季度的财报。难看的财报数据，还有广告平台推迟面市的计划使得雅虎的股价一夜跌了 22%。看到公司股价的不景气，雅虎的 CEO 的特里·塞梅尔将当初答应 Facebook 的 10 亿美元压缩到了 8.5 亿美元。这种出尔反尔的做法，让本来有些犹豫的扎克伯格找到了拒绝的理由。后来，雅虎看到扎克伯格拒绝了就又着急了，仍然把价格增加到 10 亿美元，甚至更高，但扎克伯格不为所动，雅虎错过了绝佳的时机。

在拒绝雅虎之后，扎克伯格越来越清楚地认识到自己强大是多么的重要，于是加快了 Facebook 的发展。

2006 年 9 月，Facebook 推出了"Feed"功能。这一功能实际上是在不经过用户许可的前提下，对方可以搜索到更多朋友的最新动态。但是这一功能遭到了用户强烈的抗议。后来，扎克伯格不得不出面道歉。但是，正是这一功能日后为 Facebook 打开了生财之路。

再后来，扎克伯格做出了一个大胆的决定：对注册用户身份限制进行开放。这一做法让 Facebook 在短短数月时间用户数量达到了 1400 万。

2007 年 5 月 24 日，马克·扎克伯格推出了平台战略，允许其他人在该平台上开发应用。在短短 3 天的时间里就有 10 万用户下载 Facebook 平台提供的图片编辑工具，超出了当初预想的 10 倍啊！这对"Feed"功能的推广和宣传起到了巨大的作用。

Facebook 深刻明白客户的重要性，一切以满足客户的需求为目的。当进入 MySpace 领地的时候，Facebook 重点提高用户的体验便捷通道。当时 MySpace 却并没有认识到这一点。在 Facebook 推出"Feed"功能一年多之后，MySpace 才推出了类似功能。这使得 MySpace 的用户大量流失，2009 年 5 月，MySpace 的美国用户数被 Facebook 超过。在主战场美国的失利，也意味着 MySpace 彻底败给了 Facebook。

就这样，Facebook 击败对手，稳稳坐上社交网络的头把交椅。

2007 年 9 月，业界盛传，微软为 Facebook 估价 100 亿美元，因此微软决定拿出 3 亿到 5 亿美元收购 Facebook 网站 5% 左右的股份。随后，不甘示弱的 Google 派出了多位高管前往 Facebook 总部商谈收购计划，其中包括 Google 公司首席广告销售官蒂姆·阿姆斯特朗、负责广告管理的副总裁苏珊·沃西茨、搜索业务总经理兼副总裁琼·布拉迪、专门负责收购交易的谈判官梅根·史密斯，其中蒂姆·阿姆斯特朗是这次行动的总负责人。

在经历数周的协商后，2007 年 10 月，竞购终于有了结果：微软击败 Google，以 2.4 亿美元的价格成功收购了 Facebook 1.6% 的股份。

那时，有人嘲笑微软做了亏本生意，因为以微软的出价计算，Facebook 的估值已达到 150 亿美元。但实际上，Facebook 的估值根本不到 100 亿美元。可是，如今再回头看 Facebook 的发展脉络以及目前的成就，就只能用一个字来形容这笔交易——值！

2010 年 11 月，微软宣布计划将 Live Messenger 与社交网络如 Twitter、Facebook 整合到一起，这将使用户在使用社交网站时，可与朋友实现在线即时聊天。毫无疑问，如果一切顺利，这将使微软依靠这些社交网站的力量，获得更多的用户，以及用户对其产品更多的喜爱。

早在 2010 年 10 月中旬，微软就与 Facebook 达成了协议。微软的 Bing 搜索引擎可以搜到 Facebook 内的部分社交数据。其实，Facebook 建起了一个封闭的围墙，阻止 Google 等搜索引擎抓取自己网站的内容，这让 Google 很是头疼，而如今微软做到了，这就意味着它比 Google 拥有更丰富的搜索体验。

Facebook 与微软的深度合作，让 Google 心惊肉跳。

Facebook 推出了精准搜索功能。如果搜索用户的性别、爱好、出生地等，Facebook 都可以做到，这样做的最大的好处就是更加精准地发布广告。面对海量而精准的用户数据，Google 却只能隔"墙"相望，又怎能不担忧呢？而现在，Facebook 与微软的合作关系越来越密切，恐怕要让 Google 更加难眠了。尤其 Facebook 与微软在搜索方面的合作，可以说对 Google 是"致命一击"。

无论 Facebook、Google 还是微软，为了市场，他们在移动互联网上硝烟弥漫，也正是这种竞争让互联网对人们来说越来越实用，希望他们永远是正常的竞争，并在这种竞争之下良性发展。

社交女王桑德伯格

谢丽尔·桑德伯格，被称做马克·扎克伯格最依赖的人，曾是 Google 全球网络销售业务副总裁。在加入 Google 之前，桑德伯格还担任过美国财政部长首席顾问，主管发展中国家债务豁免工作。在比这更久之前，她是麦肯锡咨询公司的管理顾问，也是世界银行的一名经济学家。

Google 绝对是棵摇钱树，这点在桑德伯格离开前就已得到证实。但精明的桑德伯格意识到，"Google 那时候在膨胀发展，属于肥胖而不是强壮。作为领导者之一，我深感高处不胜寒！"

切掉"膨胀发展"的肿瘤，桑德伯格确实有一手，难怪扎克伯格对她求贤若渴。桑德伯格加盟 Facebook 后，为该网站带来了会员数超过 MySpace 的第二春。

2001 年，桑德伯格曾就自己的职业发展问题请教过 Google 总裁埃里克·施密特。埃里克的建议就一句话：去发展快速的地方干，因为那里的机会多。桑德伯格将此铭记在心，哪里发展快就去哪里，先是 Google，后又跳槽至 Facebook，两次加盟皆是赶上了对方发展虽快，赢利却跟不上的改革时期。

桑德伯格向记者详细解释了她的营销之道。她拿着笔边画边讲解：营销之道就像漏斗，先是打造好品牌，然后越来越窄，最后汇聚在销售这个点上。Google 的生意就是做在那个"销售"的汇聚点上，向顾客销售产品。而 Facebook 是做销售前的工作，方法是创造品牌联盟，刺激消费需求。Google 能赚钱，是因为它获得了在线广告的 50% 的赢利，并非通过销售实际产品实现其利润。而 Google 赚的钱，不过是网络广告营销所有利润的 10%，所有利润有多少？足有 6900 亿美元！

Facebook 就是瞅准了 Google 赚不了的 90% 的大头。虽不能一蹴而就，但桑德伯格相信 Facebook 的利润会逐年上升。

桑德伯格40岁出头，漂亮娇小，眼光敏锐犀利；若见到她本人，你还能感受到一种镜头捕捉不到的活力。老朋友常挂在嘴边的是她在上世纪80年代念本科时，一人单打独斗创立了个有氧健身俱乐部的光辉业绩。她思维敏捷，性格乐观，转换聊天话题时常甩一甩头。和好朋友聊天时，她可以和对方靠得很近；而发表演说时，她却有一种颐指气使的派头。

说到桑德伯格的个性与特别之处，她的同事和朋友意见差不多。Facebook副总裁帕利哈皮蒂亚指出她说话很直，不怕得罪人。"多数人都是绕着敏感的地方走，而谢丽尔偏偏把难讲的东西摆到桌面上。"

桑德伯格的姐姐米歇尔说："别人说话都是拣好听的说，而她从不逢场作戏，不虚伪，说就说有用的，不怕得罪人。"

马克·扎克伯格打第一眼就发现了她那种"很直很真"的性格。扎克伯格注意到桑德伯格，是由于她在Google任职时的业绩，7年间，她把广告团队从4人增到4000人，收入更是直线上升。

在某些方面，桑德伯格仍有华盛顿的风骨。在她家举办的聚会和活动几乎永不停歇，令人想起已故的《华盛顿邮报》出版人凯瑟琳·格雷厄姆在她风华绝代的日子里对社交的那种热情。桑德伯格喜欢在日程本上写写画画。她充分地利用了自己的政治技巧，公开赞扬下属，将批评留在私下讲。

她的社交能力对她Facebook首席猎头的角色也很有裨益，将别人梦寐以求的人才纳入Facebok麾下。这次她打的是亲密牌。当卡罗琳·艾弗森还是微软的全球销售主管时，她经常会收到桑德伯格的电话。电话里桑德伯格热情地邀请她见面，谈谈Facebook全球销售副总裁的理想工作。在随后的日子里，桑德伯格从车里、家里、墨西哥的度假地给艾弗森打电话，甚至可以在背景声中听到她孩子的嬉闹声。"有一天晚上，她留了个言，说她实际上要在9点或9点半睡觉，还说她感到筋疲力尽，"艾弗森说，"我当时想，至少这女人还是要睡觉的。"在成功的策划跳槽之后，桑德伯格对艾弗森热情依旧

如初。艾弗森在一次采访中谈起这个故事，"那是在我担任职务后，第一次在
Facebook 的 800 人的销售团队前演讲，我很困惑，不知道是穿红色正装还是
穿更休闲的裤子和宽松上衣。但是自然而然地，我打给桑德伯格，她说：'首先，
没有任何问题是愚蠢的。女朋友就是干这个用的。'那天我穿着红裙子出席。"
艾弗森不由地笑了笑。

尽管我们相信桑德伯格拥有高超的管理技能和温暖的个人风格，然而
Facebook 所面对的挑战也不可小视。

在 Facebook 之外，谢丽尔·桑德伯格还掌控着另一个规模化的社交网
络。每几周，来自社会各个行业的数十名女性，会到位于加州阿瑟顿的一个
有七个卧室的庄园式住宅去，那是桑德伯格和她的丈夫——网络创业调查猴
子（SurveyMonkey）的首席执行官大卫·戈德伯格以及他们的两个孩子居住
的地方。这个小团体的成员坐在起居室里的折叠椅上，膝上的盘子里摆着外
订美食，听一名嘉宾演讲。多年来，桑德伯格吸引了许多杰出人物，其中包
括著名影星吉娜·戴维斯、网球冠军比利·简·金、传媒大亨鲁伯特·默多克、
eBay 首席执行官梅格·惠特曼、纽约州民主党参议员柯尔斯滕·吉利布兰德等。
最近一次的嘉宾罗伯特·鲁宾打趣道："15 年前我当财政部长时，对谢丽尔·桑
德伯格来说，认识我是有好处的。然而现在，对我来说，认识她是有好处的。"

这个被桑德伯格称为"硅谷女性"的活动已经成为她个人和职业交际圈
内所有女性的生活支柱之一。"我想有很多人觉得他们和谢丽尔是非常好的朋
友，这可以说明，她在这些关系上下了多大的工夫。"Facebook 全球公共政
策副总裁马恩·列文这样评价这个小集体。2009 年，一次在她家举办的这样
的聚会上，桑德伯格请到了柬埔寨反贩卖人口活动家索玛丽·马姆来当嘉宾。
当索玛丽讨论她的工作，分享她小时候被卖为奴隶的个人经历时，桑德伯格
激动地站起来，向众人宣布她要为索玛丽·马姆基金会举办一场筹款会，并询
问在场嘉宾有谁愿意加入，当时每个人都自告奋勇。当年 11 月，筹款会在位

于加州圣卡洛斯的希勒航空博物馆举行，捐款额超过 100 万美元，相当于该组织全年捐款额的三分之一。桑德伯格总能如此轻易地获得这样的支持，这让她的朋友和钦佩者们一直想知道，在来到 Facebook 之后她要做什么。桑德伯格最近的演说之旅使这些猜测没有落空。2010 年 12 月，她在华盛顿召开的名为 TED 女性的会议上讲话，谈到女性做出种种牺牲，导致了她们的职业发展受到限制。这次演说在 YouTube 上已经被观看了将近 10 万次。作为美国海军学院年度外交事务会议的一部分，桑德伯格又做了一场关于领导能力的演讲。她告诉听众中的女性，要找到支持她们职业发展的伴侣，大多数男性听众鸦雀无声。然后，她的演讲如同一曲令人感动的鼓舞性赞歌，她还穿上了海军军校学生的夹克，全场观众起立，掌声雷动。所以 …… 州长？参议员？她是不是会回到华盛顿？对于人们的猜想桑德伯格对此做出无懈可击的政治式回应："我很高兴有机会和扎克伯格一起改变世界。"她的丈夫认为她将在 Facebook 待很长一段时间。"这远远超出了 18 个月的时间，"戈德伯格说，"这将持续很长时间，但是不妨碍她实现一直以来有关于改善人类，特别是女性及发展中国家人民的生活的愿望。"

只有她的老朋友、原哈佛教授兰特·普里奇特持不同意见："我一直有印象，她将会运营全世界。我觉得她可以成为美国总统。"他说，"有一次我的妻子对我说：'有这么多事让你想嫉妒她、恨她。可你就是不能。"

桑德伯格的人格魅力在她的管理工作、待人接物、应对危机、不拘一格用人才等方面得以完全体现。其魅力之强大，仿佛是以女性之爱形成冲击波，冲击着职场这块冷冰冰的地方。扎克伯格说，桑德伯格这样的管理者很可贵，"并不是由于她是女性，而是不管男性还是女性，像她这样杰出、有能力的人实在太少了。"

疯狂的扩张

2008 年秋天收购 Twitter 未果后，雄心勃勃的扎克伯格将目标瞄向了另外一家公司，位于美国加州山景城的社交聚合网站 FriendFeed。该公司由保罗·布克海特、布雷特·泰勒、吉姆·诺里斯以及桑杰夫·辛格四名前 Google 工程师于 2007 年共同创立，网站宗旨是帮助用户组织自己的网络社交生活，包括分享 Twitter 信息、提示 Facebook 更新以及在 Netflix（一家在线影片租赁提供商）上租的电影，所有这一切只需要在 FriendFeed 上轻轻一点就可以全部搞定。为了更好地处理这些信息，FriendFeed 开发了一款高级搜索引擎，可以从许多不同的网站中提取实时信息。用户只需输入关键词，就可以搜索特定好友提到的相关内容以及被某一特定人群"推荐"的内容。

这样的搜索引擎正是 Facebook 梦寐以求的。当时，受到搜索引擎功能的限制，只能索引 Facebook 内部特定页面的内容。Facebook 可以将 FriendFeed 搜索引擎整合到自己的网站中，并可能获得巨大的成功。之前，Facebook 把主要精力放在用户增长而非赢利模式上，现在情况发生则大相径庭。如果 Facebook 果真能够创建强大的搜索功能，就将有更多的网民利用 Facebook 进行日常搜索，Google 等通用搜索则会相应受到冷落。针对实时信息和热门主题建立更为有效的搜索将为 Facebook 带来更多的利润。由于能够了解到用户在 50 个不同网站上所做的事情，FriendFeed 便借此获得了有利地位。相比而言，Facebook 的搜索工具并未给营销人员带来同样的效果。

当时，更多的人认为通过这起总值 5000 万美元的交易，扎克伯格将就此获得顶尖的人才和技术，大幅度提高自己在实时搜索领域的实力，这也被很多业内人士看做是互联网市场最有前景的领域。

从 2007 年进行首次收购后，Facebook 好像就一直在进行收购活动，人们会发现 Facebook 需要的并非技术产品，因为很多公司被 Facebook 收购后立即被关闭了。这与 Facebook 一直以来秉承的理念是一致的，不惜一切代价网罗工程人才。用扎克伯格自己的话来说："我们没有一次是为了收购一家公司而进行收购，我们收购这些公司只是为了获得优秀的人才。"

在短短 4 年里扎克伯格收购了 13 家公司，为了收购，Facebook 向每家公司都支付了数百万美元。在收购 FriendFeed 时，扎克伯格是这样说的："我们真的需要布雷特·泰勒，这才是我们不惜斥资 5000 万美元收购了 FriendFeed 的原因。"当然泰勒也不出扎克伯格所望，出任了 Facebook 的首席技术官。收购 Octazen 公司时，业内人士曾表示极度质疑。有分析人士认为，这是 Facebook 进行的又一次人才收购。这样的情况接连发生，扎克伯格本着一贯的风格接连收购 Divvyshot 公司、Sharegrove 公司。Divvyshot 创始人萨姆·奥迪奥现在是 Facebook 图片业务的产品经理。与此同时 Facebook 发言人拉里·余表示，公司收购 Sharegrove 主要是为了网罗联合创始人亚当·沃尔夫。Facebook 甚至不惜斥资 1000 万美元收购了社交网站 HotPotato，只是为了获得 HotPotato 联合创始人贾斯汀·谢弗。同样地，收购之后 HotPotato 立即就被关闭掉了，扎克伯格对自己不想要的东西从不手软。

最成功的收购莫过于 Facebook 在 2010 年初收购了移动广告服务公司 Relation，扎克伯格获得了 9 位高层员工加盟 Facebook。为了加强设计团队，在收购数据收集厂商 DayTum 后，Facebook 又得到了尼斯·弗尔顿和赖恩·凯斯。真的不能说扎克伯格是一个刚愎自用、目光短浅之辈，他所做的每一项举措和决定乍看上去都有些疯狂，可是每次过一段时间后几乎都证明了他的英明与远见。在扩大自己疆土的过程中，扎克伯格显示出了与自己年龄不相仿的魄力与智慧，可以看得出，年轻的扎克伯格还具有腾飞得更好的爆发力和耐力，他需要的还是时间，也许，他真的能让我们看到不一样的世界。

第七章

Facebook
Mark Elliot Zuckerberg

独特的开放平台

- 要把Facebook建成一个像Windows或者苹果一样的平台，让所有人都可以在上面发布软件。只要这个平台能够增加Facebook的市场地位，我们就不会强迫自己去问该如何快速利用这个平台赚钱，我们会在以后再解决这个问题。

- 我只想创建一个长期的东西，其他事情都不是我关心的。

- 互联网的神奇之处在于，如果你开发的真的是好产品，网民们觉得有价值，那这个产品会非常快地传播开来，你为他人创造了价值，这也算是你自己价值的一种体现。

-- **Facebook**

迈向支付平台

　　越来越多的人将扎克伯格与苹果创始人史蒂夫·乔布斯相提并论，在某些场合，扎克伯格也被冠以"盖茨第二"的头衔。他所创建的 Facebook 访问量在 2009 至 2010 年内涨幅达到 300%，访问人数接近一个亿。越来越多的 Google 和雅虎员工也闻风而动，转投 Facebook 门下，希望能搭上这架直冲云霄的科技快箭，当然也是为了获得潜在的一夜暴富的机会。2009 年10 月，微软宣布将斥资 2.4 亿美元收购 Facebook 1.6% 的股份。按照这一价格推算，Facebook 公司的保守估值达到了惊人的 150 亿美元。尽管取得了一定程度的成功，但 Facebook 目前正面临着一个关键的时刻。Facebook 一向被认为是 Web 2.0 的代表，具有超高的人气，只是不知道面对社交网站典型的障碍——如何赢利这个问题——扎克伯格和他的天才团队是否也有惊人的对策。

　　虽然在收益方面不尽如人意，但是 Facebook 的流量和用户在线时间仍然位居美国各大社交网站之首。市场调研公司的数据显示，就全球市场来说，Facebook 的全球独立访问用户已达 3 亿，而与此相比 MySpace 的全球独立用户为 1.23 亿。令扎克伯格恼火的是 MySpace 的广告收入一直高于Facebook，甚至一度是 Facebook 广告收入的三倍，这实在是让扎克伯格伤透了脑筋。

　　尽管同属全球领先的社交网站，Facebook 与 MySpace 走的却是两种不同的发展途径。2006 年，新闻传媒大亨默多克收购了 MySpace，于是 MySpace 就成了依托门户网站，提供新闻、音乐、视频等服务的网站，而马克·扎克伯格更着力于建立一个开放的平台，鼓励程序开发商开发更多的应用程序，因此 Facebook 无法像门户网站那样卖内容广告。2007 年 MySpace 与 Google 达成了 9 亿美元的广告合作，这项占 MySpace 40% 的赢利也让 MySpace 在赚钱这一方面领先了 Facebook 一大步。转过头来看看扎克伯格的 Facebook，他们大部分收入来自与微软签订的广告投放协议。早在 2006 年，Facebook 和微软已针对美国网站上的条幅广告达成协议。到 2007 年 10 月微软耗资 2.4 亿美元收购 Facebook 1.6% 股份时，Facebook 开始代理其广告业务。

马克·扎克伯格应该很清楚，谈广告收入或者赢利还为时过早，另辟蹊径也许是更明智的选择。事实上，扎克伯格一直在进行艰难的商业探索。2007 年，Facebook 推出广告系统"灯塔"，希望借助新型的社区广告来实现赢利，但用户抱怨"灯塔"侵犯个人隐私，这一尝试因此告吹；2008 年底，Facebook 推出"connect"服务，用户能够通过登录 Facebook 账号连接到其他网站。该服务的支持者认为它将自然地增加网站的流量，也会增加广告收入。但数据表明，它对 Facebook 的赢利几乎没有任何贡献。与此同时，Facebook 开始尝试向电子商务网站转型。其首次实现在线交易功能的是第三方开发者提供的应用程序 Buy.com。

在线商店 Buy.com 推出了一项服务，让用户在个人资料网页中可以销售个人二手物品。Facebook 尝试推出一种供用户和应用程序开发者使用的自有支付系统。希望从用户和应用软件开发商的交易中抽取手续费，不过由于当时 Facebook 及其应用程序平台上交易活动很少，这次计划又以不了了之收场。Facebook 延迟推出支付平台，这让人不难猜测到一定与之前平台上电子商务的发展没有达到一定数量的积累有关。从 2007 年推出 Facebook 平台，鼓励外部开发商为 Facebook 开发各类应用程序，如今平台上已聚集了成千上万的应用程序，扎克伯格敏锐地感觉到从开发商身上赚钱的时机已经到了，于是他大刀阔斧地推出了支付平台。

平台之战

无论是微软、苹果还是 Google，要想在互联网立足，占领平台才是王道。如果某一个网络比其他网络更晚进入互联网世界，那么意味着它将在互联网少一片天地，失去相对应的一批用户。顾客就是上帝，那么互联网上面用户就是上帝。如何赢得用户，如何提早占领平台是每个互联网的工作者必须要考虑的首要问题。

微软曾经为了与网景公司争夺市场，导致了垄断，从而受到美国司法部的重罚，使得微软有些委靡不振，虽然它想尽一切办法，但是在某些方面仍然处于劣势，比如手机操作系统、搜索系统等还是难以重振往日雄风。但是俗语道：瘦死的骆驼比马大，虽然微软没有了往日的威风，但是依靠Windows 这个操作系统风采依旧。

有前瞻性的眼光才能成为一个真正的商人。比尔·盖茨就是这样一个人。在微软改革的初期，他就认识到了操作系统的重要性。控制了操作系统意味着控制了用户，控制了用户意味着控制了市场，控制了市场意味着控制了整个软件行业。于是，凡是用 Windows 这个操作系统的用户，必须接受其所有的应用软件，用户没有选择权。更让用户觉得可恨的是微软从电脑一出厂就将微软操作系统安装好了。起初，微软的这种做法的确是"绑架"了一批用户，但是随着其他操作软件的出现，用户多了一些选择，这对微软来说是极大的挑战。由于微软的先下手为强，通过操作系统平台快速地打败了苹果，并借此机会"扩张"自己的地盘，在互联网上站稳了脚跟。虽然有很多用户站出来反对微软的垄断做法，但是他们依然离不开微软的系统，也许这就是微软的真正魅力所在吧！

在反对微软的声音中有一个最强有力的，它虽然反对但还是由于自身实力的不足，只能动动嘴皮子而没有采取强有力的、足够遏制住微软的行动。它就是苹果。

苹果不仅有自己的 iOS 系统，而且还推出了 iPhone、iPad 等，并使得 iPhone 和 iPad 成为 iOS 系统很好的承载者。苹果系统曾经被认为是世界上最不开放的平台，无论是软件还是硬件，直到 2008 年苹果推出了相关的开发工具套件，才使得 iPhone 一举获得成功。许多人看到了商机纷纷自愿为苹果写程序，苹果这才醒悟过来，赶紧向第三方提供更多的服务平台，结果苹果很快形成了强大的平台效应，占领了很大的一片市场。据说第一款 iPhone 上市的时候，苹果并没有开放平台，如果当时就开放了平台，相信苹果占领的市场比今天的更大。

苹果应用平台的开放，使软件开发得越来越多，很快其应用软件成为它在市场上最具竞争力的关键。只要购买苹果的产品，软件开发商就会为用户提供程序或者应用。苹果看到了用户对娱乐软件的喜欢，于是开发了大量的娱乐软件，因此吸引了很多的苹果消费者前来购买。

苹果平台的开放，仅仅用了三年的时间，使得 iPad 应用程序下载量达到了 150 亿次，实现了用户个性化、定制化的需求，不能不说苹果有着世界上最强大的应用软件平台。

微软和苹果有自己的强项，Google 也不甘示弱。可是说实在的 Google 还是有自己的先天不足，它不具备形成平台的优势。Google 只是一个搜索引擎，对用户不可能形成很大的吸引力，这就意味着平台很难强大，无法形成平台就难以与苹果、微软相抗衡。难道 Google 就这样甘愿等死吗？ Google 如何才能拥有自己的平台呢？

因为 Google 在 2007 年就推出过平台战略，利用这一优势，Google 很快推出了手机操作系统 Android 和 Google+ 平台，希望以此系统为基础，开放平台，推动系统厂商的应用，从而形成更强大的互联网用户群，在互联网占有一席之地。

Google 推出的 Android 手机操作系统是完全免费的，这样它就很快把手机产业链串联起来，吸引了很多的手机生产商加盟，更是吸引了众多的软件开发商争相为 Google 开发程序，这样 Google 形成的平台并不比微软和苹果小多少。虽然 Google 给人的感觉来势汹汹，但是它犹如一只"纸老虎"，因为其社交平台的建立效果不是很理想，并购 Orkut 社交网站发展停滞不前，推出 Wave 社交平台，没有引起多少人的关注。虽然 Google 每次挣扎都是以失败而告终，甚至越陷越深，可是 Google 依然一副不到黄河心不甘的架势，积聚所有的能量推出了 Google+ 社交平台，想与 Facebook 一争高低。

可见，互联网平台化已经发展很迅速了，到了一种势不可当的地步。许多企业力争自己能够形成一条产业链，从而吸引更多的用户，进而提升自身的商业价值，争取做互联网的老大。高处不胜寒，无论微软、苹果还是Facebook，只有勇于竞争才有赢得市场的机会。

免费开放网络平台

马克·扎克伯格曾经在创业的初期就意识到了抢占网络平台的重要性，并希望将 Facebook 能够建设成像 Windows、苹果这样的超级平台，让所有的用户能够在上面发布软件。但那时候马克·扎克伯格的几个合伙人认为他的做法有些好高骛远，不切合实际。一个刚起步的网络公司，如何能够完成大公司的任务，他们都劝扎克伯格放慢脚步，否则步子迈得太大了容易脱节，甚至有的合作人站出来坚决地反对扎克伯格的这一做法。

由于大家的反对，扎克伯格抢占网络平台的想法搁置了，但是到了2006年扎克伯格觉得不能再等了，要不就会错过良机。于是，提出要在 Facebook 上设计操作系统，将 Facebook 打造成可以运行各种程序的软件平台。

扎克伯格这次的态度很坚决，但反对者的呼声更高，他们认为扎克伯格的这种做法无疑是将 Facebook 最核心的机密透漏给了自己的竞争对手，这无疑是他在自掘坟墓，而且不顾其他股东的利益。因为扎克伯格承诺免费搭建这个平台给自己的用户，这就意味着搭建这个平台只能是耗费合作人的时间、金钱，但不能够给合作人带来任何的收益。

扎克伯格认为，人们不用付任何的费用就可以在 Facebook 上做自己喜欢做的事情，只要不断地增加 Facebook 的市场地位，赚钱就是自然而然的事情了。可见扎克伯格有自己的想法，他想放长线钓大鱼。只要将更多的用户吸引到 Facebook，何愁没有赚钱的机会？有人的地方就有市场，有市场的地方肯定有钱赚。

其实，扎克伯格免费提供平台有着自己的打算。当时 Facebook 正处在创业初期，实力还不够强大，无法与强大的网站相抗衡，如果此时就收取费用，会吓跑很多的软件开发者，他们宁愿选择实力强大的网络平台，而不会选择 Facebook。如果 Facebook 不收费，至少对软件开发者来说是一种巨大的诱惑。只要吸引他们过来，留住他们，提供这个网络平台让他们在此开发软件，这些开发者一旦开发出自己的产品，就像孕育出一个自己的孩子，对这个网站有了感情，还愿意离开吗？他们还会拉拢更多的开发者过来，那么 Facebook 何愁不会壮大？

　　虽然扎克伯格的合作人的反对声依然很高，但是扎克伯格是大股东，他有绝对的决定权，于是他坚决开放免费的平台。2007 年，扎克伯格启动了免费的 Facebook 平台。"免费"成为了 Facebook 的一大亮点，吸引了几乎所有的软件和互联网公司，他们都希望能够为 Facebook 设计出个性的应用程序。Facebook 开发出的新的应用程序，对用户是很大的诱惑，于是更多的用户纷至沓来，用户的增加反过来又促使开发者为其开发更多更实用的软件。如此循环的结果就是 Facebook 紧紧地"黏住"了更多的用户。Facebook 聚集了很多的用户，还创建了互动平台，使得社交功能能得到了极大的发挥。此时，Facebook 的收益方向也逐渐明朗起来，人气增加，开发者争相开发出更好的软件，反过来吸引更多的用户过来，用户的增加使得许多广告商找到了扎克伯格，希望能够在 Facebook 上面做广告。当然，广告不是免费做的，此时扎克伯格可以坐着数钱了！

　　于是，Facebook 很快与自己的竞争对手 MySpace 拉开了距离。当时 MySpace 忙于打造自己的媒体内容，无暇顾及 Facebook 的变化，给Facebook 留下了更多的喘息机会，使得Facebook 很顺利地完成了自己的转变。到 2010 年 9 月，有 100 万开发人员在 Facebook 上开发程序，应用程序达到了 55 万个，其数量远远超过了苹果和 Google。

　　Facebook 通过开放第三方平台，用户越来越多，其实力也越来越强大。因为网络是一个新兴的平台，具有娱乐性、时尚性等，吸引了越来越多的年轻用户加入到 Facebook，他们在这里可以干自己喜欢干的任何事情。在Facebook 上停留的时间越久，给 Facebook 创造的价值就越大。广告商恰好看中了 Facebook 能够较长时间地吸引用户，所以找其做广告。Facebook 做广告不是"广种薄收"，而是根据用户的兴趣爱好，近期买的物品，或者近期查看了哪些东西，甚至用户的朋友近期关注了哪些产品，然后有针对性地投放广告。

　　Facebook 逐渐强大，很多人看到了商机，想将其收购，但是都遭到了马克·扎克伯格的拒绝，他觉得 Facebook 就是自己的孩子，自己想亲手带大，通过不断地完善，让 Facebook 越来越强大，越走越远。

手机也需要社交化

　　在互联网发展的今天，几乎每个人随时随地都可以用手机上网。这些手机用户在手机上聊天、读书、购物、游戏等，说得更直白一点就是只要有一部手机，可以上网，宅在家里十年二十年不出门生活都不成问题。可见手机平台对人们的日常生活越来越重要，也吸引了更多的服务平台加入到这一竞争行列，Facebook 也不例外。

　　马克·扎克伯格曾在一次讲话中谈到，Facebook 已经拥有 1.5 亿移动用户，如果想在移动领域与社交领域获得更加巨大的影响力，就必须建立一个手机平台。可见，有远见的马克·扎克伯格已经建立了属于自己的手机平台。

　　在世界移动通信展会上，台湾宏达国际电子股份有限公司推出了社交手机 Chacha 和 salsa 专供 Facebook 使用。后来沃达丰也推出沃达丰 555 Blue 智能手机，专供 Facebook 使用。Facebook 除了与移动合作，还与一些手机厂商合作，专门量身定做适合 Facebook 的社交功能的手机。Facebook 为了吸引更多的手机用户，还与几十家运营商合作推出免费、低宽带、手机版的 Facebook 站点，这样做不仅促进了手机生产商的利润增加，还促进了 Facebook 的快速发展。

　　前年，Facebook 还推出了 Facebook Places 服务。这项服务不仅能够帮助手机用户就近找到朋友，还可以搜索附近的有趣的场所。通过这个功能，还可以在 Facebook 上标注清楚自己所在的位置，可以与距离你最近的朋友约会，甚至向 Facebook 不断发布消息，告诉朋友们自己在哪里？和谁在一起？具体做什么？虽然，这个功能极佳，但是用户也有点后怕，每时每刻都向 Facebook 公布自己的隐私，谁还敢用啊？不过，当这一功能推出的时候，依然吸引了众多的用户下载使用，可见这个功能还是有市场的。

正是 Facebook 推出了各式各样的服务功能才快速地吸引了更多的用户。2010 这一年，移动用户数量从 1 亿增加到 2 亿。截止到 2011 年 8 月，移动用户数量飙升到了 2.5 亿。就连苹果 iPhone 用户也使用 Facebook 移动服务功能，可见 Facebook 的魅力多么的大啊！

虽然 Facebook 已经展现出自己霸气外露的一面，但是扎克伯格并没有停滞不前，据内部消息透露，Facebook 正在建立自己的移动平台，一旦这个平台建立，那么 Facebook 用户就可以通过 Facebook 移动平台直接付费，而无须其他服务平台转账付款。

随着 Facebook 手机服务平台的建立，手机社交化的功能快速实现。这个功能的实现对 Facebook 来说是"社交图表"的进一步扩大，对实现网络化"大同"社会是一种极大的促进。

做平台的掌控者

Facebook 平台建立之后，服务的项目不断增加，用户不断增加，自身的价值直线上升。曾经那些抱着试试看的心态加入 Facebook 的开发商，都从 Facebook 中获得了巨大的利润，纷纷与 Facebook 签订合同建立长期的伙伴关系，那些还在观望的开放商看到其他同行从 Facebook 赚得钵满盆满，于是都想与其建立合作。开发者增多，进入 Facebook 的门槛却不变，由用户选择其存在的价值，通过优胜劣汰，真正存活下来的，都是更加高技术、有实力的开发者，这样才能为用户创造出高质量的服务。

Facebook 的平台开放之后，扎克伯格构建了一个围绕 Facebook 的经济生态圈，很多名不见经传的公司因为 Facebook 而名声大振，最后名利双收。Facebook 不仅仅融合了苹果、Google 的优点，更重要的是它将社交巧妙地结合在一起，而且还具有动态新闻功能，能够随时提醒用户最近哪些新的产品或者游戏上线，甚至还可以告诉用户的朋友用户最近在玩什么游戏，这种连锁式宣传，不花一分钱，但是收到了事半功倍的效果。

辛加游戏开发公司，曾经开发了一款新型游戏，在自己的网站注册游戏的还不到 100 人，自从经过 Facebook 推荐之后，每天的注册用户就达到了上千人。通过 Facebook 的这种宣传方式，很多玩家都知道了这款游戏，并让自己身边的朋友一起来玩，不到半年的时间 Facebook 50% 的用户都在自己主页上安装了这一款游戏。辛加公司因为很早就与 Facebook 合作，也成为了获益最多的游戏公司，截至 2011 年 7 月，辛加公司的估值已经达到了 200 亿美元。"德州扑克""黑帮战争""咖啡世界"等游戏都是辛加公司为游戏爱好者提供的最为给力的游戏。辛加的成功也吸引了更多的游戏公司加盟 Facebook。游戏种类越多越能够满足不同的游戏爱好者，游戏俨然已经成为 Facebook 上最热门的应用程序，吸引来了更多的玩家。

社交网站不断发展，越来越多的人不是通过邮件或者电话来维系感情，而是通过游戏维系感情，你给别人的菜地除草，别人会给你的菜地杀虫；你邀请别人玩德州扑克，别人邀请你偷菜，你来我往加深了彼此之间的感情。人们在 Facebook 停留的时间越长，游戏开发者获得成功的几率越大；人们在 Facebook 停留的时间越长，广告商投入的资金就越大，Facebook 的获益就越大。

目前加盟 Facebook 的开发商有一百多万个，开发了 50 万个应用程序，这些程序每月有七成用户都在尝试体验。就拿"愤怒的小鸟"来说吧！这个游戏是游戏公司自"德州扑克"之后又一成功案例，辛加公司也因此被人们称为游戏暴发户。这两个游戏的成功，都是借助了平台，在很短的时间创造了巨额的财富。不仅仅是游戏本身，游戏衍生出来的产品也都销售得不错。也因此，这两家公司摩拳擦掌准备上市。

虽然类似辛加这样的游戏公司赚得盆满钵满，但是这也为过分地依赖 Facebook 埋下了伏笔。一旦 Facebook 公司对这些游戏公司提出苛刻的要求，这些游戏公司不敢有丝毫的反抗，只能任其宰割。将利润分给 Facebook 一些，虽然少赚一些但毕竟是赚钱，如果脱离了 Facebook，他们可能面临着破产的危险。

起初，Facebook 免费让开发者进入，那是因为当时它还不够强大，而且有 MySpace 这个劲敌，Facebook 没有能力挑三拣四，只能放低门槛，吸引更多的开发者。如今 Facebook 强大了，还会遵守过去的游戏规则吗？

在 2010 年"脸谱"变脸了，Facebook 以反对垃圾信息为名，阻止了所有游戏公司在 Facebook 上推销自己的游戏，引起了很多游戏开发者的愤怒。后来，Facebook 向第三方收取 30% 的交易费，也就是说游戏开发者赚取 100 美元，就得交给 Facebook 30 美元。当 Facebook 提出这一要求的时候，引起了很多开发者的反对。最后,游戏公司不得不妥协。辛加游戏公司也是如此。因为辛加几乎所有的用户都是来自 Facebook，离开 Facebook 辛加是否能够继续保持增长的势头还是个未知数，其实不用说也知道。而 Facebook 已经财大气粗，缺少了辛加这样的公司，对它来说不会有丝毫的影响，Facebook 会很快吸引其他的游戏开发者进来。

辛加为了不至于在短期里让 Facebook"绑架"自己，与 Facebook 签署了长达 5 年的合作协议。这场"绑架案"总算告一段落，但是大家都明白，

Facebook 在成长，辛加也在成长，有一天辛加壮大了，它还甘愿对 Facebook 俯首称臣吗？估计到那个时候双方的矛盾会更加尖锐。辛加也逐渐明白不能将所有的鸡蛋都放在一个篮子里面的道理，随后辛加不仅仅与 Facebook 合作，还与雅虎，与 Google 都签署了合作协议。

辛加鸡蛋不放一个篮子的策略，可能惹怒 Facebook，进而撕毁合同，使得辛加与 Facebook 由合作关系变为针锋相对的竞争关系。当然，不仅仅只有这一种可能，辛加被 Facebook 并购也是完全可能的。总之，有合作就有竞争，有竞争就有矛盾，就看如何处理好这两者之间的矛盾。

无论是 Facebook 与辛加的矛盾，还是其他网站与开发者之间的矛盾，都是属于平台掌控者与开发者之间的利益纠纷。真正的公正公平是不存在的，随着互联网的快速发展，开发者会越来越多，竞争也越来越多，对平台的依赖性也越来越密切；而平台创建者的坐收渔利之心也愈加强烈，这样两者的矛盾就会不断地升温。如何才能够处理好这两者的关系呢？就看他们如何博弈了，胜者才是王道。

再一次走在别人的前面

在 Facebook 创立的早期，虽然已经有了数以百万计的用户，但对于马克·扎克伯格来说，这个网站离他心目中的构想还远得很。

扎克伯格很清楚，仅仅建立一个有趣的网站远远不足以让他在庞大的社交网络世界里立足，毕竟那里已经有了颇具实力的 MySpace、2001 年就由斯坦福大学的土耳其计算机科学博士奥库特·布琉克登建立的 clubNexus，以及越来越多的类似网站：加州大学艾尔文分校的两位校友在 2003 年建立了

collegester.com，耶鲁大学学生会建立了 yalestation，温科吾斯兄弟终于上线的 Connect，这些都是扎克伯格和他的 Facebook 在未来的竞争对手。它们各具特色，也都渐渐各自聚集了一批用户。对扎克伯格来说，尽管他在某些方面占据了先机，但要真正在社交网络中一骑绝尘，就必须走得更远。

2004 年 5 月的一个夜晚，扎克伯格和当时的合作伙伴肖恩·帕克在翠贝卡餐厅进行了一场谈话。在 Facebook 发展壮大的无数个日夜中，这个夜晚或许并没有什么特别，但据后来肖恩回忆说，就是在那次谈话中，扎克伯格第一次透露了他对 Facebook 未来的构想：把这个单纯的社交网站打造成一个开发平台，也就是说，让所有的人都能在上面开发软件，就像网络世界里的微软 Windows 系统那样，Facebook 将成为你登录网络世界的基础。只要打开它，不但能够和朋友互动，还能在上面找到你所需要的一切东西，文档、音乐、游戏，而那些软件开发商也将围绕 Facebook 开发一系列软件供人们使用，就像他们围绕 Windows 系统开发计算机应用软件一样。

2005 年春天，扎克伯格告诉他的投资者，创业邦的凯文·埃法西，他想和比尔·盖茨谈谈关于打造平台的事。埃法西当时只是随便敷衍了一下，然而一周以后，扎克伯格告诉他："我已经和他谈过了。"

"和谁？"埃法西问道。

"比尔·盖茨！"扎克伯格说。

对于扎克伯格来说，没有什么能够阻止他去做想做的事，作为一个天赋异禀的编程师，他很清楚社交网络未来的趋势。

"我们希望把 Facebook 设计成某种操作系统，你可以在上面运行各种各样的程序。"扎克伯格这样解释了他的构想。

在上个世纪 80 年代，正是比尔·盖茨最先创造了"平台"的概念，他将微软公司的 Windows 软件置于个人电脑操作系统的垄断地位，从而主宰了软件工业长达 20 年之久。直至今日，八成以上的个人电脑中预装的依然是

Windows 系统，使得许多应用软件都不得不服从微软的特色。也正是因此，成为运行平台，是软件技术行业的终极目标之一。

扎克伯格正致力于此，他的目标正是成为下一个比尔·盖茨。

2006 年 8 月，Facebook 迈出了向平台转变的第一步。它的程序员编写了一个能够让用户使用他们的 Facebook 账号密码登录其他网站的应用程序，尽管它可能并不那么实用。随后推出的动态新闻却取得了成功，这个应用程序让用户一登录 Facebook 就能及时了解到好友的最新动态，这个成功坚定了扎克伯格继续开放平台的决心。

为此扎克伯格表示他不会对 Facebook 上的应用软件收取任何费用，相反开发者还可以使用他们的程序赚钱。

"人们可以自由地在这个平台上做开发，"扎克伯格说，"而且可以做任何他们想做的事。他们可以在 Facebook 里创业，可以贴广告，可以有赞助商，可以做买卖，也可以链接到另一个网站。在这方面，我们是不可知论者。将会出现这样的公司，他们唯一的产品就是嵌在 Facebook 里的软件应用。"

当被问起这样做是否能增加 Facebook 的赢利时，扎克伯格却保持了一贯对金钱不屑一顾的态度："只要这个平台能够增强我们的市场地位，我们就不会强迫自己去问该如何快速利用这个平台赚钱。我们会在以后再来解决这个问题。"

为了让平台成功启动，Facebook 负责营销的戴夫·莫林和马特·科勒几乎跑遍了全世界，动员各大网络传媒公司为 Facebook 编写应用软件。

终于，Facebook 决定在旧金山举办一场盛大的平台启动活动，称为"F8开发者大会"。为此，他们聘请了一位资深活动企划迈克尔·克里斯特曼来负责整个组织工作。

那天，克里斯特曼来到 Facebook 开会，宽敞的会议室中挂着一台纯平电视，还有一个与周围环境很不搭调的任天堂 wii 游戏机。会议进行到一半，两个年轻人忽然闯了进来，还撞到了克里斯特曼的椅子，意识到这里正在开会，他们很不好意思地退了出去。然而过了不久，他们再次闯了进来，大概是惦记着那台wii，尽管会议还没结束。当他们第三次闯进来的时候，克里斯特曼终于忍不住了，他严厉地对那两个男孩说："你们想要玩wii可以，但别再撞我的椅子了！"这时，会议桌旁的一位Facebook员工站了起来，对克里斯特曼说："迈克尔，请允许我介绍一下，靠门边的这位就是我们的CEO，马克·扎克伯格。"

为了搭建平台，Facebook的程序员们已经夜以继日地工作了超过3个月。F8大会的前一天晚上，他们仍然在旧金山那间用作发布现场的酒店会议室里忙碌着，好在大会开始的几小时前，平台终于成功运转，而这些程序员们也已经累得连眼睛都睁不开了。

发布会现场的扎克伯格依然和往常没什么两样，面对着大厅里750位屏息静待的观众，他甚至连领带都没打，还是穿着普通的T恤衫，The North Face外套，脚上踩着一双标志性的阿迪达斯拖鞋，他走上讲台，喊道："携手一起，让我们掀起一场运动吧！"于是，一个超越MySpace的全新社交网络平台正式亮相，超过40家公司在大会上展示了他们为Facebook打造的令人眼花缭乱的应用程序，相信这一幕一定令早先收购MySpace的新闻集团总裁默多克感叹不已。

开发平台把Facebook提升到一个前所未有的高度。不论是技术人员还是普通用户都很快感觉到Facebook完全超出了他们的想象，成为生活中必不可少的东西；而对于硅谷的高科技企业来说，仿佛一夜之间，如果没有Faebook的主页，你就会完全落后于这个时代，就好像电脑里没装操作系统一样，而这也正是马克希望看到的。

人们为Facebook设计大量的游戏、各种有趣的应用工具，这些程序让更多的人喜欢上这个网站，并加入到其中。如今游戏已经成了Facebook上最成功的应用程序，吸引的玩家数量令人目瞪口呆，大约有 10 个游戏的用户超过了"魔兽世界"，这是几年以前人们想都不敢想的。有人预测说："在未来三年里，所有的游戏都会变得社交化，所有的单一设备——不论是游戏机还是手机，或是电视机，都将能够连接到 Facebook，并能获取和分享你的 Facebook 数据。"随后苹果 iPhone 的火暴也证实了他的预测。

尽管扎克伯格在推出平台时并未过多考虑它的经济效益，但不可否认的是，应用程序带来的收益要大大超过人们的预期。根据估算，每年 Facebook 应用程序里的业务量将达到 3 亿美元，一些 Facebook 游戏每月的运营收入就超过了 300 万美元。的确，一个网络平台可以让很多事情一下子变得简单，包括赚大钱。这也是 Facebook 将其他的社交网站甩在身后，一点点成为 Google 那样的主流网站的重要因素。

马克·扎克伯格预言对了，他再一次走在了别人的前面。

独一无二的定制广告模式

对于马克·扎克伯格来说，Facebook 取得的成就和它在美国甚至全世界的影响力早已毋庸置疑，但是不论他如何蔑视用一个服务大众的工具来赚钱，让 Facebook 成为一项可以持续赢利的生意都是一件不得不做的事。

从 Facebook 创立之初，依靠着社交网络强劲的发展势头以及不可限量的未来，扎克伯格的公司获得了众多风险投资者甚至雅虎、微软、Google 这样的大公司的青睐，也令扎克伯格从一开始就能依靠派发股票筹集到大笔的资金来维持 Facebook 的日常运营，这也是为什么尽管成立至今都无法有效地赢利，Facebook 却依然能够越做越大。

　　不过这种情况如今必须要改变了。2007年，Facebook成功推出了平台，为自己在互联网市场中打下了牢固的基础后，扎克伯格的谈判团队：首席运营官范·纳塔、首席财务官吉迪昂·余、企业开发部主管丹·罗斯便完成了一项疯狂的投资谈判。

　　在这场旷日持久的拉锯战之后，微软公司同意按150亿美元的公司估值投资2.4亿美元来获得Facebook 1.6%的股权。同时参与投资的还有李嘉诚，他向Facebook注资6000万美元以获得0.4%的股权，几个月以后，他又追加了6000万美元的投资。此外还有一些投资公司投资了1500万美元，这使得Facebook这一年的融资金额不可思议地达到了3.75亿美元。

　　然而随后，Facebook在开发社区广告系统时犯了一个严重的错误——"灯塔"事件的出现。

　　"灯塔"事件导致的另一个结果是首席运营官范·纳塔的下台。董事会成员认为范·纳塔虽然是不可多得的商业天才，但不够沉稳，无法胜任一位年仅23岁的CEO的得力助手。最终，扎克伯格选择了谢丽尔·桑德伯格这位现年40岁、精明能干的女性做他的首席运营官。桑德伯格在Google时累积了丰富的广告经验，而这正是Facebook目前最需要的。

　　Facebook需要钱，尽管它从微软和李嘉诚那里筹集了3亿多美元，但这家公司已经今非昔比，不再是帕洛阿尔托那间简陋的房子里的小公司了。如今，Facebook需要支付500名雇员的薪水，需要维持庞大的数据中心里数百个服务器的运行，还在计划搬迁到一个更大的办公楼中。这3亿美元仿佛流水一般，在很短的时间内就被用光了，所以让Facebook能够自力更生是当下最重要的任务，而实现赢利的关键，毫无疑问就是广告。不论扎克伯格本人对此多么不情愿，桑德伯格已经这么决定了。

　　为了给桑德伯格更大的自由，扎克伯格特意选择在公司集中精力讨论广告业务的方向时外出度假。他打算用一个月的时间去环游地球，留下桑德伯格决定 Facebook 未来的赢利模式。

Facebook 的会议与众不同，每周一到两次，时间从早晨 6 点直到晚上 9 点。与会人员除了桑德伯格、公司内一小部分与广告业相关的高管，还有许多其他的业务人员。会议规模也在不断扩大。到晚上，与会者常常多达 15 到 20 人。这种马拉松式的会议当然也包括了午餐和晚餐的时间，有些时候，他们甚至把食物带进会议室。

经过几周的商议，几乎每个人都认为未来广告收入将占到 Facebook 总体赢利的 70%，然而要满足扎克伯格的要求并不容易：他只在乎那些符合公司长远利益的提案。在此之前，为形势所迫的扎克伯格也接受了在 Facebook 上放广告，但就效果而言并不乐观，仅能做到收支平衡，而之前的"灯塔"风波更是让他心有余悸。

每个人都相信，像 Facebook 这样拥有庞大用户资源的公司未来可能创造的利润是不可估量的。如今他们唯一要做的，就是找出最适合的赢利方法，简单说来，就是发掘独一无二的广告模式。

桑德伯格仔细研究了 Google 的广告：当你在 Google 上搜索时，只要输入关键字，系统就会提供给你一个与之相关的广告信息。例如你在搜索框内输入"手机"，那么除了相关网站外，页面上还会出现许多手机广告。很多时候，潜在的手机消费者就会点击这些广告，这也是厂商们希望的。Google 就是通过这个方法卖出了大量的广告，从而赚得盆满钵满。

不过这种广告的缺点是，你必须清楚自己的需求，然后输入关键字，才能得到你需要的。桑德伯格的研究人员发现，在全世界高达 6000 亿美元的广告中，只有 20% 的广告是投放给了解自己想要什么的人的，剩下的 80% 则都是为了吸引需求。大多数的消费者是盲目的，他们不知道自己究竟需要什么，只是跟着媒体宣传走。电视广告所做的就是这个，通过不断的宣传，将品牌观念深植入你的大脑。在网络世界，这一点是 Google 做不到的。它能提供给一个需要手机的人相关的手机广告，却不能说服一个本不打算买手机的人去买一个新的手机。

这些则恰恰是 Facebook 需要把握的。当越来越多的消费行为开始转向网络，利用网络平台进行有效的商业宣传将是 Facebook 广告业务的重点。现在，互联网已经从电视、报纸等传统媒体中抢走了大批的受众，而 Facebook 又已经在互联网上占据了极大的份额，在美国等几个国家中，Facebook 是网民们每天在线时间最长的网站。广告市场专家丹·罗斯说，如果这一点与 Facebook 根据用户信息投放广告的能力相结合，必定会产生越来越多需求性广告。

当这些讨论告一段落时，马克·扎克伯格也结束了他的环球旅行回到了公司。他似乎已经接受了这样的结论，因为它符合公司的长远利益。经过进一步的交流，一个最终的广告概念慢慢形成，他们把它称为：定制式广告。这种广告模式允许投放者在用户页面上适度投放引导性的信息，或者组织某些在线活动，吸引用户点击，或者让他们成为某个品牌在 Facebook 上的粉丝。这也正是扎克伯格想做的。

很快，定制式广告取代了传统的赞助商广告，在 Facebook 营销人员向投放者推销广告产品时，这也成了他们主打的项目。扎克伯格形容它是"人们在网站上造出来的有机信息"。

不出意料，这种广告一经推出立刻大受欢迎。第一年，仅这一项的收入就达到数亿美元。其中每一千次的广告浏览，Facebook 就可以至少收取 5 美元，而对于那些多次查看自己页面的 3 亿多活跃用户，费用还可以增加。这些收入的增长在未来几乎不可估量。

丹·罗斯，如今已经是 Facebook 负责商业发展的副经理，他说他们大概永远不会再卖条幅广告了，对接式广告将成为互联网的优势力量，这几乎颠覆了 50 年来电视和平面媒体带给人们的广告体验。当然，微软的条幅广告依然挂在 Facebook 的页面上，他们已经合作多年。在 2000 年，这曾带来 5000 万美元的收入，但与如今的定制式广告相比，已无足轻重。对马克·扎克伯格来说，这种广告完全从页面上消失大概是他最希望看到的，当然，这还需要时间。

除了广告，Facebook 还通过售卖一些虚拟商品来赢利，例如游戏中的小道具。他们甚至将商业广告细分，一些小广告商可以直接通过信用卡在网上购买小型广告，不过仅限在当地。

对 Facebook 来说，他们还有一个优势。因为网站掌握了最多的用户信息，他们可以轻易了解到用户们浏览了哪些广告，甚至可以将用户以年龄、性别、职业等划分成不同的人群，统计他们的喜好，并将这些数据提供给广告投放者，使得他们能够根据消费者的口味调整宣传战略，使自己的广告更加有的放矢，这是有史以来任何一个网站都做不到的，包括 Google。

不过，这样的赢利模式对于 Facebook 而言也隐藏着不小的问题。在数据统计的过程中，用户的个人隐私是否能得到保护是一件很难说的事。尽管 Facebook 声称他们只从宏观方面统计，绝不侵犯用户的个人隐私，但他们能否真正言行如一，还需要时间的检验。在未来某天，一旦有关隐私被侵犯的丑闻爆发，Facebook 必然将面临一场前所未有的危机。不过好在目前，在扎克伯格严格的管理之下，用户还并未对此产生过多负面的反应。

通过这种前所未有的广告模式，马克·扎克伯格终于可以名正言顺地跻身于 21 世纪的 IT 富豪之列了。他一手打造的社交网络帝国从此转变成一个马力强劲的印钞机，数以亿计的广告收入使他可以无须再依靠投资来维持公司的运营，当然这其中有着谢丽尔·桑德伯格很大的功劳。

于是，在互联网时代，人们至少明白了一件事：赚大钱、成为一个富翁并不像过去那样要吃得苦中苦，并耗费数十年的光阴打拼。在这个时代，只要你创造出绝无仅有的东西，再加上点独一无二的创意和人们的赏识，获取财富就会变得儿戏般容易。马克·扎克伯格就是最好的范例，当然，首先你得是个技术创新的天才。

向全球开放，在全世界赢利

从 Facebook 初创那天起，马克·扎克伯格的野心就从未有丝毫的收敛。2006 年秋天，全世界的英语使用者开始大规模地涌入这个网站，到 2008 年底时，Facebook 已经有了 35 个语言版本，仅美国以外的活跃用户就达到了 1.45 亿，占总数的 70%。2009 年 9 月，Facebook 的用户人数已经达到了 3 亿人，从那以后，每天增加的新用户竟然高达 100 万。如今，这个 5 亿人的网络帝国几乎成了互联网世界里一股统治性的力量。

2009 年，著名的国际市场调查公司 AC 尼尔森研究所的调查数据表明，互联网时代已经发生了划时代的改变：全球互联网用户在社交网络上花费的时间第一次超过了使用电子邮件的时间，这说明 SNS 网络逐渐占据了互联网世界的主流地位。在这其中，Facebook 的增长量是所有其他的社交网站无法比拟的。从 2008 年到 2009 年，Facebook 的用户在线时间增长了 566%，205 亿分钟。

对于今天的局面，马克·扎克伯格很早之前就已经有所预见。在他看来，社交网站的"战国时代"不会持续很久，因为很少有人愿意在多个网站上花费时间，不厌其烦地填写个人简介。最终，那个功能最丰富、使用效果最好、用户最多的交流平台会得到最多的认同，从而巩固它的用户群，占领市场，一统天下。扎克伯格的野心正在于此，所以在他宏伟的计划中，Facebook 不仅要在美国，更要在全世界赢取最多的用户，超越所有的社交网站，直到成为这个领域的行业标准，就像微软在个人电脑操作系统中所做的那样。

于是，日本、俄罗斯、韩国以及中国这几个关键的市场成了 Facebook 必须极力争取的目标。在这些国家，本地社交网站已经抢先一步牢牢控制了局面，如果扎克伯格希望渗入其中，就必须打破这种局面。不过在那之前，Facebook 已经成功地在许多国家赢得了用户并占据了主导地位，所以扎克伯格很有信心。当然他也承认，"开放整个世界并非一朝一夕，这是个需要10～15年的事情。"

为了实现这个目标，早在2008年初，Facebook就发布了他们的翻译工具，这也是一项伟大的创新，为其全球扩张打下了广泛的基础。在扎克伯格看来，许多美国在线服务网站的美国味道过于浓厚，反而会让外国人感到不习惯，所以，一贯秉持极简风格的Facebook极力减少自身的美国风格。对于意大利、菲律宾、土耳其等国家的用户来说，面对网站上熟悉的文字，他们几乎感觉不出自己是在使用着美国人创造的东西。而在打造多语言平台的过程中，Facebook尽可能地将庞大的工作转交给世界各地的用户，鼓励他们在这个开放的平台上自己打造最习惯的语言版本，这不但收到了很好的效果，还进一步增强了用户对Facebook的兴趣和忠诚度。

对于Facebook来说，拓展自己在全世界的影响力所面临的最大问题就是如何融合各国不同的文化与风俗。美国人崇尚的自由价值观有些时候过于武断，虽然扎克伯格始终宣称自己希望通过这个平台开放全世界，但骨子里Facebook依旧是一个典型的美国制造。它在中东地区的推广过程中所遇到的障碍已经凸显了这个矛盾，所以正如扎克伯格自己所意识到的那样：开放并非一朝一夕。

此外，世界范围内Facebook的对手依然强大，至少在俄罗斯、日本、中国等地Facebook还无法找到突破口，击败尽管是依靠模仿自己起步却已形成了足够规模的本土公司，而且在这些地区的赢利前景依然显得很模糊。

当然，扎克伯格一直坚持认为在Facebook的发展过程中，扩张远比赢利更重要，但不可否认的是，扩张的终极目的依旧是赢利。他有桑德伯格这样出色的COO（首席运营官）和成熟又有干劲的运营团队，一旦Facebook完成宏伟的"开放世界"的蓝图，那么在全世界赢利几乎不是问题，而且其中的利润无法估量。

　　大概终有一天，Facebook 会变得像 Windows 系统那样普及，全世界所有的人都在使用它，并向它支付费用。姑且不论在一个已经开放的网络世界里 Facebook 是否能打败所有的竞争对手，即使这一目标真能实现，Facebook 又会不会像微软那样成为互联网时代新的垄断巨头，变成 IT 行业的下一个梦魇呢？

　　不论如何，那都是后话了。由于社交网站 Facebook 公司在显示、搜索，以及移动广告领域占据很大的优势，Facebook 的广告业务营收将赶超全球互联网搜索引擎巨头 Google 公司。不过，相信即使这样的现状，也依旧无法令扎克伯格满意，因为我们都知道，从创业伊始，他的眼中就只有一个目标：把 Facebook 做成比微软、Google 更成功的企业，向全球开放，然后在全世界赢利。

财富眷顾勇者，帝国没有界限

　　互联网进入 21 世纪之后发生了巨大的变化，曾经微软是互联网的老大，后来相继出现了苹果、Google，还有来势汹汹的 Facebook 和亚马逊，仿佛互联网的天下被这几家瓜分了。这些大家耳熟能详的网站，不仅仅在自己强势的领域如鱼得水，而且还扩张到了更为广阔的其他领域，比如广告、数字内容、通讯等，在这些领域这几家公司没有在竞争中趴下，反而变得越来越强大，越来越有劲头。在这样的竞争下 Facebook 虽然犹如一个新生儿，可是却以初生牛犊不怕虎之势，与一些老牌网站开展了激烈的竞争，它到底能否获胜？它的道路到底通向何方呢？

　　通过我们身边的事情我们可以知道，苹果、Google、Facebook 在 9 大领域展开竞争：移动平台、收购活动、社交网络、搜索业务、网络支付、网络广告、操作系统、办公软件、电子邮件服务。

其实，看似苹果、Google、亚马逊和 Facebook 竞争激烈，但是在战略上它们有很多的相同之处，都是通过软件和内容的垂直整合来对消费者形成黏性，以此争夺更多的消费者。这种竞争的目的就是，通过某个具有消费者吸引力的新产品，侵入竞争对手所掌控的领域，将其用户吸引到自己的领域，促使自己领域的用户越来越多，业务量不断地增加。对那些被侵入者来说，损失的不仅仅是用户，还是市场，是经济利益。尤其像 Facebook 这样的年轻网站，受到的损失更为严重。

虽然，Facebook 赢得了苹果用户的钟爱，但是 Facebook 的竞争对手也争相推出了更多的属于自己的个性产品，与之争夺市场，抢夺用户。苹果推出了 iOS 5，这一功能对 Facebook 来说是一种极大的牵制，从此苹果的用户可以摆脱对 Facebook 的依赖，使得用户可以直接从苹果的产品上发送消息。亚马逊推出的 Kindle 也具有很强大的社交功能，这个功能的上市，对 Facebook 来说，既干涉了 Facebook 的业务发展，更是牵绊住了 Facebook 下一步发展的精力。Facebook 不想坐以待毙，它需要反抗，这样自己的地盘才可以保得住。Facebook 赶紧推出了一些新的功能来巩固自己在社交领域的地位，而且必须要够速度，要给那些侵犯自己领域的"敌人"猛烈的回击。Facebook 只有这样去做才能使自己的"领土"不被其他人侵占更多。扎克伯格不能够速战速决，最终损失严重的还是 Facebook，因为牵扯的精力越多，拉开的战线越长，Facebook 就不能全身心地建设网站，也没有更多的精力去考虑网站的长远发展，只能是想尽办法和策略来应付对手的进攻。前途考虑少了，眼前的路就越走越黑。

进攻就是最好的防守。那些与 Facebook 竞争的对手，都是有备而来的，但 Facebook 根本不知道下一个对手从何而来。这对于主动进攻的一方是十分有利的，但对于被动方 Facebook 来说压力十分大。虽然起初扎克伯格反对在 Facebook 上做广告，但是最后没有办法不得不通过做广告来支撑网站的开销。

Facebook 面对的压力不仅仅是赤裸裸的外部压力，还有对比之后差距的压力。尤其在赢利方面。Google 每年的利润达到了 240 亿，亚马逊每年收入达到了 1000 亿，苹果虽然没有一个准确的收入数据，但是我们都知道苹果从每部 iPhone 抽取 368 美元的利润。虽然市场还有更便宜的 iPhone 但是买到的只能算是个裸机，要想安装其他的软件，不得不再去掏钱。

Facebook 与苹果、亚马逊、Google 比收入显然不占优势。主要原因是 Facebook 在很长的一段时间里，不做广告，用户都是免费使用 Facebook 平台。在 2011 年上半年，Facebook 收入为 16 亿美元，这一数字苹果只需要不到 9 天就可以实现。如果想达到竞争对手的收入数字，扎克伯格不能不下一番工夫了！

虽然扎克伯格面临的压力很大，但是扎克伯格总是一副不怕困难的精神面貌，更重要的是扎克伯格一直用行动证明自己不屈服于外界任何的压力。扎克伯格针对用户需求的产品全面撒网，广告也好，搜索也好，数字产品也好，扎克伯格都在一步步地去实现。可是，目前还没有长大的 Facebook 由于资金的缺乏，在很多方面的发展受到了限制。要想看到 Facebook 真正腾飞起来，只能等待上市之后，当然在这个过程中前方的道路依然很曲折，压力依然很大，就看扎克伯格能不能挺得住了。

Facebook 与苹果、Google 相比虽然面临的困难重重，但是扎克伯格有勇往直前、不怕困苦的精神，只要有了这些比金钱更为宝贵的东西，距离下一次创造奇迹还会遥远吗？大家拭目以待吧！

上市将面临人才流失

Facebook 已经决定在纳斯达克上市，追捧者们早已牢记它的代码"FB"。Facebook 计划融资 50 亿美元，届时 Facebook 将拥有 750 亿～ 1000 亿美元的资金，成为继 2004 年 Google 上市以来最大的互联网 IPO。这对美国股市来说无疑是一次重大胜利。

ForTinet 创始人兼首席执行官谢青在谈到硅谷时说："硅谷人才竞争非常激烈。我在硅谷待了 20 多年、做了三家公司，感受最深的就是，人才好招但难留。现在，硅谷人的平均跳槽时间已经不到两年。"对于因 IPO 在即而即将解开"金手铐"的 Facebook 员工来说，这种硅谷式跳槽效应可能更有一番意味。

Facebook 计划融资 50 亿美金，这将是美国历史上最大规模的科技公司 IPO 交易，市场预计其估值可望达到 750 亿～ 1000 亿美金。马克·扎克伯格说："我们上市是为惠及公司雇员和投资者。"他兑现了诺言。由此，28 岁的扎克伯格可跻身《福布斯》全球首富榜的第八位，身家超过 260 亿美金。同时按该杂志预计，这家最大的社交网站还将造就上千名的百万美金富翁员工，这一数值预计占 Facebook 公司总人数的近 1/3。此外，它还将造就不少千万美金的富翁以及若干亿万富豪。

但是另外一方面，梦幻般的 Facebook 也正舞在硅谷的刀尖。硅谷有着全球几乎最"丰腴"的资金、人才和创业环境，然而他们面临相同的困境——怎样才能留住人才。美国创业者的平均年龄已由 20 年前的 37 岁变成 27 岁。在硅谷，员工如果跳槽，投身早期公司的价值最大。

换句话说，Facebook 的荣耀已经超越 Google，那么它很可能经历 Google 曾经历的考验，当年大量 Google 人才跳槽前往 Facebook 的迁徙浪潮很有可能重演。"从另一个角度看，创下科技公司 IPO 之最的 Facebook，也创下全球互联网领域有史以来最大规模的一次套现行动。"Facebook 的投资人对此显得忧心忡忡。甚至可以推测不少 Facebook 员工计划在账面资产实现后离开，或暂休一段较长时间的年假，抑或投身新项目的创业。

从 2004 年创立到 2012 年启动 IPO，Facebook 的过去 8 年，用梦幻来赞誉并不过分。这几乎就是一个梦幻般的公司。Facebook 的招股说明书展示了真正的利润、数十亿美金的现金流和投资，3000 多名员工有令人难以置信的工作效率，它的用户参与度也让人闻所未闻。招股说明书几乎没有数据噱头或可疑指标，甚至都没有硅谷创新企业经常会面临的一叠高过一叠的各类法律诉讼。

当然，在之前的创业期，Facebook 为招揽人才，在股权计划上亦可谓十分慷慨。一位 Facebook 前招聘负责人透露，2009 年该公司曾授予工程师 15 年期权，可以以 6 美元价格购买 6.5 万股公司股票。2010 年 Facebook 实施拆股计划后，这批工程师的期权规模达到 32.5 万股，按拆股比例及预计融资规模，这些工程师的持股价值都将超过百万美元。但百万和千万富翁也是最难管理的，这也是最显而易见的道理，上市后 Facebook 必将面临人才流失的挑战。Facebook 招股说明书显示，很多 Facebook 老员工有望在公司上市时获得 400 万至 2000 万美金不等的账面资产，而等到 IPO 后 6 个月的禁售期过后，这笔账面资产就可以套现。

更为重要的是加利福尼亚州的法律政策甚至不允许公司雇主与员工签署"竞业禁止"条款。"竞业禁止"条款是指公司雇主为保护其商业机密、知识产权和商誉，限制其雇员在离开公司一定时间内加入竞争对手的法律条款。这种条款在一定程度上是对自由竞争的限制，也是对雇员劳动权利的限制。美国法律界并未对此达成共识，因此美国没有通过相应的联邦法律，而采取各个州有各自不同法律的做法。上市后的 Facebook 会面对怎样一种局面呢？我们不得而知。

创业伙伴分道扬镳

在 Facebook 成立的大多数时间里，马克·扎克伯格和他的团队，或者说那些被他信任的朋友们一直保持着很好的合作关系。他们并不仅仅是老板和雇员，共同的创业经历让他们比很多公司的领导层更加团结。然而风投资本的加入总是让这一切看起来不那么完美，尤其是肖恩·帕克被态度强硬地赶出公司后。

"灯塔"事件的最终结果是导致当时的首席运营官范·纳塔的下台。马克在董事会成员吉姆·布雷耶的压力下意识到，他必须重新寻找一个更适合于这个职位，也更能辅佐自己的首席运营官。这时，谢丽尔·桑德伯格进入了他的视线。

然而，就在桑德伯格到任的几个月里，Facebook 公司的领导层经历了一场基础性的重组。范·纳塔自然是第一个，不过他很快在 MySpace 谋到了一个 CEO 的职位。

马克·扎克伯格以及他的事业能有今天的成就也离不开他当年的团队与伙伴。

就像微软靠的是比尔·盖茨与他的儿时玩伴保罗·艾伦共同建立，还有盖茨的校友现任微软首席执行官兼总裁的史蒂夫·鲍尔默。扎克伯格也并非一人单打独斗，但是现如今 Facebook 做大做强了，即使早年同一战线的同志，也不免开始另做打算。

亚当·德安杰罗，这位高中时就和马克一起设计播放器软件的多年好友，尽管他几次离开又几次回来，但最终还是选择自己创办一家新公司，还带走了 Facebook 的顶级工程师查理·奇弗。

马特·科勒从 2005 年起就是马克的智囊。他加入了一家不错的投资公司——基准投资公司，这是他一直向往的工作，当一名风投资本家，不过他和马克的关系依然亲密。

最令人意外的是达斯汀·莫斯科维茨的离职。从公司创办之初，莫斯科维茨就是扎克伯格的左膀右臂，并且一直是公司最大的股东之一。他和马克的关系极其密切。莫斯科维茨同样决定创办自己的公司，主营网络软件，名字叫Asana，这是一个与Facebook相关的在线商用软件产品，他已经计划好久了。

莫斯科维茨的离去对马克的影响很大，但或许也在情理之中。Facebook正变得越来越专业，各部门分工的不断细化让这位自学成才的财务主管感到自己已经难以控制局面，并不能有效地发挥自己的影响力。马克的日益专制也让莫斯科维茨感到疲于应付，尤其是在桑德伯格加入以后。事实上，莫斯科维茨对桑德伯格的印象不错，但和早期的马克一样，他依旧认为桑德伯格的想法和自己设想的Facebook的发展进程是相互矛盾的。他不愿意这么快地进入广告市场，用户对他来说更加重要，不过他无法影响桑德伯格的决定。所以，莫斯科维茨的离去其实源于和马克在公司发展方向的分歧。

克里斯·休斯也离开了Facebook，他比德安杰罗和莫斯科维茨离开得更早，而且他的原因很简单，仅仅是因为厌倦了。

朋友们的离去让马克感到有些郁闷，但他还是选择了听之任之的态度，毕竟他已经是一家很有规模的公司的CEO，一切都要以大局为重。其实这些朋友并不是和马克有本质上的冲突，那些合作多年的同事兼朋友依旧很关注Facebook，他们只是不能适应大公司的决策妥协和应付那些官方文件。或许马克本人也不喜欢这样，但那毕竟是他的公司，他有责任，也必须承受这一切。

或许就像克里斯·休斯说的，和马克一起工作很有挑战性，可你无法知道你所做的他是否喜欢，所以和他做朋友好过一起工作。

当然，这些元老级人物的离去对Facebook本身并没有太大的影响，就像当年肖恩·帕克离开时一样。马克依旧牢牢地控制着公司的生杀大权，桑德伯格则替他建立了一个更加成熟有序的运营团队。总之，Facebook正在向着更加光明的方向前进，只是马克和朋友们过去的那些美好时光一去不返。

与马克一起起步而来的老友们都已经一一告别了，Facebook 的大换血却没有影响它的发展步伐。伙伴很重要，却往往不能永久共事。

《福布斯》杂志副主编米勒评论说："毋庸置疑，马克·扎克伯格是现在世界上最年轻的亿万富翁，我们也相信，他是史上最年轻的白手起家的亿万富翁。"

世界上最年轻亿万富翁的理想与生活是不简单的，虽说是举世闻名的亿万富翁，但扎克伯格依然我行我素，丝毫不改年轻人的率性。在一些公共场所，他往往穿着运动衫、卡其裤、运动鞋甚至凉鞋出现在众人面前。

像那些迟睡晚起的美国青年一样，马克·扎克伯格常常不会在早上 8 点按时起床。直到 2011 年 5 月以前，他仍然住在租来的一厅一室一卫的小小集资楼上，仿佛随时准备退出那令人仰慕的世界亿万富豪的行列。扎克伯格引用他个人偶像比尔·盖茨的话说过："如果创业失败，我就回学校念书。"

曾经，在企业向他摇晃橄榄枝的时候，扎克伯格想继续念书；但在书念到一半的时候，他却从美国东岸飞到西岸创业。或许是因为家境富裕，也或许是因为"少不更事"，扎克伯格有着初生牛犊的勇气和胆识。不过，如果说扎克伯格有勇无谋，或者说他毫无理想，恐怕也低估了他的潜质。

扎克伯格曾踌躇满志地说过："我只想创建一个长期的东西，其他事情都不是我关心的。"多元化的社会，辍学赚大钱才是正道。凭借常规认识，持有亮眼的学历，在大多数时候，等同于职场入场券。所以，全世界大多数的父母也都告诉子女，能挤进优秀大学拿到好文凭，才是正道。

马克·扎克伯格曾有过一次很危险的经历，他曾经被一支枪管指着，"很幸运，我活了下来"，这是事后他说的话。在 2005 年的春天，他正驾车从帕罗奥多市去伯克利市。仅仅数小时前，他刚与风险投资公司签署了一份价值 1270 万美元的大合同，用以继续发展他刚起步的生意。这是一个划时代的时刻,所以他打算赶往伯克利市去与朋友庆祝。但在他把车停在路边加油的时候,糟糕的事发生了。一个男人突然出现在了他的面前,这个男人手里举着枪并不断咆哮着。"他也没说他想要什么,"扎克伯格说,"我想他是嗑药了。"扎克伯格不再看他,一言不发地走回车里,驾车离去。居然毫发无伤。

今天,这个故事仅仅是他不愿提及的一个小插曲。然而,这个故事与他的经历很相似。一次次预计之外的冒险,有时候令人沮丧,但是往往结果总比任何人预料的要好。

遗漏中国,如何连接世界?

Facebook 的用户越来越多,截至 2011 年 12 月 31 日,Facebook 的活跃用户数量已经到 8.45 亿人。但这个在全世界风靡的网站至今没有登陆中国市场,Facebook 在中国甚至没有一个官方的名称,许多人称它为"脸谱"或者"脸书"。

2010 年 12 月,扎克伯格带着华裔女友一起造访中国,名为度假,但是扎克伯格此次的中国之旅可能是最不像旅行的旅行了。他在度假期间,会见了百度、新浪、阿里巴巴和中国移动等中国顶尖公司的高管。随着扎克伯格的到访,有关 Facebook 进入中国市场的信息频频传出。很多家知名媒体都在预测,Facebook 正在与潜在合作方讨论如何进入中国市场。

当微博上流传出扎克伯格参观百度,并在百度食堂与李彦宏共进午餐的照片后,很多业内人士纷纷猜测:百度可能会与 Facebook 展开合作。随后,扎克伯格又与中国移动董事长王建宙进行了会谈。接着有爆料称,扎克伯格欲在中国的移动互联网市场寻求合作机会。

中国对于 Facebook 的发展具有重要意义，扎克伯格在一次公开演讲中说："中国是这个世界如此重要的一部分，如果遗漏了这 13 亿人的市场，Facebook 还如何能连接整个世界？"谢丽尔·桑德伯格也曾在公开场合表达了类似的观点："我们的价值观是连接世界，而中国市场的空缺让我们失去了很大一部分世界人口。"

早在 2005 年，Facebook 就开始了进入中国的第一步，注册了 .cn 的域名；随后，2008 年 3 月，李嘉诚向 Facebook 投资 1.2 亿美元，并称这项投资会与"和黄业务"形成协同效应，日后在"和黄"的手机业务上，可以使用 Facebook 服务；3 个月后，Facebook 推出了简体中文版本；2010 年 2 月，Facebook 在香港开设办事处，为香港和台湾的广告客户服务，一时间 Facebook 入华的消息沸沸扬扬。

从其他一些细节也可以窥探出扎克伯格对中国市场的兴趣，他拥有一位东方面孔的华裔女友普莉希拉。普莉希拉·陈从香港移民到美国，父亲退休前为香港政府官员。2004 年，扎克伯格创建 Facebook 时，招募了一些同学帮助自己，普莉希拉就是其中的一员。之后，两人开始约会。普莉希拉不但在生活上是扎克伯格的伴侣，在事业上也是他的拍档。她一直在背后支持扎克伯格，跟着扎克伯格的团队去加州创业，毕业后正式加入了 Facebook 的大事业。2011 年，扎克伯格花 700 万美元买下了一套豪宅，他们一起搬进了这套房子。两人还共同豢养了一头名为"野兽"的宠物狗。一切迹象似乎都表明，两人正打算共组甜蜜小家庭。

扎克伯格每天还会花一个小时学习中文。"我每天花一个小时学习中文，我尝试理解这门语言，它的文化、它的心理定式。"扎克伯格在斯坦福的一次演讲中这样说。

长期研究中国市场、学习汉语、访问中国，从扎克伯格的这些行为中可以看出他是多么想让 Facebook 落地中国。但是，Facebook 至今仍然没有进入中国，桑德伯格曾说："中国市场比较复杂，我们也在通过不同渠道处理这个问题，但是我们还没有任何具体的安排和措施，也没有做出最终决定。"

由于 Facebook 入华的时间一再拖延，很多人都认为 Facebook 已经失去进入中国市场的最佳时机，甚至有人开始唱衰其在中国发展的前景。一位业内人士声称："即便扎克伯格亲自来华运营，也未必能取得成功。"有人还调侃说 Facebook 如果来中国是"非死不可"。

事实证明，互联网行业是中国企业可以赶超世界巨头的唯一市场。很多国际互联网巨头进入中国互联网市场时都遭到了惨败，比如，Google 就不得不退出中国市场，eBay 出售给了 TOM 网。Google 和 eBay 在进入中国市场时，都想有一番大作为，但由于对中国市场不了解，纷纷陷入困境。他们的失败，对同样雄心勃勃的扎克伯格是最好的警钟。

Google 在中国市场的失败可以说并不是产品的失败，而是其在面对中国网络审查制度时不妥协的态度造成了今天的败局。同样，Facebook 也强调自由、公开、透明。这些理念使扎克伯格不得不提防可能像 Google 一样遇到的政策风险。

除政策因素外，Facebook 落地中国面临的还有中国网民与海外网民不同的用户习惯和文化习惯等问题。首先，目前中国诚信的缺失让人们无法放心地把自己的隐私、家人信息等放在互联网上。网民也不太可能热衷实名制的方式。其次，社会文化不同，中国没有形成国外非常普遍的沙龙文化，这会直接影响到网民们在网上的交流。基于这些不同，Facebook 即便在全球已经如火如荼，但在中国市场上，很可能会遭遇"门庭冷落"的局面。就像外媒所评论的，Facebook 能否进入中国并获得市场，并不完全取决于中国官方，还取决于中国市场、中国网民的口味。已有不少事例表明，中国互联网用户有自己特殊的习惯，并非都喜欢 Facebook 的交友方式。

从竞争的角度来看，Facebook 似乎也不再具有任何优势。随着 Facebook

的兴起，中国市场上也开始出现所谓的 SNS 网站。人人网、开心网等如雨后春笋般建立起来，互联网巨头新浪、腾讯等也都在大力发展自己的 SNS 势力。可以说，中国市场上的 SNS 网站竞争很激烈。而且，这些 SNS 网站大多借鉴甚至模仿 Facebook，这让 Facebook 在中国失去了不少的发展空间。

更为关键的是，Facebook 之所以成功，在于用户对其形成的黏性。一般而言，用户一旦选择一个社交网站，不会轻易做出改变。中国的网民已经对其所在的社交网站形成了黏性，比如在 QQ 社区上，用户关注自己很多朋友、亲人的动态。更换社交网站意味着用户的朋友以及家人都要大规模搬迁，这样的变化不太可能发生。所以，Facebook 面临的最大挑战在于，很难从已经发展起来的中国本土社交网站上争夺用户。

不过，扎克伯格对于中国的热情并不是一相情愿的，对于 Facebook 而言，中国市场也存在有利的一面。从中国企业家们的热情招待，到中国企业家的组团到访，都足以表明中国企业家意欲与 Facebook 合作以此站稳中国市场的期望。

2011 年 11 月，新浪 CEO 曹国伟率领冯军、俞敏洪等访问 Facebook 美国总部。曹国伟赴美的目的远不止参观，这一点从其最大竞争对手腾讯的动作上可以看出。腾讯不仅推出了微博平台，与新浪微博直接竞争；同时，宣布入股国内最大的 SNS 网站之一的开心网，准备在 SNS 领域大展手脚。这一举动严重威胁了新浪微博未来的发展。曹国伟参观 Facebook 总部，与扎克伯格秘密会谈，显示出其有意与 Facebook 合作，帮助 Facebook 入华，以此来应对与腾讯的竞争。

尽管进入中国市场困难重重，但从扎克伯格的野心来看，Facebook 不太可能放弃中国市场。在经历了漫长的审批等待之后，Facebook 又将以怎样的姿态与方式来搅动本已竞争白热化的中国 SNS 市场？值得期待！

第八章

Facebook
Mark Elliot Zuckerberg

接管世界的哲学与智慧

- 外界形容我是亿万富翁，但我只想住在公司附近，每天走路上下班。我的助理在公司旁边帮我找了新公寓，我根本没有看过那个地方，只要能走路回家睡觉，再走路到公司上班就行。

- 我认为Facebook需要的人才要具备两个特征，一是高智商。另外，还有一些人，他们缺乏工作经验但聪明过人，接受和学习新事物的速度很快，也能在短时间里做很多事，经验丰富的人往往做不了这些事。第二种人是我迫切需要的。

- 盖茨是值得尊重的前辈。可是，他是他，我是我，他的成就与我无关。说我是某某第二，不是在夸奖我，而是在否定我。如果特色消失，我还是我吗？

乔布斯精神的继承人

乔布斯的离世，让人们替这位为全世界人类做出伟大贡献的人物而惋惜，与此同时，人们都在猜测谁将会成为乔布斯的接班人呢？许多人在众多与乔布斯齐名的人中寻找，有的人则在默默等待。而此刻，也就是在2012年2月2日，Facebook融资50亿美元上市，而创始人竟然是只有28岁的马克·扎克伯格，这一消息轰动了整个世界，人们将马克·扎克伯格与乔布斯一对比，发现他与乔布斯有着惊人的相似。于是，"乔布斯精神"的继承人的使命就落在了这个小伙子的肩膀上。为什么说扎克伯格是乔布斯遗产的继承人呢？

下面我们看看《福布斯》杂志记者杰夫·贝尔科维奇的分析吧！Facebook CEO马克·扎克伯格是苹果已故创始人史蒂夫·乔布斯"精神遗产"的继承人。他在文中将扎克伯格与乔布斯两人的表面和深层的相似性作出了比较，称两人最相似的地方是都坚持自己的信仰。

以下为文章全文：

股票市场理应是无情的，但在苹果已故创始人史蒂夫·乔布斯生命的最后几个星期中，股票市场对他颇为仁慈，让苹果在短时间里成为按市值计算的全球最大公司。苹果市值现为3540亿美元，仍是全球最大的科技公司，且与竞争对手相比有较大的领先优势。

但如果你相信纽约大学斯特恩商学院教授斯考特·加洛韦的说

法，那么不久以后情况就会发生改变。加洛韦本周预测，Facebook
的公司规模将在两年内超过苹果和埃克森美孚。从一个方面来看，
这种比较也是合适的——作为企业家而言，乔布斯无疑是自成一格
的；但如果说有人能与他相比，那就是 Facebook 创始人马克·扎克
伯格。

先从表面的比较开始。乔布斯和扎克伯格都曾从大学退学（乔
布斯从里德学院退学，扎克伯格从哈佛退学），都在年轻时创立了自
己的"帝国"，虽然这对电脑专家而言几乎是一种常态。两人都成长
为令人狂热崇拜的人物，每年的"狂欢秀"都会吸引全球的关注，
虽然 Facebook F8 大会看起来是对苹果 Mac World 大会的不自然地模
仿，且扎克伯格的吸引力还远不及乔布斯。

两人之间也存在表面的差异。乔布斯对用户个人数据的"吝啬"
激怒了出版商，扎克伯格则可能正在一点一点地削弱消费者对数字
隐私权的期望。乔布斯最突出的品质是完美主义，这对硬件制造商
来说很有意义；扎克伯格则更能容忍重复，他所关注的是主导地位。
苹果创立以来的多数时间里都像是一个新贵，是鉴赏家的选择；而
Facebook 几乎从创立的第一天起就将其自身构想为是无处不在的，
这一梦想几近成为现实。

两人实际的相似性则要深得多。扎克伯格与乔布斯最相似的地方
是，他对自己的洞察力深信不疑。乔布斯一直坚信，那些认为自己需
要很多按钮和可拆卸电池的用户能被苹果设备的简约和美观所吸引。
这种信心一直到本周都展现出来，原因是苹果宣布推出 iPhone 4S 而
不是所有人都预期的 iPhone 5。

同样地，扎克伯格的成功吸引了大众的注意力，而他从未屈服
于所谓的"群众智慧"。他从未怀疑过自己的信仰，即他是在为用户

服务，而不是令其受损。他认为，我们现在听到的有关"被动共享"的抱怨声终将消失于无形。Facebook 将继续进化发展，但不是对用户的希望做出回应，而是依照扎克伯格认为的用户终将向其致谢的方式前进。

说扎克伯格是乔布斯的继任者，不仅仅是给扎克伯格头上戴上一个漂亮的光环，更重要的是人类对扎克伯格的更多期待，希望扎克伯格能够像乔布斯一般，为人类做出巨大的贡献。

扎克伯格是个聪明的孩子，他明白人们将他称为乔布斯"遗产"继承人的目的，这代表着更多的责任和使命。正是这种责任和使命感的促使，使得扎克伯格时刻对自己充满信心，克服一切困难，勇往直前，面对金钱的诱惑毫不动摇，将所有的注意力都集中在发展 Facebook 上，争取让这个网站更加实用、更加有趣、更酷。

扎克伯格认为：一个透明度高的世界，其组织会更好，也会更公平。他也正在朝着这个方向不断前进。

极简主义、革命、消除欲望

一个拥有百亿美元身家的年轻富豪，他该拥有什么样的豪宅？

答案是，一套租来的一室一厅的小公寓和一张床垫。即使他后来购买了 700 万元的住所，但对于他的身价，并不算"豪宅"。

在 2010 年加利福尼亚州计算机历史博物馆的一场对话中，扎克伯格说："外界形容我是亿万富翁，但我只想住在公司附近，每天走路上下班。我的助理在公司旁边帮我找了新公寓，我根本没有看过那个地方，只要能走路回家睡觉，再走路到公司上班就行。"

这就是扎克伯格。扎克伯格在他的 Facebook 主页上，引用了"极简主义"、"革命"、"消除欲望"等词汇来描述自己，他的早餐通常是一碗麦片。

扎克伯格的书房中，只有一张桌子、三张椅子和两个木书架，厨房面积也不太大。这只是一个普通职员居住的地方。

扎克伯格不是生性节俭。在幼年时代，发生过这样一件事情，改变了他对金钱的看法。扎克伯格生在一个中产阶级家庭，家境富裕。在小学时代，扎克伯格性格孤僻，因为天生的早熟，他看待问题的角度、分析能力远远超过同龄人。大家称呼他"古怪扎克"。

在班上，有个叫纽芬迪的男孩子，和马克坐得很近。纽芬迪的穿着总是脏兮兮的，身上有股怪味。正在贪玩的年纪，同龄的孩子都没有在意。可是，马克对纽芬迪表现出了极度厌恶，甚至有了成年人的飞扬跋扈。在一次兴趣培养课上，老师艾丽塔安排两人搭建一个建筑模型。建筑模型的设计由两部分构成，就像一座大楼，分主副两栋。马克完成主要的构造以后，发现纽芬迪呆坐在教室的木地板上，一点动静都没有。教室里其他的同学都在积极地搭建，因为艾丽塔说过，要奖励最先完成的那一组。纽芬迪的举动，无疑会拖后腿，别说拿到奖励，甚至要被别人远远甩在后面。好胜的马克简直不能容忍这样的伙伴。他站在教室中间，大声喊："纽芬迪！你这个大傻瓜！你在干吗！"纽芬迪听见马克的叫喊，急忙站起身。他看到别的小同学基本完成任务，急得满头大汗，手忙脚乱地搭，模型摇摇晃晃，越着急越搭不好。马克站在一边，忽然推了他一把，大声喊："滚！你这个白痴。"只听"哗"的一声，纽芬迪倒在模型上，模型在教室里滚乱一地。小朋友们大喊大叫，教室里乱成一团。艾丽塔在隔壁，急忙跑回教室里来。马克面色通红，怒气冲冲地望着纽芬迪，嘴里不停地骂："你这个混蛋，乞丐！"纽芬迪坐在模型里，一声不吭。艾丽塔一把拉住马克出了教室。

在美国的教育机制里，强调对学生的心理培养。发生这样的事情，作为他的父母，一定要接受学校带有强制性的心理辅导。马克做出这样激烈的行为，让马克的父母也很震惊。马克的父亲爱德华向校方承诺，一定加强对马克的心理疏导。

爱德华夫人是心理医生，她意识到了这件事情的重要性，在儿童的大脑里，没有一些道德观念或者条律来约束，通常会毫无顾忌地表达自己的内心。由此，可以断定孩子的性格、心理动态等。爱德华夫人想到，这件事一定有根源，于是，她决定跟马克好好谈谈。

马克这样跟母亲说，纽芬迪不修边幅，衣服上总有肮脏的饭粒，身上有很臭的味道。纽芬迪反应迟钝，总拖他后腿，让他感到丢人。马克一扫平时的冷漠，语速极快。爱德华夫人意识到，纽芬迪一定在马克的心里留下了深刻的负面印象。

爱德华夫人跟马克谈了很久，马克领悟能力很强，他很快听懂了母亲话语里的意思，就是，对待他人要友好，要有绅士风度，发现别人的优点，或者多多帮助别人。马克答应母亲努力做到。

事情并没有爱德华夫人所想的那样顺利。马克确实安静了几天，但是，同样在一次兴趣课上，马克再一次对纽芬迪大打出手。而且，这一次，更加激烈。

当时，艾丽塔组织了一个击鼓游戏，孩子们围成圈，一个孩子背对着大家围成的圈，在圈外击鼓。鼓声响起，孩子们急着传送手里的卡片，鼓声一停，卡片传到了谁，谁就要"受罚"，代替击鼓的人。马克并不喜欢和小朋友玩，他更倾向于翻看教室里的图文卡片，因为卡片上有很多新鲜的诗文，令他产生了浓厚的兴趣。爱德华夫妇也注意到过这一点，他们一直以为，马克会是一个准书呆子，但是没想到的是，二十年以后，马克成长为世界最年轻的富豪。

马克在圈子里心不在焉，卡片到他手里，只是机械地传给别人，大家静悄悄的，没有声响，空气很紧张。击鼓的正是纽芬迪。纽芬迪的鼓声，比别的小朋友慢很多，毫无节奏，叮叮咚咚敲了很久，终于停下来，这时，卡片正在马克手上。小朋友们忽然大笑起来，纷纷说他是猕猴，按照游戏规则，鼓声一落，卡片传到谁手里，谁就被称做猕猴。马克脸涨得通红，从圈子里站起来，走到鼓手纽芬迪旁边，接过纽芬迪的小鼓槌，纽芬迪不敢看他，低头准备走回圈子里。但是这时，马克忽然拿起小鼓槌，冲纽芬迪的头砸去。纽芬迪啊啊大叫，在教室里乱跑，马克紧追不舍，嘴里不停地骂，小朋友们有的跟着起哄，胆子小的就躲在角落里。教室里乱成一团。艾丽塔老师赶来时，马克已经把纽芬迪堵在角落里，不停地用小鼓槌敲他的头。

艾丽塔及时赶到，制止了马克。纽芬迪的头上起了一个大包。纽芬迪站在角落里，委屈得直掉眼泪。

马克的行为显然面临被学校赶走的危险。爱德华夫人百般道歉。校方严正声明，必须有医院开具的证明，证明马克心理矫正成功，不会再发生同类的事情，否则，坚决不允许他再在学校待下去。

生性倔强的马克在出门时，还在气势汹汹地望着纽芬迪。纽芬迪站在教室的门口，看着马克，眼睛里没有一点憎恶，好像在为失去一个朋友而伤心。

马克从此落下了混小子的名号。20年后，马克一段聊天记录被曝光。在记录里，马克称自己有上千份哈佛女生的资料，对方问他从哪里得来，他说，那群傻子，就是相信我。还被曝光印着"我是CEO……婊子"的名片，后来这些传闻经马克证实，确实属实。这一点，也正说明他性格里的灰暗面。

爱德华夫妇对马克做出的事情相当震惊。两人跟他谈了很久，但是收效甚微。马克内心里，不但没有意识到自己犯下的错，相反他无比地自豪，以为自己惩罚了纽芬迪的愚蠢和对自己的挑衅。是的，纽芬迪让自己在众人面前出丑，这样下等的人，简直不配和他站在一起。这时候他的心里，有了明显的对抗情绪。他狡猾地表面认错，但是内心里，仍然有不肯低头的优越感。

马克在家里休整了一个星期，仍然没有成效，爱德华夫人跟他说的道理，他全明白，点头答应，但是脸上仍然有掩饰不了的倔强。爱德华知道马克喜欢看典故，他拿来那些名人的典故给他，告诉他要博爱，关心别人，但是，还是不见效果。

爱德华夫妇担心，照这样下去，马克的性格在不久的将来，一定暴躁异常，而且有严重的暴力倾向。夫妇俩所有的努力都不见成效，他们十分担心焦虑。正在这时，艾丽塔老师打电话来，告诉他们，那个被马克打过两次的纽芬迪，主动请求老师原谅马克，希望他早点回学校来。接电话的时候，马克也在旁边，他认真听着电话里的声音。爱德华夫人注意到，当他听到艾丽塔说，纽芬迪希望他早点回到学校时，脸上有着异样的变化。很明显，马克感到意外，同时，他也觉得歉疚了。

事情发生转变还是在一个星期以后。艾丽塔跟爱德华夫人做了一次彻底的沟通，既然马克在听到纽芬迪主动原谅他的消息时，心里有了触动，那么，沿着这条线下去，应该会收到不错的矫正效果。

这一天是周末，马克跟爱德华夫妇一起，驱车到纽瓦克公立学校附近的郊外。爱德华说，是带马克郊游。一路上，风景迷人，他显得很兴奋，还对着车窗外吹口哨。爱德华夫妇面色凝重，他们不知道此行会给他带来什么样的改变。

车子在郊外一个偏远的地方停下来，映入眼帘的，是当地有名的棚户区。在一座半秃山脚下，一座座窝棚杂乱堆积在一处。下车之后，艾丽塔老师站在棚户区的入口向他们招手。马克看到艾丽塔，直往车里钻，这个桀骜不驯的孩子，还是有些害怕他的老师的。

爱德华夫妇紧攥着他的手，跟在艾丽塔的身后，穿过一个个矮小破旧的窝棚。每个窝棚里都有人，睁着茫然新奇的大眼，看他们走过。到了山坡的脚下，艾丽塔在一个小窝棚前停下来。纽芬迪正端着一个破了边的瓷器，望着爱德华夫妇，还有马克。他脸上挂着热情洋溢的笑，让他们进棚里。爱德华夫人注意到，这时候的马克异常安静。

棚里很小，根本没有能坐的地方，到处摆满了东西。棚的最里面，一张破毡子上面躺着一个人。艾丽塔介绍说，这是纽芬迪的奶奶，因为患帕金森症，常年瘫在床上。纽芬迪的妈妈，在外做家政服务，常常要深夜回来。平常，奶奶就由纽芬迪负责照料。

纽芬迪没有跟他们谈话，一直在窝棚里跑来跑去，收拾东西，张罗给奶奶喂饭。窝棚里有一股味道，这个味道就是马克所厌恶的纽芬迪身上的味道。但是，他一直没有说话。

爱德华夫妇坐了一会，起身就走了。在出窝棚的路上，马克一直回头望。爱德华夫人知道，他一定意识到自己的错了。

20年之后，马克向纽瓦克公立学校系统(Newark Public School System)捐赠1亿美元，帮助全美最为落后的学校提高教育水平。当年的纽芬迪不知去向，那个窝棚区也早已拆迁完，在马克心里，那个窝棚区是一个遗憾，也是一个心结。

爱德华夫妇回到家以后，没有和马克说什么，倒是他问起了棚户区。爱德华夫人又重新给他说了关于博爱仁义的事。马克只是低着头，没有表示。

一个星期后，马克重新回到学校，性情大变。对纽芬迪异常友好，主动帮助纽芬迪做力所能及的事情。他跟爱德华夫人说，这样可以让纽芬迪尽早回家，帮助需要他的人。此后，马克再也没有开口向爱德华夫妇要钱，极其自律。

爱德华夫人说，马克是个有天赋的孩子，太多的语言教育，只会加重他的逆反心理，而深入实地让他知道一些事实，让他领悟到一些东西，好过枯燥的说教。

马克没有向媒体透露过这件事情，但是这件事无疑在他心里留下了很重要的痕迹。马克性格的形成，以及对慈善事业的热忱，皆是因此而起。

"帝王"气质

马克·扎克伯格是一位残酷的精英分子。

在 Facebook，同事们都叫他"扎克"，同事们说他身上充满了领袖气质和竞争精神。Facebook 工程师团队的安德鲁·博斯沃斯，曾专门撰写了一篇名为《与扎克共事》的文章，意在让外界看清马克·扎克伯格身上的特质。员工说马克·扎克伯格是个要求很多的老板，他喜欢参与讨论，但对员工个人很少给予赞美，期待他承认你在推动讨论方面发挥了作用是不现实的，把产品做好才是他想要看到的。

"每当扎克审视一款产品时，他似乎都在用一种全新的眼光。他不在乎自己昨天说过什么，即使是针对同一款产品。他每次都会以最高标准来审查产品的方方面面。我从没见过有人为了要开发一款伟大的产品而放弃一款优秀的产品，但扎克可以。"

让安德鲁·博斯沃斯更为震惊的是，有一次，扎克伯格竟毫不犹豫地放弃了一款耗时一年开发的产品。此事除了扎克伯格，团队的其他人都难以接受。扎克伯格为此获得了一个评价："他不是一个性情中人，他是一位残酷的精英分子。"

同事帕里·哈皮迪亚则把扎克伯格比做迈克尔·乔丹，"乔丹不是生而就成为一名伟大的篮球运动员，他是在实践中历练而成的。扎克伯格正在经历进化，而且必定会进化成为最伟大的 CEO 之一。他会建立一个常青的企业，创造出不朽的价值。但是，这将是一个进化的过程。"

在硅谷，Facebook 无疑是最酷的公司之一。它不仅是美国最火爆的大学生社交网站，还同时扩展了中学版本和面向社会成年人的版本，现在它已经涉及所有层次的人。

但奇怪的是，截至 2007 年，Facebook 的员工自己却并没有享受到多少乐趣。一位内部人士回忆道，那时的 Facebook 其实就是一座"疯人院"，人们争夺职位，然后焦虑、压力重重，最后热情耗尽。那时候，公司等级森严，甚至对员工实行严格的等级评定，处于最低级的员工很快就会被开除。那时，被同事们戏称为禁欲主义者的扎克伯格将每个员工从一到五评为五级，如果有谁的评级是一或二，面临的就将是残酷的革职。

虽然当时的扎克伯格非常年轻，但他从不和同事们一起参加聚会或消遣娱乐，他高度自律，精力集中，把自己全部的注意力都放在网站的发展上。这个 20 出头的年轻人，他的严谨和自律的程度，人们难以想象。除了工作，扎克伯格似乎对所有的事情都不关心。一个成功者的狠劲儿往往很难掩饰。

曾担任 Facebook 总裁的肖恩·帕克说："他身上有种想当帝王的倾向，总是迷恋古希腊奥德赛那一类故事。"在高中学习拉丁文时，扎克伯格第一次读到埃涅阿斯，当回忆起埃涅阿斯的征服和他的梦想——"建立在时间和疆域上没有界限的城市"时，扎克伯格总是兴奋不已。

扎克伯格从来不惧怕什么，他对于自己认定的东西，会不遗余力地去坚持，尽管他的创新之举因为太超前而常常不被理解。就如 2008 年 Facebook 的改版，当时约有 100 万用户联名抵制，上百个用户组甚至在巴黎和伦敦举行集会进行抗议，扎克伯格却仍旧毫不动摇。而事后证明，那一次的改版非常正确。

扎克伯格一直明白自己想要的是什么，而且，他在用一种接近残酷的手段去鞭策自己，外表看起来很潇洒，但是背地里用尽全身力气去搏击。对自己的残酷进而延伸到整个公司，习惯游戏规则的留下，如果不适应，就离开。扎克伯格不会去苦恼于这些。一个公司老大的行事作风就是这家公司企业文化的一部分，如果想要做好，就应当崇尚这种文化，甚至这个人，前提当然是他也值得别人推崇。所以，也许，残酷才铸就了这位精英。

马克·扎克伯格的名片上印着：我是个 CEO。他开玩笑说，他想统治世界……

不走乔布斯的老路

作为 Facebook 的创始人，马克·扎克伯格拥有占主导地位的权力是无可厚非的，可是，随着一些股东的加入就不能什么事都由扎克伯格说了算了，大家共同的意见才具有最终决定权，可是即使有了这些股东，扎克伯格依然牢牢控制着 Facebook 的绝对权力。

Facebook 成立初期，三个主要合伙人扎克伯格、爱德华多、莫斯科维茨的股份所占比例分别为 65%、30% 和 5%。扎克伯格拥有绝对"话语权"。

后来，肖恩·帕克加入了 Facebook，肖恩被自己亲手创建的公司的合伙人逐出门外。这种事情已经是第二次发生了！这些经历虽然发生在肖恩身上，但是让扎克伯格深刻理解了控制权的意义。为了融资，Facebook 重组了公司。新的股权结构为：扎克伯格 51%、爱德华多 34.4%、莫斯科维茨 6.81%、肖恩 6.47%。扎克伯格仍然保有绝对权威。

Facebook 重组之后，没过多久就完成了一次融资，彼得·泰尔投资 50 万美元，获得 Facebook 10% 的股份和一个董事席位。在融资之前，Facebook 只有扎克伯格一位董事。泰尔注资后，重建了董事会。扎克伯格、泰尔、肖恩各自拥有一个董事席位，另外扎克伯格还控制着一个空余席位。为什么扎克伯格自己已经拥有一个席位还要控制着一个空的席位呢？其实，这样做的目的就是防止风险投资者的人数在数量上超过自己的人，从而出现投资人赶走创始人的局面。

后来，Accel Partner 公司投资 1270 万美元，该公司主要合伙人布雷耶出任董事。至此，Facebook 的董事席位变为五个：扎克伯格、肖恩、泰尔、布雷耶和一个由扎克伯格控制的空余名额。

2005 年，肖恩因为聚会吸毒被警察带走，原本对肖恩不满的布雷耶和泰尔认为肖恩的坏名声会毁了 Facebook，他们坚持要肖恩辞去总裁职务，并放弃其优先认股权和董事席位。基于之前被两次踢出家门的教训，肖恩这次留了一手，肖恩认为如果把董事席位交出去，扎克伯格早晚也会遭遇被赶出公司的命运，他和扎克伯格设计了一些条款以保护他们的利益。最终，肖恩放弃了一半认股权，但将其董事席位交给了扎克伯格。这样，扎克伯格就控制了董事会的三个席位。当扎克伯格和泰尔、布雷耶的意见相左时，他可以随时任命两名新董事，当然这两名新董事必须和扎克伯格一个阵营。

2008 年 6 月，扎克伯格邀请安德森出任董事，但扎克伯格仍然牢牢地控制着自己的公司。

为什么扎克伯格如此看重其在公司的权力呢？

这还得从乔布斯的故事说起。

1983 年，乔布斯请来百事可乐公司总裁约翰·斯卡利担任苹果公司总裁兼 CEO。刚开始的那段时间，工作进展顺利，斯卡利和乔布斯已经成为亲密无间的最佳拍档，但他们的伙伴关系并没有维持多久。

1985 年，苹果公司首次出现季度亏损，被迫裁员 1/5。随后，情况变得越来越糟糕，管理层意识到很多问题都来自乔布斯，甚至有人说乔布斯在苹果的负面作用多于正面作用。而斯卡利此时也意识到，要想重振苹果公司，必须对乔布斯有所行动。

看到大家对乔布斯的意见如此之大，斯卡利也不再任乔布斯"呼来喝去"，而是公开指责乔布斯的一次次决策失误：在 Macintosh 的研发过程中，乔布斯不顾一切地追求完美，错过了该产品面市的最佳时机；研发成本过高导致的高昂价格，是产品在市场上受到冷落的最主要原因；在销售上，乔布斯又做了过于乐观的估计，提出一年销售 50 万台的计划，这在别人看来是不可理喻的；而当有人试图纠正乔布斯的错误时，他却利索地让那些人从苹果公司"滚蛋"了；为了扭转败局，他又不惜重金在电视上做起了那个著名的失败商业广告《旅鼠》。

在斯卡利看来，是乔布斯在 Macintosh 研发战略上的失败使苹果出现了危机。他认为，乔布斯不能再继续担任 Macintosh 项目组的研发负责人。董事会站在了斯卡利的一方，他们认为乔布斯应该为 Macintosh 的失败负责。公司副总裁麦克·默里在发给苹果高层的一份备忘录中记录："公司出现的重大决策问题应该归咎于乔布斯的发展战略的失败……他的发展战略明显是以公司的生存为代价的。"显然，乔布斯在 Macintosh 研发组是多余的。就这样，他被赶出了研发组。

之后，斯卡利继续向董事会施压：如果乔布斯留在苹果，他就会选择离开。在这个关键时刻，董事会选择了斯卡利。在苹果公司的季度会议上，斯卡利强硬地说："在公司里，已经没有史蒂夫·乔布斯发挥作用的部门了，不论现在还是将来。"乔布斯在公司已众叛亲离。几天之后，乔布斯向公司递上了辞呈，被迫离开。

乔布斯之所以被自己一手创办的公司赶出家门，一个重要原因就在于乔布斯没有控制董事会。董事会成员站在了斯卡利一边，当投票进行表决时，乔布斯自然会被踢出局。假如乔布斯牢牢控制着董事会，他就不会遭遇被逐出家门的命运。

马克·扎克伯格正是因为认识到了这一点，所以无论何时何地，他都要保证自己的绝对权力，否则自己的下场可能与乔布斯或者肖恩一样——被赶出自己亲手创建的公司。

"A 级工作组"理念

乔布斯曾经说过："我一直认为，我工作的一部分就是保持我所在组织的员工的高水平。这是我个人可以为之贡献的少数事情之一——为组织慢慢灌输拥有'A 级'参与者的目标。"这足以说明人才的重要性，没有合适的人才，就不可能有辉煌的互联网。所以，很多企业在发展的过程中将挖掘与培养人才作为自己企业的重要目标之一。

"A 级工作组"就是那些精挑细选的设计师、程序员或者管理员。说白了就是高级精密技术人才，这些人才工作效率高，能够以一顶十，是很多企业的香饽饽。

乔布斯的"A 级工作组"的理念给马克·扎克伯格留下了深刻的印象，所以，扎克伯格自己的小团队都是精心挑选的人才，团队人数虽然少，可是办事效率高。

马克·安德森，是网景通信公司的创立者之一，现在也是 Facebook 的合伙人之一。当年与扎克伯格第一次见面的时候，扎克伯格问安德森："你们网景公司到底是做什么的？"安德森有点恼怒，心想如此大的一个公司你竟然不知道，他想可能是扎克伯格故意问这个问题的，于是没有太在意。但是安德森却对扎克伯格早有耳闻，对扎克伯格这样的人发自内心地佩服。因为在安德森看来扎克伯格的身上才真正体现着硅谷的精神。当扎克伯格邀请安德森加入自己的团队的时候，他几乎没有犹豫，在他看来能够与扎克伯格这样的人才合作才是自己最大的追求。目前，安德森不仅是扎克伯格的顾问，还主要负责 Facebook 的管理、设计等工作。

彼得·泰尔也是 Facebook 的董事之一。第一次 Facebook 融资的时候，泰尔投资了 50 万美元，扎克伯格分给他 10% 的股份。当时 Facebook 的估值在 500 万美元。泰尔是财务融资方面的高手，而且是一位专业的投资人。泰尔之所以投资 Facebook 就是因为觉得该社交网站的长远发展前景非常广阔，可见彼得没有看错。

吉姆·布雷耶，曾经是 Accel Partner 公司最知名的合伙人，该公司在2005 年的时候投资 1270 万美元的资金给 Facebook。吉姆·布雷耶主要负责Facebook 的架构和招募。

丹·格雷厄姆，《华盛顿邮报》公司首席执行官。扎克伯格创建Facebook的时候，格雷厄姆正在《哈佛克里姆森报》做主编。当扎克伯格将Facebook推荐给格雷厄姆的时候，眼光锐敏的他立刻明白Facebook是多么具有前瞻性的新鲜事物。于是，大力支持发展Facebook，这让扎克伯格从精神上受到了极大的鼓舞，从此建立下了深厚的友谊。所以，当扎克伯格遇到什么不能解决的问题的时候，都要打电话请教一下丹·格雷厄姆。可以说丹·格雷厄姆是Facebook的幕后智囊团。

这五个人犹如Facebook发展的五根支柱，虽然平时各负其责，各自做各自的工作，但扎克伯格遇到困难的时候，他们便坐在一起商量应对的策略。当然，他们的建议仅供扎克伯格参考，最终的决定权还是在扎克伯格手中。

扎克伯格认为进入自己公司的人必须和自己有相同的价值观，对公司创业方向有认同感，这样的人才能伴随着公司成长发展。此外还得需要两个特征：一是对他要做的事业具有认同感。扎克伯格认为一个人无论多聪明多有效率，如果缺少认同感，就不会真正努力。他从斯坦福挑选了几个工程师，虽然他们没有多少工作经验，但绝顶聪明，同时很想从事这个行业，愿意从最基础的工作做起，譬如创建Facebook相册。在他看来，这样的人比很多资深程序员更具价值。二是智商高。扎克伯格曾经说："你可以聘请一位有10年工作经验的软件工程师，这个人做了10年软件工程师，可能这辈子都会做这行。这样挺好，这种人很能干，对公司很有帮助。另外，还有一些人，他们缺乏工作经验但聪明过人，接受和学习新事物的速度很快，也能在短时间里做很多事，经验丰富的人往往做不了这些事。"

当年扎克伯格创建Facebook的时候，办公室与宿舍合二为一，所以，扎克伯格与自己的合作人过着忙乱而颠倒的生活，每天熬夜到凌晨才休息，起床的时候一般很晚。下床洗刷之后，他们便坐在电脑前一声不吭地拼命工作，直到凌晨，反复如此。当他们十分疲惫时，会买来啤酒，一边喝啤酒，一边看电影，或者漫无目的地畅谈未来。地板上堆满了啤酒罐、比萨饼盒以及废纸垃圾。就是在这种无序的文化中，Facebook 诞生了。

扎克伯格认为在这样的环境中，便于交流和沟通，才使得公司保持了创新精神。随着公司的壮大，制度逐渐健全起来并正式化，扎克伯格担心之前那种令人舒适的关系被打破，成员之间不再像之前那样以朋友的方式自由交流。为了消除这种担心，扎克伯格强调："在一个成员间说着不同逻辑的语言、不能自由沟通思想的企业里，拿出 20% 的时间给员工去理解他人想法是十分必要的。在 Facebook，有一点我非常关注，那就是友好的企业文化。我让员工抽出 20% 的工作时间泡在一起，而不是去忙各自的业务。让他们待在一块儿，不是强迫他们非得成为朋友，而是让他们在与同事相处时感觉更舒适，交流更顺畅。通过这样的方式，我们营造了一种自由而有效的沟通文化，这是个不太成文的规定，我觉得企业氛围就该如此。交流顺畅了，思想就得以相互碰撞，最终促成一个又一个项目。"

扎克伯格虽然掌管着公司的大权，可是在管理上他依然有很多的迷惑之处，如何让自己身边的人才能够畅通无阻地交流与沟通，如何让他们能够最大限度地发挥自己的聪明才智？如何让他们能够像创业的时候那么亲切、那么直言不讳？虽然扎克伯格知道现在已经回不到过去了，但他依然很渴望，这也许就是所谓的高处不胜寒吧！

高度自律

有记者问扎克伯格，对于人们常常将他跟微软创始人、同样是哈佛肄业生的比尔·盖茨相比有什么感想？他坦率地说："比尔·盖茨是个非常有天分的人。这个世界上有很多有天分的人，但不是每一个都能开公司。有些人成为博士，用他们的方式改变世界。而我是扎克伯格。"

在传记电影《社交网络》里，扎克伯格总被描述为"孤僻，不会和人打交道"，就是这个被喊做"扎克"的年轻人，被称做"比尔·盖茨第二"。和比尔·盖茨一样，扎克伯格同样从哈佛辍学，前往西部寻求梦想。他们都在 19 岁开始创业，并为了接触漂亮女生而修改程序。和同龄人一样，扎克伯格也喜欢绿日乐队、Jay-Z、泰勒·斯威夫特，以及夏奇托的音乐。这个狂热的计算机天才，在接受采访时，有些时候会不知所措，脸涨得通红，不停冒汗，一笑便露出虎牙，不停地晃着那双光脚穿着的拖鞋。

可是，到底是什么造就了扎克伯格的辉煌？这个貌似憨厚腼腆的身体里，究竟蕴藏着什么能量？

在 Facebook，同事们都说，扎克身上充满领袖气质，但同时也是残酷的精英。

有一次，在员工餐厅，扎克坐在大厅角落安静用餐。此时的大厅里，人群拥挤，声音嘈杂。坐在一边的产品工程师扎尔塔在跟他的副手调侃。副手是个大块头，工作之余，总爱去运动健身。扎尔塔对他身上的肌肉羡慕不已，就向他请教。副手耸耸肩膀，这很简单，你能一周之内做 5000 个俯卧撑吗？可以的话用不了几个月，你就会跟我一样。说完，副手放下手里的刀叉，向扎尔塔展示自己手臂的力量，满脸自豪。

对扎尔塔来说，这几乎是不可能的事情。5000 个也只是副手随口说说，想让扎尔塔望而却步。扎尔塔对此不置可否，他说，鬼才相信，谁能一周做 5000 个俯卧撑？我下赌注，跟他打赌。副手听了不禁哈哈大笑。

这时，扎克站起来走到扎尔塔身边，问道："扎尔塔，说说看，你愿意怎么赌？"扎尔塔满脸疑惑地看着扎克，扎克却微笑道："这很简单，我能做到。我来跟你打赌。"一时间，扎尔塔不知所措。副手一听，来了精神，哈哈，我也赌，怎么样？于是扎尔塔有了底气，问扎克，你愿怎么赌？扎克随手从兜里掏出 500 美金说，我们赌赔率 30∶1，假如我输了，我赔付 15000 美金。副手听了便极力撺掇扎尔塔，扎尔塔爽快地答应了。

于是扎克做好计划，每次做 10～15 个，定时休息。一次，在公司内部会议上，大家正在为新产品的开发热烈地讨论。扎克却好像心不在焉，时刻看钟表，扎尔塔正要宣读手里的一份提案表时，扎克忽然说："稍等，让我先做 15 个俯卧撑。"他起身走到离座位不远的空地上，俯身呼哧呼哧地做起了俯卧撑。做完 15 个，便站起来大呼一口气，回到座位上，绅士地朝大家说，好了，接着来。扎尔塔看着扎克因为刚刚运动还泛着红光的脸，一时忘了说什么，只是不停地鼓掌。会场上的所有人，也跟着鼓掌，扎克则微微一笑，会议照常开始。

一周后，扎克毫无悬念地赢了这场赌注。

Facebook 的董事会观察员，风险投资合伙人大卫，从投资 Facebook 那一日起，就仔细观察着扎克伯格的一言一行。他说："我刚投资的时候，认为扎克伯格是百万里挑一，现在我觉得他应该是亿万里挑一。"

同事们戏称扎克为禁欲主义者。"这个世界，只有偏执狂才能生存。"微软的一个高管曾经这么说过。喜欢挑战、冲击极限、高度自律、精力集中，这都是使扎克成为领袖的特质。或许正是他身上的这种精神，成就了 Facebook。

最穷富豪的金钱观

财富对有的人来说是一切，对有的人来说却只是一串冷冰冰的数字。金钱生不带来死不带去，它不是人类生活的必需品。

人生的最大意义就是为人类社会造就幸福快乐。如果一个人能够为人类社会做出贡献，那么即使在死前手中握着的不是钱，只是默默回忆一下自己给他人的帮助，别人回敬的笑脸，那么闭上眼睛时也是欣慰的。

2010 年，微软创始人盖茨与股神巴菲特，发起了"捐赠誓言"活动。誓言的主要内容是，倡导加入活动的成员在生前或死后至少将自己一半财产捐赠给慈善事业。两位问鼎世界首富的大富翁广邀美国富豪慷慨解囊，初期以名列《福布斯》杂志排行榜的美国四百大富豪为主，现在，这个活动的影响力已经扩展到世界各地。

美国权威财经杂志《巴隆氏》和全球慈善组织咨询机构公布的 2010 全球最有影响力的捐赠者前 25 名排行榜中，比尔·盖茨与梅琳达·盖茨基金会名列榜首，评选中并没有只关注捐出了多少善款，而是肯定了盖茨夫妇和好友巴菲特共同发起的"捐赠誓言"所引发的涟漪效应，激励越来越多的富豪加入他们的慈善行列。上到总统政客、明星艺人，下到平民百姓，能力有大小，但是，爱心无法用数字衡量。

扎克伯格曾在媒体上宣称，慈善事业和是否捐款以及个人经济条件没有必然的关系。这是一种回馈社会的意识，跟个人能力无关。

美国人不仅捐献金钱，更捐献时间来劳动。做义工早已是美国社会的一个普遍现象。例如，1993 年的"国际海岸清洁日"，全美国有 22 万义工在几千里海岸线和河边清扫了 2400 吨垃圾。在美国的图书馆、公园服务处、许多公共场合，都有义工在为公众服务。美国中小学的学生，也积极参与社会服务，并且服务的记录将作为大学选拔的条件之一。

美国人的慈善义举带有朴素的共产主义精神，也有人说是基督教的宗教文化倡导了美国人的慈善义举。基督教认为：金钱财富这些世俗之物，都是上帝托管给个人的，并不永远属于自己，最后都要归还给上帝。追求更多的财富是贪婪，而贪婪是一种不可饶恕的罪行。对金钱应"取之社会,还于社会"。

《圣经》中说：富人死后想进天堂比骆驼穿过针眼还难。富人进天堂的前提条件是，必须散尽钱财。

树大招风，扎克伯格这个世界上最年轻的亿万富豪的特殊身份，给他带来了一定的负面效应。面对扎克伯格多达一亿美元的捐款，以及其"捐赠誓言"，舆论普遍认为，他在钻美国经济体制的空子，其实更多的是合理避税。之所以选择做慈善，是因为可以实现名利双收，本质还是慈善资本主义。或许，这跟美国特有的经济制度有关。慈善事业也好，居心叵测也罢，但是，不可否认，扎克伯格的这一举动，一定会给年轻一代带来不可估量的影响。反观国内，由于在慈善事业上肤浅的认识，有太多富商借着慈善之名，做投机之事，其行径让国人心寒。这正是值得我们深刻反省的地方。

在"捐赠誓言"活动发起不久，马克·扎克伯格通过签署"捐赠承诺"，同意将个人大部分财富捐赠给慈善机构。Facebook 另一位创始人达斯汀·莫斯科维茨也签署了"捐赠承诺"。

在此之前，扎克伯格就一直在做慈善事业。2010 年，扎克伯格向纽瓦克公立学校系统捐赠 1 亿美元，帮助全美最为落后的学校提高教育水平。

扎克伯格说：尽管不少人会等到生命后半程再做出回馈社会的决定，但他认为需要资源的慈善事业很多，他不愿继续等待下去。扎克伯格忠于慈善事业，并不是因为他钱多，撒不出去，说到底，还是因为他对钱、对财富的正确认识。

有这样一件事情，可以恰如其分地说明扎克伯格对钱、对财富的认识。

2006 年，Facebook 网站仍处于初创阶段，雅虎前首席执行官特里·塞梅尔有意收购 Facebook。但是，让他没有想到的是，自己这个在世界上都鼎鼎有名的人物，却在一个 22 岁的毛头小子面前碰了一鼻子灰。

当时的情况是这样的。特里·塞梅尔首先给扎克伯格打电话，声称有意收购 Facebook，扎克伯格想都没想就结束了谈话。在扎克伯格的意识里，从来就没有想过要把 Facebook 卖出去，尽管这个网站曾经遇到过相当多的波折。特里·塞梅尔是个生意人，他知道这个电话的拒绝意味着什么，首先他没有在电话里明确收购价格，甚至没有给这个 Facebook 总裁私下里什么好处，所以他需要亲自上门拜访一番。尽管这在美国的经济体制里，坚决不被允许，但是，特里·塞梅尔知道，没有人会跟钱过不去。

于是，在一个下午，特里·塞梅尔到了扎克伯格在公司附近的租住地。扎克伯格并不在家，通常情况下，扎克伯格要很晚才回来。迎接他的是扎克伯格的女友——普莉希拉·陈。

特里·塞梅尔进到屋子里以后，对房间里的摆设相当惊讶。他不相信，Facebook 如日中天，这样一个有着无比广阔前景的企业 CEO，住在这样一个简陋的房子里。他心里暗想，或许，Facebook 正面临危机，繁荣只是假象，或者这个 CEO 目前如此窘迫，一定会满意他的收购条件。

特里·塞梅尔向普莉希拉说明来意后，普莉希拉没有表态，这是件大事，要慎重考虑。特里·塞梅尔提出了 10 亿美元的收购价，并允诺可以私下给扎克伯格一些股份。特里·塞梅尔并没有说清具体的股份和数目，他只是想探探口风。

普莉希拉没有给他答复。特里·塞梅尔也没有等扎克伯格回来，他期望这个叫普莉希拉、面色微黑的女人能给扎克伯格施加一些压力，这样自己可以少花些工夫。

普莉希拉说："我记得当时我们就雅虎的收购提议进行了一次深刻的交谈。然后我们确定了我们的人生目标到底是什么，我们在生活中追求的到底是什么。最后我们一致认为，我们更喜欢一些简单的事情。"

这一次"深刻的交谈"，发生在特里·塞梅尔拜访扎克伯格的住处之后的第二天。当天下午，扎克伯格回到住处后，两人在客厅坐定，普莉希拉就跟他说起特里·塞梅尔有意收购的事情。扎克伯格立刻就变了脸色，他说："我不会卖掉我的孩子，即使我身无分文。"面对扎克伯格的反应，普莉希拉有些震惊。普莉希拉内心，是有一些动摇。10 亿美元对个人来说，真的是笔巨额的数字。扎克伯格平时并不健谈，唯独这一次，他说了很多。从 Facebook 创业之初遇到的问题，到成员反目解散、利益纠纷、网站困境等。普莉希拉听得出来，扎克伯格不只是把 Facebook 当成了事业，而是当成了孩子。他珍惜并享受 Facebook 成长的过程。普莉希拉是华裔女子，有着东方女子特有的包容和厚重。谈话进行了很久，普莉希拉最终跟扎克伯格达成共识，Facebook 是我们共同的孩子，钱远比不上孩子重要。

这次谈话之后的第二天，特里·塞梅尔不请自来。还没等他开口，扎克伯格张口就说，如果你是来谈天说笑，随时可以，如果你来谈收购，现在就送你出去。特里·塞梅尔没有被这阵势吓倒，他继续说起私下允诺股票的事情。扎克伯格起身进了卧室。后来，特里·塞梅尔只好默默离开了。

特里·塞梅尔后来对媒体感慨说，从来没有人，能够禁得住 10 亿美元的诱惑。

特里·塞梅尔并没有就此放弃，他在 Facebook 的高层里放出了话，并在媒体上公布了收购意愿。Facebook 正在成长的初期，在这个阶段，扎克伯格在公司的管理上，对待员工极其严苛。既然有人愿意出那么高的价钱，只是转手相让的事情，Facebook 的元老级人物内意见出现了分歧，各有主张。收购的事情，在员工里也掀起不小的波澜，毕竟换个 CEO 或许对待员工会好一点。很快，Facebook 内部人心浮动。接着，因为 Facebook 推出了"动态新闻"的功能，并作出对社会开放 Facebook 注册的决定，这两项战略策略，遭遇了用户强烈抵制。雅虎方面见这阵势，顺势将收购价格降到了 8.5 亿美元。即刻，Facebook 内部掀起了一阵风暴。

虽然我们一再说扎克伯格淡泊，其实，要看在什么样的情况之下。当时扎克伯格正在创业的艰难时刻，急需资金。就在这个时刻雅虎掏 10 亿美元收购 Facebook，尽管扎克伯格想"自己的孩子自己一手带大"而拒绝了雅虎，可是那个时候的扎克伯格做了艰难的抉择，心里面其实承受了很大的痛苦和压力。

Facebook 内部的很多董事赞同将公司卖给雅虎，因为大家都明白公司走到现在已经精疲力竭，看不到光明的前途，现在有人出 10 亿美元购买，对于困境中的 Facebook 来说无疑是天上掉馅饼，卖掉公司给董事们每个人分一点钱，各自回家这似乎是最好的选择，扎克伯格还需要犹豫吗？

最终，扎克伯格还是撕毁了雅虎提交的购买协议书。扎克伯格凭着自己对市场的了解，认定 Facebook 将来肯定会前途无量，只是现在暂时遇到了一点困难，如果在此刻卖掉无疑是目光短浅的行为。只要挺过这最艰难的时刻，前途肯定会一片光明。扎克伯格有信心在自己的带领之下 Facebook 能够获得空前的发展。

扎克伯格对金钱的淡泊，并不意味着他不爱财，但关键是这个财富如何分配利用。如果将财富占为己有，那只能说明自己是个自私鬼，扎克伯格没有这样做，虽然他的资产过百亿，可是他还是过着普通人的生活，照样省吃俭用，并且将自己多余的钱财捐赠出来做慈善，可见扎克伯格是多么善良的一个人。

金钱可以征服一个人，但金钱没有征服扎克伯格。金钱于扎克伯格的意义就是可以将 Facebook 建立得越来越好，让所有的用户用起来更加方便自如；金钱对他来说就是利用它帮助更多的人的一种工具；金钱只是一块试金石，试出了扎克伯格对物质的淡泊、对人类事业的热爱，让他的形象更加光辉。扎克伯格用自己的品德征服了全世界。

现在，准备接管世界

马克·扎克伯格接受 CBS《60 分钟》的专访时，面对主持人莱丝莉·斯塔尔的提问，从电影《社交网络》，到与 Google 的竞争，再到与温科吾斯兄弟的诉讼，扎克伯格都一一坦然面对。《福布斯》专栏作家麦克·伊萨克就以《扎克伯格 <60 分钟 > 专访：Facebook 迄今为止的最佳公关活动》为题撰文，感叹扎克伯格再也不是当年那个笨拙的"菜鸟首席执行官"了，这次专访也成为 Facebook 有史以来最好的一次公关活动。

自从大卫·芬奇的电影《社交网络》上映，广大公众对马克·扎克伯格的印象就等同于演员杰西·艾森伯格对这位青年才俊的演绎：冷漠、精于算计、有一种超然的优越感。但在这次的 CBS 访谈节目中，扎克伯格的表现与电影中的那个冷漠角色完全不同。扎克伯格富有魅力、心胸开放、侃侃而谈。公众终于称赞道"菜鸟首席执行官"已经长大了。

主持人斯塔尔的采访开头很老套，列举了 Facebook 公司的现状：有 5 亿名用户，公司估值约为 350 亿至 500 亿美元，接下来她问了一些涉及 Facebook 用户隐私方面的问题，也并不新鲜，扎克伯格的回答也让人不感兴趣，他说的东西 Facebook 发言人早就说过了。但有一点值得注意，从访谈的一开始，穿着 T 恤和牛仔裤的扎克伯格就面带笑意，采取开放的态度，当被问到"黑客"这个词的负面含义，以及为什么 Facebook 雇员都这样互称对方，扎克伯格与斯塔尔展开了讨论，向她解释原因：极客文化中，"黑客"的概念并不像主流文化中那样是贬义的。在解释的过程中，扎克伯格始终保持着耐心和开朗的态度。

斯塔尔说，比起 2008 年的第一次采访，扎克伯格已经变了很多，在访谈画外音中，斯塔尔称，三年前的访谈中，扎克伯格显得非常笨拙，很少眨眼睛。然后她又说，现在的扎克伯格更放松，笑得更多，明显更加自信，这些描述电视机前的观众也很容易捕捉到。接下来的访谈斯塔尔开始抛出争议性问题。例如 Facebook 从 Google 那里挖人。首席运营官谢丽尔·桑德伯格就曾为 Google 工作过,目前 Facebook 员工中的 10% 都有在 Google 工作的经历,甚至 Facebook 的大厨也是从 Google 挖来的。但是扎克伯格对两家公司的竞争轻描淡写。

他说:"有些领域内我们的确存在竞争关系,但还有很多领域没有。"相比较几年前扎克伯格接受卡拉·斯威舍的采访,那时经验丰富的科技记者斯威舍差点让扎克伯格抓狂。

专访中的亮点,也是敏感时刻,出现在斯塔尔问扎克伯格对电影《社交网络》是什么看法时,扎克伯格的回答充满了幽默,也很真诚。

扎克伯格说:"很有意思,看看电影里哪部分是对的,哪部分是错的。我认为 T 恤没错,这些 T 恤我都有",他边说边和斯塔尔一起笑起来,然后又补充道,"凉鞋的款式也是我平时穿的,没错。"但扎克伯格很快话锋一转,"只不过很多基本的东西他们搞错了,比如电影中描述我创建 Facebook 的原因只不过是为了找到女朋友",此时的扎克伯格语气听起来有些严肃,但并没有愤怒,"他们完全忽略了我的女朋友,在我创建 Facebook 之前就一直交往的女朋友。"

专访中,还穿插斯塔尔访问双胞胎兄弟温科吾斯的片段,两兄弟指责扎克伯格的社交网站创意是从他们那里偷去的,面对看似诡计多端的扎克伯格,双胞胎兄弟应该令人同情,但采访中他们看起来狂躁,非常不得体。斯塔尔还强调,即使他们已经收到 6500 万美元的赔偿金,还要继续揪着 Facebook 不放,他们声称在 Facebook 市值部分被欺骗了。温科吾斯兄弟说:"我们同意他参与这个工程,他破坏了它,背叛了我们,他是有预谋的。"

对于这样的指控,扎克伯格的回答更多是同情,而不是反击。扎克伯格说:"他们让整个诉讼看起来好像成了 Facebook 历史中的一个巨大的污点。但其实整个诉讼只不过让我焦虑了不到两星期，经历过这一些之后，如果他们感觉糟糕，那我感觉也很糟糕。"有些讽刺的是，最后这对双胞胎兄弟还都承认他们拥有 Facebook 账号。

斯塔尔对扎克伯格的专访占据了《60 分钟》节目的 2/3，对于任何公司来说这都是梦寐以求的，扎克伯格还趁机宣布 Facebook 将推出全新改版的个人信息页面。对于节目和 Facebook 来说，这是双赢的结果。在访谈即将结束的时候，斯塔尔问了卡拉·斯威舍："请问您对扎克伯格的看法是否和当年一样，认为他是个菜鸟首席执行官呢？"凭借 Facebook 现在庞大的用户群和急速膨胀的公司市值，这时的斯威舍转而称赞道："这只菜鸟原来是个天才。"

扎克伯格对此激动不已："再也没有比这更好的公关活动了。"

现在，面对媒体如此自如的马克·扎克伯格在当年的表现并非这么成熟。起初，他在回答媒体的简单问题时，都满脸涨得通红，而且还不停地冒汗——在参加道琼斯 D8 会议接受采访时，马克·扎克伯格的表现让人觉得他好像马上要在台上晕厥过去。可现在面对媒体，他却是目光坚定，从容不迫，还带有一种马克式的风度。

2010 年，在旧金山 Web 2.0 大会上接受记者采访时，马克·扎克伯格镇定自若、沉着冷静，甚至还带有一丝在过去公开亮相时从未有过的幽默感和自嘲精神。公众过去一直批评马克·扎克伯格在接受采访时显得十分笨拙，说话杂乱无章，这位工程师出身的 CEO 似乎更善于研发产品，而不太懂得如何处理 Facebook 面临的重大政策问题。

但在那天，昔日那个腼腆笨拙的男孩已经不见踪迹，取而代之的是一个充满自信、能够应对大多数刁钻问题的演讲者——而主持人、蒂姆·奥赖利、约翰·巴特尔及现场观众向他抛出的问题还真不少。

不得不说的是，作为一名执掌者需要有一种气场，这种气场可以是临危不惧，可以是幽默洒脱，这不仅代表着企业形象，还可以让团队成员受此影响。

就如在中国企业中，马云、王石、冯仑等人物都在不知不觉中形成了一种个人文化，让人崇拜。

我们知道，这种气场是一种自信，而自信源于实力。没有足够的实力和资本，站在众人面前必定会惶恐，这并不是所谓的心理素质，而是一种气场积淀。

当有人提及 Facebook 推出用户或许不喜欢的新功能，往往要求用户宽恕而不是许可时，马克·扎克伯格成功地将其转化为一场讨论。他表示 Web 2.0 时代需要解决隐私的界限之争，而 Facebook 正处于解决这一问题的最前沿。"坦白地说，这正是用户使用 Facebook 如此带劲的原因之一，"马克·扎克伯格说，"我们正处于这些未决议题的最前沿。"

同时马克·扎克伯格也具备了自嘲精神，十分谦卑地承认过去和未来可能出现的失误。"你或许犯过许许多多的失误，我过去犯过，将来肯定也还会，"马克·扎克伯格说，"如果 Facebook 的故事真有什么不同寻常之处的话，那就是 Facebook 很好地彰显了一个道理：如果你正在构建一个大众喜爱的产品，你就可能犯许多错误。"

当谈话转向势力分布图（Points of Control，该图显示的是互联网大公司和组织机构巩固各自影响力的情况）时，马克·扎克伯格熟练地回答道："未知的领域——有待探索或发现的互联网领域——应该是地图上最大的一部分。"场下观众对此报以热烈的掌声，台上的主持人也颔首表示赞同。

马克·扎克伯格接受采访期间，Twitter 上的实时回应大体上也是非常赞赏的。

"我敢向上帝发誓，这绝对是马克·扎克伯格表现最好的一次受访活动。"用户 @andytelasai 留言称。另一位 Twitter 用户 @dave-sloan 表示："扎克的表现酷毙了！"社交游戏开发商辛加公司企业传讯部总经理达尼·杜德克留言称："每一次马克发表讲话时，对于他们正在开发的产品，他似乎感到越来越自在、越来越兴奋了，Facebook 目前的产品非常丰富。"

"哇，扎克长大了。这次采访太令人震撼了。非常非常牛。"用户 @chrisalbinson 留言称——Twitter 简介显示，这个用户是硅谷风险资本投资公司全景资本 (Panorama Capital) 的董事总经理。

"扎克通过了成熟公司的 CEO 测试：他口齿伶俐、处变不惊，甚至被问及无可辩解的问题时也能从容地捍卫自己的观点。"用户 @antonejohnson 留言称——Twitter 简介显示，这个用户是一家在旧金山和圣摩尼卡运营的知识产权律师事务所的创始人。

几乎可以确定的是，马克·扎克伯格的这种转变是大量指导和培训的结果。但这丝毫无损于人们对这种转变的良好印象。许多人过去批评马克·扎克伯格不够成熟，不善表达，不足以领导这家成长迅速的公司，在这次采访之后，许多人开始改变自己的观点。

当然，马克·扎克伯格的公开演说技巧仍有提升空间。在回答问题时，这位年轻的 CEO 依然不能足够快地说到点子上，而且还时不时地出现尴尬时刻。被问及他对商业社交整体规划的想法时，马克·扎克伯格说他不理解这个问题，随后又称可能是大厅内糟糕的音响效果，导致他没听清楚，这番表现让人觉得他似乎在躲避这个问题。

但总体而言，马克·扎克伯格这次的表现相当给力，特别是对比过去。在 Facebook 持续探寻用户数量达到 6.3 亿（以及 2 亿手机用户）之后的发展方向之际，它需要来自高层强有力的领导和指引。但现在看来，马克·扎克伯格就是 Facebook 所需要的那个人，也是即将接管世界的人！

马克·扎克伯格关于Facebook招股的公开信

Facebook原本并非为了成为一家公司而创建。它的诞生旨在完成一个社会任务——让世界更加开放，联系更加紧密。

让Facebook的每一个投资者理解这个任务对我们的意义，理解我们如何做决定，理解我们为什么做我们所做的事情，我们相信这是非常重要的。我将努力在这封信里概述我们的意图。

在Facebook，那些为信息传播和消费带来变革的技术赋予了我们灵感。我们经常谈论印刷机和电视这样的发明——它们让交流变得更加有效，因此带来了社会很多重要方面的全面转变。它们给予更多人发声的机会。它们鼓励进步。它们改变了社会的组织方式。它们让我们之间的联系更加紧密。

如今，我们的社会已经走到了一个新的临界点。我们生活的此刻，世界上大多数人都能接入互联网或是拥有手机——这是他们分享思考、感觉和与他人联系所必需的基本工具。Facebook渴望建立一个给予人们分享的能力，帮助人们再次改变社会中很多核心机构和行业的服务。

在连接全球所有成员、给每个人发言权、帮助社会为未来而改变等方面，蕴涵着极大的需求和机会。技术的规模和必将建成的基础设施将是前所未见的，我们相信这是我们能够专注的最重要的问题。

我们希望能够强化人们彼此之间的联系。

尽管我们的任务听起来很大，它却是起于微末——起于两个人的关系。

人际关系是我们的社会的基础单位。关系是我们发现新想法、理解我们的社会并最终获得长远的幸福的途径。

在 Facebook，我们建立了帮助人们和他想要联系的人连接在一起并分享想法的工具，借此，我们提升了人们建立和维持人际关系的能力。

分享得更多的人们——即使是与密友或家人——创造了一个更为开放的文化，带来了对他人的生活和观点更深刻的理解。我们相信，这会在人们之间建立更多的关系，这也将帮助人们看到更为多样化的观点。

通过帮助人们建立这种联系，我们希望重构人们传播和消费信息的方式。我们相信，世界的信息基础设施应当与社会图表类似——自下而上或是点对点的网络，而不是一直延续至今的自上而下的整体式结构。我们相信，给予人们对分享的控制权将是这种重构的基础原则。

迄今为止，我们已经帮助超过 8 亿人建立了超过 1000 亿个这样的关系，我们的目标是加快这种重构。

我们希望改善人们与企业和经济体的联系。

我们认为，一个更加开放、联系更为紧密的世界将带来更多提供更优秀的产品和服务的实体企业，创造出更为强劲的经济。

人们分享得越多，他们就能从所信任的人那里获得更多与他们所使用的产品和服务相关的观点。这使人们更容易地发现最好的产品，提升他们的生活质量与效率。

让发现好产品变得更容易的结果之一是提供好产品——个性化或者是围绕人们设计的产品——的企业将得到更多好处。我们发现，采取"社交化设计"的产品比它们的传统竞争对手更具吸引力，我们希望能看到世上更多产品向这个方向发展。

我们的开发者平台已经让无数企业提供了高质量、更加社交化的产品。在游戏、音乐和新闻等行业，我们已经看到了突破性的新方法出现，我们期待类似的突破以社交化设计的方式出现在更多行业当中。

在提供更好的产品之外，一个更加开放的世界将鼓励更多企业真实直接地与顾客对话。已经有超过400万家企业在Facebook上建立了页面，并通过它们与顾客对话。我们也期待这一趋势能够增长。

我们希望改变人们与政府和社会机构之间的联系。

通过给予人们分享的能力，我们看到人们的声音得到了更好的响应，与历史上的所有时刻都不同。人们的声音会变多、变大。它们将无法被忽视。随着时间发展，我们希望政府——而不是由"被选中的少数人"控制的中间人——能够对所有人民直接提出反映的问题和更加负责任的关切。

最终，随着经济越来越多地向个性化的高质量产品转化，我们期待社会化设计的新服务出现：它们的目标是解决就业、教育和医保等全球性问题。我们将为这一进步提供帮助。

我们的任务和业务

正如我上面所说的，Facebook原本并非是为了成为一家公司而创建的。我们关注的重点一直是我们的社会任务、我们建立的服务和使用它们的人们。这对一家公众公司来说是一条不寻常的路，因此我想解释为什么我认为它会有效。

我自己开始写Facebook的第一版程序是因为我想要这样的东西存在。自那以后，融入Facebook的大多数想法的代码都来自我们吸引到团队中的出色的人们。

大部分出色的人所关心的主要是建造出类拔萃的东西并成为它的一部分，但是赚钱也是他们的目标之一。通过组织团队，以及建立开发者社区、广告市场和投资者基地，对于一个拥有强力经济引擎并高速增长的公司是吸引多数人来解决重要问题的最佳渠道这一点，我有了深刻的认识。

简而言之：我们并非是为了赚钱而建立服务，我们是为了建立更好的服务而赚钱。

我们也认为，这是建立一些东西的好方式。我相信，现今有越来越多的人希望使用来自那些不是一味追求利润最大化的企业的服务。

通过专注于我们的任务和对出色服务的建设，我们相信，我们将为股东和合伙人长期创造最佳的价值——这又将使我们有能力吸引最优秀的人才、创造更多出色的服务。我们每天醒来的时候，眼前的第一目标并非赚钱，但我们也明白，建成一个强劲和有价值的公司是完成我们的任务的最佳方式。

这也是我们对IPO的看法。我们将为了员工和投资者而上市。我们向他们做了给予股份的承诺，我们将努力工作以保证这些股份具有大量价值并使其流动，这次IPO正是为了完成我们的承诺。随着我们逐渐变成公众公司，我们也对新的投资者做出了同样的承诺，我们也将继续努力来实现我们的承诺。

黑客方式

作为建设强劲公司的一部分，我们致力于将Facebook变成出色的、人们给世界带来有力冲击并向其他出色的人学习的地方。我们培养了一种独特的文化和管理方式，我们称之为黑客方式。

"黑客"一词含有不公平的负面含义，媒体把黑客描述成电脑入侵者。事实上，黑客意味着快速构建某物或者是探索能力的边界。跟大多数事物一样，它是一柄双刃剑，但是我认识的大部分黑客都是理想主义者，想要给世界带来正面的影响。

黑客方式意味着持续的改进和叠加。黑客相信，事物总是可以变得更好，一切都是尚未完成的，他们必须完成这些改进——往往面对着说不可能或是满足于现状的人。

黑客试图建立长期看来最好的服务，他们的方法是快速发布和从不断的小规模叠加中学习，而不是试图一步到位。为了支持这种方法，我们建立了一个能在任何时候测试数千个版本的 Facebook 的测试框架。我们在墙上写上了"完成总比完美好"的话，提醒我们不断改进。

黑客也是一种内在的干涉和主动的原则。黑客们更喜欢做出原型然后看它是否可行，而不是不停争辩某个方法是否可行或者什么才是最好的方法。Facebook 办公室里经常可以听到一句黑客箴言："代码胜过争辩。"

黑客文化也意味着极度的开放和精英化。黑客们相信，笑到最后的是最好的想法或做法——而不是最擅长游说或管理着最多人的人们。

为了鼓励黑客方式，我们每隔几个月就会有一场"黑拉松"，每个人都为自己的新点子建造原型。最后，整个团队聚到一起，查看每一个成果。我们最成功的产品当中有很多源自其中，包括时间线、聊天、视频、移动开发框架，还包括一些我们最重要的基础设施，比如 HipHop 编译器。

为了保证我们的所有工程师都能分享黑客方式，我们要求所有新工程师——甚至包括那些主要工作并非写代码的经理们——参加一个名为"新兵营"的项目，他们在那里将了解我们的代码库、工具和方式。这一行里有很多管理工程师、不想自己动手写代码的人，但是我们想要的管理者是那种有意愿并且有能力通过新兵营训练的人。

上面的例子都跟工程有关，但我们也将这些原则提炼成了我们运行 Facebook 的 5 个核心价值：

专注于影响

如果我们想带来最大的影响，最佳的方式应当是确保我们总是专注于解决最重要的问题。这听起来很简单，但是我们认为很多公司在这方面做得很差，浪费了很多时间。我们希望 Facebook 的每个人都能善于发现所要用心解决的最大问题。

快速运转

快速运转能让我们有能力建设更多东西、学习更快。大部分公司在发展的同时，对犯错误的恐惧大于对运转太慢而丧失机会的恐惧，它们因此将速度降得太慢。我们有个说法，"快速运转，打破事物。"这句话的意思是，如果你从不打破任何事物的话，那也许因为你运转得不够快。

大胆

建设出色的东西意味着承担风险。这可能会很可怕，束缚着大部分公司，让它们无法做出应有的大胆尝试。然而，在一个变化如此之快的世界，失败是拒绝承担风险的必然结果。我们在这方面的说法是："不承担风险意味着最大的风险。"我们鼓励所有人做出大胆的决定，哪怕这样做有时意味着错误。

保持开放

我们相信，更加开放的世界也会是更好的世界，因为拥有更多信息的人们能够做出更好的决定，带来更好的影响。这在公司运行当中同样适用。我们努力工作，保证 Facebook 的每个人都能获取公司各个部门尽可能多的信息，帮助他们做出最佳决定，带来最大的影响。

创造社会价值

我在此重申，Facebook 目标是让世界更加开放、联系更加紧密，而不只是创造一个公司。我们期待 Facebook 的所有人每天都专注于如何通过他们所做的每一件事为世界带来真正的价值。

感谢你花时间阅读这封信。我们相信，我们拥有给世界带来重要影响，并在此过程中建立一个长期发展的公司的机会。我期待与大家共创伟业。

马克·扎克伯格在斯坦福大学的演讲片段

以下为 Facebook 创始人马克·扎克伯格在美国著名大学——斯坦福大学的演讲片段：

Facebook 并非只重视用户体验

设计应用程序时，Facebook 并非只重视用户体验，而且注重该程序对于整个社会以及产品是否有益。为此，我们在开发产品的一系列环节中，将会对产品做出调整，每天当用户浏览网页时可能会发现无法浏览其他学校学生的信息，这就是进行调整后的结果，对此有些人可能不大了解，我们以学校为标准将用户分组，只有在同一所学校的学生，才能够相互浏览个人资料和联系方式，这样做的原因主要是：我们发现，人们更乐于去了解同校生，或者身边的人的信息，如果我们将用户的空间浏览权限放宽，让所有人都能看到他的资料，这样做或许也不错，他可以找到任何想找的人，但他可能不愿公开自己的手机号，事实上，超过三成的 Facebook 用户，都公布了自己的手机号，所以这个应用程序对于 Facebook 来说，十分重要。因此在设计的时候我们要权衡，这样做到底对不对，我一直会思考这样做有没有用，我们可以选择，将用户信息全部公开，但在这样一个网络环境下，分享自己的所见所闻，所感所想，总会让人觉得不可靠，我们也可以选择将更多的信息以及状态仅对与用户有联系的少部分人开放，我们需要做出许多类似的决定，而这些决定都需要靠直觉来抉择。

因此，Facebook一直尝试以更学术的态度、更为严谨的态度来思考，不同的方式可能产生的不同结果，但Facebook首先要做的是明确目标、清楚自己想要什么，在这个前提下，去寻求整个社会以及所有用户的长远利益的最大化，这十分重要，我们寻求长期利益，而非眼前利益，而后我们要做的，就是为自己的目标努力奋斗。

不要过分控制你的下属

一开始为网站写代码的时候，我写了第一个版本，说实话，我们从来没有第二个版本，我记得，在上一学年的大部分时间里，我都在致力于扩大网站规模，这样是为了应对不断增长的访问量。我试着完成目标，这样就能吸引更多学校，与此同时还需要构建网络基础设施，在此之后，我们很有幸地雇用到了一些有天分的人，去年我们几个人围在餐桌旁工作、十分有趣。

应该是在二月份的时候，我们有了自己的办公室，于是转移阵地，来到了新的办公室，这很有趣，因为我第一次经历这些。当我抬起头，看到一群聪明人在为我工作，他们正用独特的方式，创造新的事物，我顿时感到十分自豪，你要知道，那时候是我，还有我的室友达斯汀以及其他人一起，一步一步地将整个项目完成，然后一起探讨下一个项目，我们很少向他人求助，大家都试图寻找一种改变现状的方法，尤其当你也是其中一个编程人员，换言之，怎么样安排这几个聪明人，才能达到最高的工作效率，也许可以摒弃连续工作的模式，我并不是说他们是在开发一个小儿科的产品。比如，有人负责建立相册，有人负责下周要开启的项目，怎么样才能最大限度地发挥他们的聪明才智，这是一个很有趣的问题，其中的奥妙一时也无法道出，我现在也处于摸索阶段，不过我觉得JIM对于这个很在行，他知道如何调动人、如何管理人，以达到一个最佳效果。

做公司的CEO跟做别人的室友是完全不同的感受，设想一件事与真正动手去做也是完全不同的。或许某一天，公司成员将达到上千人，他们都是退学后来到加州为你工作的。未来的变数很多，计划赶不上变化，我自己也不清楚未来将是如何，但是你得站在一个更高的点去展望未来，你需要拥有自己的研发团队，研发你的产品，你还需要一个财务部，或者是之前你觉得根本不需要的东西。以运营网站为例，维持各种设施的运转，维持一个二三十人的研发团队，当你拥有自己的团队之后，你需要做好监督工作，但不要过分控制你的下属，他们都是聪明人，我们雇佣他们，是看重他们有着绝佳的点子，并且拥有独立开发的能力，但你需要确保这些点子以及产品都符合标准，或者说从产品方面以及研发的角度来看都很出色。

或许这有点异想天开了。

扎克伯格眼中的人才

我要找的员工需具备以下两点特质，第一点是要有高智商。你可以聘用一名有着十年工作经验的软件工程师，如果他已经在这行业待了十年了，那么可能这辈子他都会干这行，这样不错，这样的人才知道该怎么做事，这对公司来讲十分重要，他们很能干。但还有另外一类人，没什么经验但是智力过人，能够更快地接受和学习新事物，在短时间内可以做很多那些只有丰富经验的人做不到的事，这就是我渴望得到的人才。

第二点就是，对于这项事业有认同感，比如说一个人不仅聪明，而且也有拿来即用的技能，但是如果对于自己的事业没有认同感，他就不会百分之百地付出，就算他是属于缺乏经验但智力超群的那类人，也不会有意识地为了成功而积累自身经验。

所以我认为，到目前为止，我聘用过的最好的职员，都是一些没有多少相关经验的人。在斯坦福，我找到了几个电子工程师，他们都没什么经验，但是绝对聪明，并且十分愿意从事这个行业，做相册的人就是他们中的一个，如果你真心付出，尽自己所有努力来建立相册，那么你就要比一些资深程序员更具有价值。这就是我所渴望的人才需要具备的特质，这也解释了我为什么喜欢去校园里招聘职员。

Facebook 风靡全球的背后

当你运营一个网站，你们四个人围坐在餐桌旁工作，由于运营费用较低，销售团队规模很小，只靠广告赚钱。在网站上可以看到，我们一直保持低成本运营，这样可以使得现金流的流入大于流出，自公司创办以来都是这样做的。当风险投资的资金到位之后，有几个月现金流出现负值也可以接受，但其实没有什么现金流，是有段时间，一个月只有10万美元，而不是几百万。不过现在情况好转，页面访问量猛增，人们或许不会仔细去想这个，而仅仅将其当做一个斯坦福的网站，但是每天的页面访问量都超过两亿，最近更是上升至两亿三千万，这样算来，仅需两周，便能超过谷歌的访问量，很惊人的访问量，对吧？

人们可能从未想过Facebook会如此受欢迎，说实话，我对此也感到十分吃惊，当拥有那么大的访问量，当人们花大把时间在你的网站上时，仅靠投放广告就能轻松赚钱，现在每个月的营业收入都超过100万，或许更多，这大大超过了开支，我们什么都没做就已经收到了丰厚的回报。

编程天才

其实我在哈佛学习的是心理学，而不是计算机，但我对计算机有所涉猎，十岁就开始编程，编程似乎成为了我的本能，我在编程时不会有意识地去想该做什么，这种感觉不错，当我学习心理学时，开始思考人与人之间的关系，就像在学习之余，去结识不同的人，似乎我对这些更感兴趣，我知道如何去做，于是我就行动了。建立 Facebook 只耗费了几周的时间，甚至更少，那时，当网站建好之后，我也不清楚它会有多成功，我时刻都在思索，当有了新的想法，我就有冲动，丢下这个网站，去实践新点子，我庆幸当初没那么干，这事的关键在于如何支配时间，而不在于习得的具体技能，我在哈佛写了许多程序，很多都没人见过，本就没有打算给别人看，那些仅是为自己编写的，因为编程确实很有趣，我曾经为自己的 MP3 设计了一个自然语言界面，在这之前，还用每个人的 ID 做过一个 HotOrNot 网站，我因此差点被开除。我就是喜欢编程，花了很多时间，设计了许多程序，这对我之后的事业很有帮助。

因此，当创造 Facebook 的念头产生的时候，我已经准备充分并且能够实现它了，但我从未想过与规划整个过程的事，我就是想到什么干什么。

F8开发者大会演讲实录

(一) 2010 年 Facebook F8 开发者大会演讲实录

2010 年 4 月 22 日，Facebook F8 大会在旧金山举行，CEO 马克·扎克伯格发表演讲，以下为其部分演讲实录 (时间标注为北京时间)：

1:14　Facebook 目前的用户是 4 亿。

1:15　首届 F8 大会曾宣告 Facebook 平台的诞生，也催生了一整个新产业。扎克伯格表示，Facebook 今天将宣布一项互联网领域"迄今为止最具革新意义"的产品。

1:18　第一个主题是"开放图谱"。扎克伯格表示，现在的互联网只是由一堆网页间毫无组织的链接所组成。这只是互联网的开端。"开放图谱"将让所有人都位于网络的中心。我们将赋能予人们，让他们能创建一个更智能更个性化的网络。

1:22　扎克伯格接着介绍，第二个主题是在网络上创建实时社交体验和个性化体验。没有阻碍的社交体验是最棒的。第三个主题是让这一切都能化繁为简。

1:25　扎克伯格谈及 Facebook 的全球拓展。Facebook 目前拥有 4 亿用户，且正以前所未有的速度继续增长。Facebook Connect 发布约一年后拥有 1 亿用户。

1:27　扎克伯格谈到 Facebook 处理数据、与开发者合作等方面的改变。

能使用 Facebook 账户的网站今后登录起来更简单，只有一个对话框，只需授权一次就能登录。

1:30 Facebook 取消了用来防止开发者存储数据的 24 小时缓存限制。扎克伯格说，如果用户用 Facebook 账户登录你的网站，而且允许网站保存个人信息，那么现在就能保存。这将使围绕 Facebook 平台开发应用变得更加简单。

1:33 网游玩家和游戏开发商会喜欢这一点：Facebook Credits 的最新消息。扎克伯格表示，目前有大约 100 款应用使用到 Facebook Credits，Facebook 目前仍在进行初期测试，但一定会拓展该项目。

1:37 扎克伯格说，首届 F8 大会上，我们引入了社交图谱的概念——一个将人们和不同事物联系起来的地图。在 Facebook，我们只绘制出这张图谱的一部分。而另一部分则由开发者们所绘成。Yelp 绘制了商业应用图，Pandora 则是音乐领域。把这些社交图谱联结起来，将能让网络更加社交化和个性化，更加智能、更类似于语义网络。

1:41 扎克伯格表示，类似 Yelp 这样的网站与 Facebook 进行合作，让人们能向信息流中发布消息，表明自己对本地商户的喜恶。但仅仅是向信息流中发布消息，并没有将社交图谱中的个人和商户联系起来。真正地将 Facebook 的社交图谱与 Yelp 联系起来，意味着我们将在用户的个人档案上显示一家用户喜爱的餐馆，而当诸多好友都喜欢这家餐馆时，我们将发布一条 News Feed 消息。他说："这只是我们当前工作的一个开端。"

1:49 扎克伯格开始介绍 Facebook 即将发布的诸多工具。首先是全新的 Graph API(应用程序接口)，其次是各种社交插件，只要添加几行代码就能让大小网站更加社交化，更加个性化。

1:52 扎克伯格说："这其中大有天地。"他开始向与会人员展示，用户如何用 "Like" 按钮表示自己喜欢 CNN 网站上的一篇文章，如何创建一个个性化的网站等。

2:02 Facebook 产品主管布莱特·泰勒(Bret Taylor)登台介绍

FriendFeed 的历史，表示将 FriendFeed 与 Facebook 整合是他们迄今最出色的商业决策。

2:04 布莱特表示，最初与 Facebook 平台合作很不容易，无数行的代码。现在则不同了。

2:06 布莱特说，减少分享内容时的阻碍能显著推动用户分享更多内容。

2:07 Facebook 即将发布 Activity Stream 插件作为社交插件的一部分，它能把 Facebook 网站上的 News Feed 迁移至其他网站。布莱特介绍，Facebook 还推出了新的"建议"功能和新的"用 Facebook 账户登录"按钮，此外还推出了新的 Social Bar(社交工具栏)，在网站下方显示一个工具栏，向用户提供一站式的社交体验。

2:10 介绍完社交插件后，第二个重大产品是开放图谱协议，该协议将能使联结 Facebook 网站内容更显简单。布莱特说，我们将与 30 家合作伙伴共同发布这一协议。IMDB 电影资料库网站就在其全部电影介绍页上应用了 Facebook 的 "Like" 按钮。

2:13 布莱特说，我们还将发布新的 Graph API。开发者将能借助这些新技术与 Facebook 更紧密地整合在一起。通过这个 API，开发者可以搜索 Facebook 网站上的数据，并接受来自用户的实时状态更新。

2:16 扎克伯格回到台上。他表示，在发布以后的 24 个小时里，Facebook 预计将提供 10 亿多个 Like 按钮。在 F8 方面，Facebook 已经与 70 多家合作伙伴联手。扎克伯格称，互联网正处于转折点——我们正在建设一个"默认为社交"的网络。

2:17 扎克伯格畅谈未来前景。

2:18 扎克伯格展示微软 Docs.com，这是微软 Office 的网络版，能使用户通过 Facebook 与好友共享及合作。

2:20 扎克伯格称，另一个例子是流媒体音乐网站 Pandora。当用户播放歌曲时，该网站将向用户显示有哪些好友也喜欢这首歌，并可点击查看这些好友还喜欢哪些歌曲。

2:22 扎克伯格指出，这些例子表明了一个主题："所有事情都能变得更加具有社交性和个性化。"

2:24 扎克伯格用他童年的一件轶事结束了讲话，并表示："世界能够变得越来越好，我们将努力使其朝着这个方向发展。"

（二）2011年Facebook F8开发者大会演讲实录

Facebook于美国太平洋时间2011年9月22日上午8:30在旧金山召开F8开发者大会。以下是本届大会实录：

当地时间10:16 大会正式开场，率先登场的是美国著名戏剧演员安迪·萨姆伯格（Andy Samberg），他的长相酷似扎克伯格。

安迪·萨姆伯格："在开场前，我们首先得弄清楚几个重要问题。首先就是一个'身份认证'的问题，我就是马克·扎克伯格。"

正当安迪开始演讲时，真正的扎克伯格登台："你究竟在这干吗呢？"就将安迪·萨姆伯格赶下了台。

10:24 扎克伯格开始主题演讲。

10:25 现在每天有超过5亿人登录Facebook，我认为下一次社交网络时代的核心将被应用以及用户参与度所重新定义。

10:26 而我们的工作就是找到更好的方法，让用户可以更好地推销自己。现在我们来谈谈Facebook用户体验的核心，我们将其称之为"时间线"，它代表了你的生活、故事、喜爱的应用及表达自己的方式。

10:27 从某种程度来说，"时间线"（即新鲜事）就像是用户生活的总结一样，或者说是一本拼接簿或者画册。而这恰恰是用户想要拥有的浏览方式。用户还可以在Facebook上为生活中的大事小事进行记录，比如"今天养了一只宠物"。

10:36 除此之外，Facebook还拥有一项"Map View"功能，它可以使用户在一张世界地图上标记出自己曾去过的地方，并可以按年份进行过滤。由于"时间线"可以很好地帮助用户总结生活中的事件，可以说已经真正做到了事无巨细。

10:39 我们要介绍的另一项新东西是名为"Report"的应用，它可以帮助用户总结自己所做过的所有事情。随后，扎克伯格对该应用进行了一番展示。扎克伯格：时间线对于Facebook来说是一项全新的审美改革，首先你会拥有一张大幅的封面照片，这张照片同人物头像不同。

扎克伯格随后展示了自己的新页面，他使用的是一张小狗的照片。扎克伯格：用户对于时间线将有着完全的控制权。扎克伯格随后展示了如何隐藏或者添加时间线中的条目以及隐私设置。扎克伯格：通过"时间线"，用户可以对所查看主页的用户有一个大致的了解。

10:40 扎克伯格向现场观众展示了一段"时间线"的演示视频。

10:48 进行主题第二部分：Facebook的理念是使得世界变得更开放及相互关联。去年，Facebook推出了开放性图像（Open Graph API）功能，今年我们希望可以更进一步，我们希望让用户在关联性这一方面能够更加随心所欲。现在，用户不必"喜欢"一本书，可以仅仅是阅读过一本书，因为我们都知道读到一本好书的几率也许是十分之一。我们希望就用户如何连接给出新的语言定义。首先Facebook让用户给出名字，然后补充过去做过的事情，之后加上现在正在做的事情。也就是说，现在用户可以用"动词"+"名词"的结构来连接任意事物。但我们知道用户往往不喜欢被骚扰的感觉，所以这个被称为Ticker的应用只是一种轻量信息分享工具。扎克伯格说："在此之前，并没有真正意义上能表达轻量级活动的社会化方式。今天有了。为此，将会建立起一个新类别的APP。"Ticker将显示在Facebook主页的右边栏，显示用户好友在Facebook上的最新动态，而用户可以选择是否将这类信息添加到"时间线"中。比如，你在Ticker上看到某一好友正在听歌，你也可选择点击进入试听，然后该好友便会知道你曾经来访过自己的Ticker。而且，随着时间的累积，用户可以查看好友的 Ticker 历史，比如听歌历史、喜爱的歌曲、艺术家、专辑等。随后，扎克伯格演示了和他正在聊天的用户所播放歌曲的新音乐界面。

11:05 Spotify 首席执行官丹尼尔·埃克 (Daniel Ek) 登台。

丹尼尔·埃克：我们经常去朋友家听他们收藏的歌曲，但我们从未能在线上完成同样的事情。Facebook 上 Spotify 让用户同音乐的联系更紧密，付费倾向也是普通用户的两倍。

11:10 扎克伯格展示了 Facebook 的合作伙伴，包括 Netflix 和 Hulu。

11:12 Netflix CEO 里德·哈斯汀斯 (Reed Hasting) 登台。里德·哈斯汀斯：所有人都告诉我"绝命毒师"(Breaking Bad) 这部连续剧非常好看，但我还没有机会观看。但昨天，有朋友通过 ticker 观看了这部影片，社交确确实实颠覆了网络运算法则的限制。

11:14 里德·哈斯汀斯：当初我曾经对将视频业务带入 Facebook 有过疑问，但扎克伯格说服了我。目前，Facebook 上的 Netflix 服务已在 44 个国家展开。

11:18 下一个是新闻：扎克伯格介绍了社交新闻应用"雅虎新闻"。也展示了新的《华盛顿邮报》社交阅读器应用和《每日电讯报》网络应用，用户在新版本中可以直接在信息流中阅读新闻条目。扎克伯格：这将有助于人们及时获知突发新闻。

11:20 Facebook 终于谈到了社交游戏——平台的首个大成功。

扎克伯格首先谈到了社交游戏同 Ticker 的结合，即当好友正在游戏时，用户可以通过 Ticker 在同一屏幕上立即开始游戏。随后，扎克伯格展示了一些生活方式应用，比如 Nike+、烹饪等。扎克伯格还在大屏幕上展示了 Nike+ 可以追踪用户到过的地方、跑过的距离等信息。他说，非常期待自己的全年饮食报告。

宣传语：与好友一起使用应用。(Your apps. Now with friends.)

11:25 Facebook CTO 布莱特·泰勒 (Bret Taylor) 登台。

布莱特·泰勒："时间线"中的信息在刚推出时会比较稀少，我们当然希望能够利用用户生活中方方面面的活动来填补这一空白，比如我们的烹饪食谱、运动甚至是正在研究的项目。

Open Graph 对于 Facebook 上的新应用来说是一个很好的展示机会，我们可以在"时间线"中添加一个应用，开发者可以通过这种方式在 Facebook 和应用之间建立起一座桥梁。

应用有理由选择自己的社交行为并使自己在"时间线"上的显示外观变得更好看。Facebook 设计出 Graph Rank 就是为了了解人们想要看见的东西是什么样子。应用开发者理应使用 Graph Rank 来优化自己应用的外观。

11:40 Facebook 产品管理部门副总裁克里斯·考克斯（Chris Cox）登台。

克里斯·考克斯：资讯图表（Infographics）已成为现在人们表达自己思维的一种平行方式。随后，克里斯·考克斯讲述了资讯图表同"时间线"结合的方式，以及其在人们叙述故事上的重要性。

11:45 克里斯·考克斯利用信息图设计师尼古拉斯·费尔顿（Nicholas Felton）设计了展示一张用户生活信息图，主题是音乐与旅行。

"时间线"就像一张空白的油布，大得足以容纳任何一个人的故事，我们根本不知道接下来会发生什么，留给用户去填补这一空白。

11:54 扎克伯格再度登台。

扎克伯格：测试版将于今天放出，开发者今天就可以开始使用"时间线"，未来几周将向其他用户开放。与之配套的音乐、电影、电视及一些新应用也将在今天放出，但大多数应用将会在用户使用上"时间线"后才会推出。

11:55 随后，扎克伯格表示了自己对摩尔定律及英特尔公司的敬意，表示理解上述两者对于当今世界的影响是十分重要的。扎克伯格：我们身处在一个科技与社交的十字路的年代，我很荣幸能同大家一路走来。

11:56 主题演讲结束。

Facebook大事年表

Facebook 客户递增大事记

2004 年 6 月,迁往加州帕洛阿尔托市(Palo Alto);

2004 年 12 月,用户数量达到 100 万;

2005 年 8 月,The Facebook 更名为 Facebook;

2005 年 12 月,用户数量达到 550 万;

2006 年 12 月,用户数量超过 1200 万;

2007 年 11 月,Facebook 推出广告服务;

2008 年 6 月,网景(Netscape)创始人马克·安德森(Marc Andreessen)加入 Facebook 董事会;

2008 年 6 月,以 6500 万美元与温科吾斯(Winklevoss)兄弟和解;

2008 年 8 月,活跃用户数量突破 1 亿;

2009 年 1 月,与联合创始人爱德华多·萨瓦林(Eduardo Saverin)和解,赠与他 5% 的股份;

2009 年 4 月,Facebook 活跃用户数量突破 2 亿;

2009 年 9 月,Facebook 活跃用户数量突破 3 亿;

2010 年 2 月，Facebook 活跃用户数量突破 4 亿；

2010 年 8 月，Facebook 活跃用户数量突破 5 亿；

2011 年 1 月，根据业内人士透露，Facebook 活跃用户数量已经突破了 6 亿。

Facebook 发展及融资大事记

2003 年 10 月 28 日，哈佛大学心理学专业大二学生，马克·扎克伯格（Mark Zuckerberg）开发了一款名为 Facemash 的网站，该网站邀请用户对学生的火辣程度进行判断。而学校官方和很多学生对此表示不满。

2004 年 2 月 4 日，扎克伯格推出社交网络 TheFacebook.com，该网站允许用户创建包含个人信息和照片的简单个人账户，这便是 Facebook 的前身。

2004 年 2 月 10 日，哈佛的三位学生卡梅隆·温科吾斯（Cameron Winklevoss）、泰勒·温科吾斯（Tyler Winklevoss）和蒂维雅·纳伦德拉（Divya Narenya）向扎克伯格发送了一封律师终止函，他们声称扎克伯格在被他们雇佣开发社交网站项目哈佛联谊会（Harvard Connection）的情况下，独自开发了 TheFacebook.com。

2004 年 6 月，贝宝（PayPal）的联合创始人彼得·泰尔（Peter Thiel）以及风险投资公司向 Facebook 投资 50 万美元。

2005 年 5 月 26 日，由投资者吉姆·布雷耶（Jim Breyer）领导的风险投资公司创业邦（Accel Partners）向 Facebook 投资 1270 万美元。Facebook 的市值大约为 1 亿美元。

2007 年 10 月 24 日，微软宣布收购 Facebook 中 1.6% 的股份，价值高达 2.4 亿美元。这使得 Facebook 的市值达到 150 亿美元。

2008 年 4 月 7 日，Facebook 解决了与 Connect U 的纠纷。根据 Connect U 的律师发放的宣传文件，温科吾斯兄弟和蒂维雅·纳伦德拉获得 6500 万美元的赔偿。

2009年5月26日，俄罗斯投资者尤里·米尔纳（Yuri Milner）领导的全球领先互联网投资集团Digital Sky Technologies（DST）向Facebook投资2亿美元，以获得其1.96%的股份。这使得Facebook的市值超过100亿美元。

2010年6月3日，在Facebook众多曲折离奇的历史中，一位纽约的商人保罗 D.切利亚（Paul D. Ceglia）起诉扎克伯格，声称曾经与Facebook的创始人在2003年达成协议，拥有Facebook收入的一半，所以，他理应拥有Facebook公司84%的股份。在2011年后四个人，连续3位律师撤销了他们的律师团队。目前，该案仍然进行中。

2010年10月10日，哥伦比亚电影公司推出了电影《社交网络》，该电影与Facebook起步发展有关。

2010年12月20日，马克·扎克伯格携女友来中国度假，从北到南一共约见了四大IT巨头——百度李彦宏、中国移动王建宙、新浪曹国伟和阿里巴巴的马云。外界猜测他是在为Facebook进入中国市场做准备。

2011年1月2日，Facebook从高盛（Goldman Sachs）和Digital Sky Technologies融资5亿美元，该公司市值达到500亿美元。

2011年1月，高盛以颇具争议的15亿美元的价格，将Facebook的股票卖给私人投资者，但是随后就在1月18日根据美国证券交易委员的要求撤回了交易。

2011年2月8日，Facebook宣布在香港设立广告销售办事处，为香港和台湾市场提供服务。这是继2010年在新加坡设立首个办事处以来，公司在亚洲的第二个销售办事处。香港办事处将为香港及台湾的广告公司及市场推广人员提供支持，而新加坡办事处则支持新加坡及东南亚的业务。

2011年5月26日，Facebook与欧洲无线音乐服务商Spotify达成合作协议，二者将共同提供流行音乐服务。这将使得马克·扎克伯格长久以来期望通过Facebook推广流行音乐的服务梦想成真。

2011 年 11 月 29 日，Facebook 与联邦贸易委员会 (FTC) 解决了相关的指控，这些指控声称 Facebook 欺骗了用户，侵犯了用户的隐私权。这件事，提醒了用户应该关注个人隐私。

2012 年 1 月 25 日，Facebook 的股票停止在二级市场进行交易。

2012 年 2 月 1 日，Facebook 向美国证券交易所提交了 IPO 申请，该公司计划融资 50 亿美元。

2012 年 4 月 10 日，Facebook 宣布以 10 亿美元收购在线照片共享服务商 Instagram，而这也就意味着在 Facebook 上市之前，它正在利用市场财富进行自我增长。

2012 年 4 月 19 日，艾德思奇成为中国唯一一家在 Facebook 社交广告上获得推荐的市场合作伙伴。Facebook 在这一天正式推出 Preferred Marketing Developer Program (PMD) 计划，同时 Facebook 正式宣布，艾德思奇成为 PDM 计划中获得推荐的一员，并为艾德思奇颁发了一枚 PDM ADS 徽章。

THE END